德性视域下的体育与品格教育研究

马焕 著

上海人民出版社

中国特色社会主义体育强国建设研究中心资助出版项目
（ZX2018-ZK03）

上海体育学院文化系列丛书资助出版项目
（TYWHCS201823）

上海体育学院马克思主义理论研究专项出版资助计划

体育文化系列丛书编委会

总　　序

2012年起，上海体育学院主动对接教育强国、文化强国和体育强国建设国家战略，充分发挥学科优势和体育特色，启动编著“体育文化系列丛书”，至今已有十年整。丛书是研究发掘体育行为文化和精神文化成果的专题系列书籍，着力发挥学术研究在体育文化建设中的思想引领、价值导向和智力支持作用。

在新的历史方位上，丛书的独特价值正愈加显现。党的十八大以来，以习近平同志为核心的党中央站在国家强盛、民族复兴的战略全局，高度重视体育事业发展。党的十九大报告指出，文化是一个国家、一个民族的灵魂。文化兴国运兴，文化强民族强。没有高度的文化自信，没有文化的繁荣兴盛，就没有中华民族伟大复兴。党的二十大报告提出“推进文化自信自强，铸就社会主义文化新辉煌”，我国文化建设的内涵不断丰富，要求不断深化。体育文化是中国特色社会文化的重要分支，是体育事业可持续发展的强大动力，是文化强国建设的重要抓手，是体育强国、健康中国建设的坚实基础，是综合国力、文化软实力的重要体现。对体育文化的研究及其推广传播，成为加强文化建设、坚定文化自信、提升文化软实力的重要实践。

十年里，学校将“体育文化系列丛书”编著列为学校重点工作，先后将其纳入“085工程”内涵建设项目、国家“双一流”建设和上海高水平地方大学建设项目，每年安排专项经费，资助鼓励开展体育文化学术研究。截至目前，作为国内第一套系统研究体育文化的系列丛书，丛书已推出六辑近二十部作品，内容涉及足球文化、乒乓球文化、武术文化、垂钓文化、体育教育、体育思想、学校体育、竞技体育、中华体育精神等内容，形成了一批体现时代引领性、理论创新性，富有体育特色的出版成果，为体育文化建设贡献了上体人的智慧力量。

体育文化内容广博，又处在不断发展和丰富过程中。面向未来，丛书在选题和研究过程中，应体现“三个更加突出”。一是更加突出立德树人、以体育人。高校的根本任务是立德树人。体育蕴含着丰富的育人价值，不仅能强身健体，更能培育心智、涵养品德。作为高校推出的系列丛书，育人价值的挖掘是其应有之义。二是更加突出中国特色、文化传承。中国有着悠久的体育文化传统。发掘传播中国体育文明，弘扬中华体育精神，对增强民族自尊、提高文化自信有着重要意义。三是更加突出国际视野、开放包容。体育是人类的共同语言，作为全球化的重要组成部分，使不同地域、民族的体育得以多元融合、相互吸纳，发展成为新的世界文化模式。对国际视野下的体育文化应给予更多关注。

丛书的出版得到了上海市委宣传部和上海世纪出版集团、上海人民出版社等单位长久以来的大力支持和帮助。在此，表示衷心的感谢！

党的二十大报告提出“到二〇三五年，建成教育强国、科技强国、人才强国、文化强国、体育强国、健康中国，国家文化软实力显著增强”。体育文化建设任重道远，体育人责无旁贷。希望“体育文化系列丛书”能够不断推出更多优秀专著，能够为我国体育文化建设添砖加瓦！

上海体育学院院长 陈佩杰

2022 年 11 月

目 录
contents

总　序 / 1

自　序 / 1

导　论　对于体育和品格教育概念性的基本认识 / 1

一、问题的提出及意义 / 2

二、研究的基本内容 / 4

三、关于"体育"概念的认识与述评 / 5

四、品格教育的概念界定与特征 / 14

第一章　体育和品格教育关系的研究述评 / 27

第一节　体育与品格教育关系的国内研究现状 / 27

一、体育与品格教育的相关国内文献研究 / 28

二、体育与道德教育、德育或思想政治教育的文献资料 / 29

三、国内体育基本理论资料中的相关研究 / 32

第二节　体育和品格教育关系的国外研究现状 / 35

一、国外体育心理学领域的相关研究 / 35

二、国外体育伦理类资料的相关研究 / 43

三、国外体育社会学资料的相关研究 / 44

第三节　体育与品格教育关系的研究展望 / 45

一、对体育与品格教育关系的观点述评 / 45

二、对于体育与品格教育关系研究的展望 / 49

第二章　体育与品格教育关系认识的历史回顾 / 51

第一节　古希腊与西方（15—19 世纪）的体育 / 51

一、古希腊奥林匹克运动的伦理基础 / 51

二、西方中世纪的骑士体育与骑士精神 / 59

三、英国的竞技运动与基督教绅士品格 / 61
四、德国体操与道德教育 / 65
第二节 春秋时期与中国近代（1840—1937年）的体育 / 68
一、孔子的体育思想与伦理教育实践 / 68
二、西方体育传入中国早期的思想认识 / 75
三、军国时期体育与“尚武精神”的塑造 / 79
四、自然体育时期与国民人格教育 / 84
第三章 体育与品格教育关系的理论联系 / 91
第一节 品格发展的理论认识 / 91
一、品格形成的要素 / 92
二、品格发展的动态过程 / 96
三、品格教育是否必须 / 97
四、品格是否可教 / 104
第二节 体育的实践性 / 112
一、实践的伦理内涵 / 112
二、体育实践的本质特征 / 114
三、体育实践的内在目的 / 118
四、体育实践观与体育社会学观的比较 / 121
第三节 体育与品格教育关系的理论论证 / 124
一、实践和德性的关系 / 124
二、体育实践的伦理基础：道德竞争 / 128
三、德性品格是体育实践的内在需要 / 136
四、体育为美德提供了实践和展示的平台 / 137
第四章 体育中品格教育的核心价值和品格范畴 / 139
第一节 体育精神的伦理价值分析 / 140
一、提升快乐的体育精神 / 141
二、作为社会联合的体育精神 / 146
三、利他主义的体育精神 / 148

第二节　体育品格的核心构成和伦理内涵 / 152
一、勇敢 / 152
二、公正 / 158
三、尊重 / 163
四、合作 / 166
第五章　体育中品格教育的影响因素和实践建议 / 173
第一节　体育中品格教育开展的实证研究 / 174
一、实证研究的理论基础 / 174
二、体育中品格发展的影响因素 / 178
第二节　体育中品格教育开展的实践建议 / 192
一、以体育精神为核心的品格教育目标 / 193
二、培养青少年树立正确的运动动机 / 196
三、营造有利的外部环境 / 198
四、充分发挥体育教育者的重要影响力 / 203
五、体育中品格教育开展的相关争议问题的讨论 / 209
结　语 / 214
主要参考文献 / 217
后　记 / 224

自　序

本书以德性伦理为理论基础，从理论和实践两方面分析论证体育与品格教育的关系。通过分析体育与品格教育的理论关系，探究体育的内在价值和体育品格的伦理内涵，通过对大量实证研究结果的分析，提出体育中品格教育开展的实践建议。全书主要内容如下：

导论主要是对于“体育”和“品格教育”的概念性的基本认识。体育是历史性的、变化的、发展的概念，是以合理的身体活动为基本手段，针对社会和个人的需要，促进人的身心和谐发展的活动。通过与道德教育和思想政治教育概念之间的对比分析，提出了品格教育的概念：以特定的价值和美德为内容，通过个体化、实践化、习惯化的教育过程，培养受教育者良好品格的教育活动。

第一章对国内外体育和品格教育的研究现状进行了归纳分析，提出了对于体育和品格教育关系的初步认识：体育可以促进品格的发展，而且体育对品格发展具有独特的重要作用。只是，参与体育并不必然带来良好品格的形成，因为体育活动本身不能自动带来成熟的道德推理、更好的价值观和更高的运动道德风范。因此，体育对于品格发展产生积极影响的前提是：只有当教育者在体育教育中有意识地去开展品格教育，并且采取必要的措施去达成目标，才能产生体育对于品格发展的正向的积极作用。

第二章通过对体育与品格教育关系的历史追溯，追寻体育在西方的发展源头，寻找现代体育形成过程中所蕴含的伦理价值。体育自西方引入中国后，在其早期发展历程中，由于出现了对于体育教育意义的“功利主义”倾向的认识，直接影响到了体育在中国社会的发展，也影响了参与体育的人的价值观和行为。

第三章以德性伦理为理论基础，分析了体育与品格教育的逻辑关系。通过对体育的实践本质的分析，认为体育本质上是人的一种伦理价值的实践，它内在地与美德相关，只有以符合德性的方式追求才能实现体育的内在利益。德性品格是体育实践的必需，缺乏这些品格，将严重妨碍体育内在目的的实现。因此，品格教育是体育实践中不可缺少的一部分，体育也为美德的培养和运用提供了独特的实践平台。

第四章，体育精神是体育实践的核心价值标准，也是体育道德行为的伦理基础。本章探讨了体育精神的内涵，并结合体育中存在的非道德现象，分析体育中勇敢、公正、尊重和合作等德性品格的具体伦理内涵。

第五章以前人大量的实践研究为基础，分析影响体育中品格发展的相关联因素，并提出了具体的实践建议。体育中品格的发展受个体和外部各因素的交互影响，其中，个体因素主要研究包括运动动机、运动参与情况；外部因素主要包括重要他人影响、团队道德氛围。为了促进体育中青少年品格的发展，应该培养青少年树立正确的运动动机，充分发挥教练员的重要影响力，建立良好的团队运动氛围，营造学校、家庭和社会联合的良好体育环境。

本书的学术价值在于：第一，研究方法的创新。本书以体育的发展历史为主线，通过对体育发展过程中伦理原则的内涵演变的分析，来探索体育与品格教育的历史联系。本书以体育本质上是人类的一种伦理价值实践活动为逻辑起点，运用德性理论对体育与品格教育的理论关系进行了分析。实证研究主要综合运用了前人的实践研究成果，提出了体育中品格发展的主要影响因素和途径。第二，理论观点的创新。本书认为，体育与品格教育的共同点是都内在地与道德相关，体育只有以符合美德的方式实践，才能避免违反体育精神的恶行。体育中的品格发展是在自我建构中产生的，因此，体育中的品格教育不只是在特定情景中培养某种品质，而是帮助个人在赛场内外都能成为有原则的、真实的、有辨别力的自我。尽管体育并不能自动促进良好品格的发展，但体育在道德水平的提升和具体的实践途径上是有品格教育意义的。当教育者在体育教育中有意识地去开展品格教育，并且采用必要的措施去达成目标，体育对于青少年品格发展将产生积极的正向作用。

导论　对于体育和品格教育概念性的基本认识

1927年，哲学家舍勒在给一本早期运动心理学著作作序时曾感叹道："如今几乎没有哪一种国际现象能像体育这种值得学者做深入的社会学和心理学的研究。虽然体育的范畴一直在无限地扩大，体育的社会地位也在无限地提高，但体育的内涵却很少得到严肃的对待。"①

体育现今已是一种普遍现象，全球大约有200多个国家参加奥林匹克运动会。每当世界性的大型比赛举行，例如奥运会、世界杯，全世界就会有几亿的体育迷或电视观众被这项大型体育活动所吸引。一项关于国人对于体育的态度的调查显示，体育深度涉入并影响了人们生活的方方面面，如国际外交、种族关系、商业生活、汽车款式、服装设计、英雄的概念、语言和伦理价值。现在，不管体育玩得好还是不好，是在乎外在回报还是追求内在满足，体育已成为许多人的生活必需。

尽管体育对于社会、经济和政治生活都是一种重要的制度性活动，但是它也伴随着一些负面的问题，暴力、欺骗、使用兴奋剂等不道德的行为让体育饱受争议。随着体育在日常生活中的普及，不和谐的因素也在增长。体育仍然位于广受议论但又很少被理解的处境之中，原因之一是公众对体育的熟知似乎使体育的意义显而易见，但事实并非如此，我们需要对于体育的意义有一个更深入的认识。体育在形式上是虚拟的游戏类活动，但又真实地与人和社会之间有着由来已久的紧密联系。对于体育与人和社会关系的思考，有很多的角度，例如政治、经济、

① 阿伦·古特曼.从仪式到记录：现代体育的本质[M].花勇民，等，译.北京：北京大学出版社，2012：1.

文化等，体育在这些领域的确表现得越来越重要，人们对体育与这些领域的关系的研究也越来越重视。但是，体育的这些发展都明显重在服务于某种外在利益或目的，因此会导致这样的后果：体育越兴盛，它的本性越迷失。

尽管在体育界，道德败坏的事时有发生，但是体育固有的思想、伦理原则和道德价值却是人类精神的硕果。赫胥黎（Hussey）认为："体育可以被善用和恶用。使用得好，体育可以教会忍耐、激励公平竞赛的精神和尊重规则，协调并平衡个人和集体的关系。使用得不好，它会引发个人和群体的虚荣心，对胜利的贪欲和对对手的仇视。"①摩根（Morgan）对现代体育的评价是"对胜利的狂热，普遍的欺骗，经济与政治的交互，对轰动效应和场面的热衷，大众传媒的操纵，对球星和名人的狂热崇拜，愚蠢的官僚制，这些都成为体育不良发展的标志"。②体育应该成为这样吗？答案当然是不应该。正是出于对体育与人和社会发展关系的关注，本书选取"体育和品格教育的关系"作为研究主题。

一、问题的提出及意义

在体育的发展历史中，学校教育始终是体育非常重要的领地。然而，对体育的教育价值的认识却经历了曲折的过程。在古希腊时期和在中国古代，体育就因对品格的教育价值而被列入学校学习的内容之一。到了中世纪，禁欲主义错误观念的影响，使体育饱受教育家和教会的贬低和抑制，体育被认为是无组织的活动，其可怜的价值仅仅是打发学校孩子们课余时间的游戏而已。由于学校里一些缺乏经验的体育教练的不正确对待和宣传，体育给教育者留下了一个不良的印象。此后，各种不利的因素逐渐侵入体育竞赛中，使体育受到了教育者一致的强烈谴

① Hussey, M. M. Character Education in Athletics[J]. The American Educational Review, 1938(11):578－580.

② Morgan, W. J. Leftist Theories of Sport: A Critique and Reconstruction[M]. Urbana: University of Illinois Press, 1994:1.

责，被认为对于教育事业毫无价值。

随后，随着现代体育的兴起和世界性的发展，体育的教育价值被有识之士重新挖掘并发扬，体育在现代学校教育的“德、智、体、美”课程类别中占有了一席之地。尽管体育已经成为教育的内容之一，但是体育与其他课程相比似乎仍旧被忽视和轻视，对于体育的教育价值的争议也从未停止。在现代的学校教育中，尽管大多数人认可体育对于品格形成的影响，但比较常见的认识是将体育视为品格教育的手段或工具。而且对于体育与品格教育关系的评论中也存在中立和否定的观点。有观点认为体育是道德中立的活动或者与生活隔离的竞赛游戏，因此与品格教育无关。还有观点认为，体育教育者关注的应是引导学生参与体育运动、学习运动技能，而体育对于品格教育的影响，并不应是体育教育者所关注的问题。实践中，即使参与体育活动对学生的品格产生了一定的积极影响，也会被认为是受到了体育中亚文化的影响，而并非体育本身的作用。

然而，在现实生活中，体育塑造品格的看法也已为人所熟悉，参与体育被认为能培养良好的品格，如忠诚、合作、勇气、决心、毅力、自控力等。体育运动可以促进良好品格发展，如滑雪激发人的勇气、冷静和自制，足球注重合作意识、力量和决心等。体育被认为是有关公正的社会实践，体育场上展现美德的行为通常被认为是具有体育精神的。

但是也有看法认为，对于这些品质的培养并不限于在体育中，并且有时，体育中塑造的这些品格也并不是道德的品格。例如，体育中的野蛮行为也会表现出一种类似于勇敢的品格，但是没有人会说这类行为是道德的。更不容易回答的问题是：体育给优秀品格提供了何种特殊的实践机会？如果缺乏对体育中品格发展的多方位的实证考察，很难做出最终的判断。不能说坚持、主动、自立等品质只有通过体育锻炼获得，并能被自动运用到生活的其他方面。也不能认为在运动场上表现出勇敢和忠诚品格的人，会自发地在工作中或者家庭中表现出这种品质。那么，体育和品格教育在理论上是否具有紧密的关联？在这两者的关系中，体育是应被视为实施品格教育的手段，还是体育活动本身就以追求伦理价值为目的？如果认可体育的品格教育意义，在实践中又该如何有效地开展？弄清楚这些问题便是本书的研究目的。

本书旨在通过对体育与品格教育关系的研究，重新认识体育的内在目的，并在体育与品格教育的历史发展中，进一步审视体育的教育意义。笔者期望研究的结果不仅对教育中的体育有所贡献，对于实践中的体育也能有所助益。体育中的品格教育问题，不仅是一个地区或国家的问题，更是世界性的问题，因为，当今体育的开展模式是世界通行的普遍性模式。因此，不仅是教育界，社会中所有的人，不管是何种性别、种族、肤色、信仰，都应该关心体育的发展，其实这不仅是教育的问题，更是有关人类和社会发展的问题。

二、研究的基本内容

本书将从理论和实践两方面来研究以下问题。首先，通过探讨“体育与品格教育”的理论关系，来认识体育的内在价值和体育品格的伦理内涵。其次，通过对大量的实证研究结果的分析，提出“体育与品格教育”在教育实践中开展的主要途径。

本书的研究对象为“体育与品格教育的关系”，意在通过体育与品格之间的历史与逻辑关联，重新认识体育的教育意义。对于体育，人们已经有了许多先入为主的印象，其中有“善”有“恶”，这个“善”主要指体育可以实现人们和社会的许多外在利益；这个“恶”主要是针对体育中屡禁不止的严重的道德败坏现象。

研究“体育和品格教育”的关系，首先要说明的就是本研究主题的意义。有观点认为，体育当然能塑造品格，比如我们都非常熟悉的“发展体育运动、增强人的体质、塑造人的品德”的教育方针，而且，一些亲身参与体育的人也都对体育对于品格的影响有切身的强烈感受。可是，这个过程是如何发生的，是哪些因素影响了体育中品格的发展，以及如何能够更有效地发挥体育对于品格发展的积极作用，就很少有人能够清楚地说明。这些问题也正是本书需要研究的问题。

对于体育与品格发展的关系，也存在否定的观点。一些研究者以体育实践中存在的一些违反体育道德的行为，以及国外一些前期的实证研究结果为依据，认为体育不能促进品格发展，甚至会产生负面影响。由于国内对于体育与品格教育关系的实证研究的开展比较薄弱，加之文化和语言的差异，国内对于国外相关的实证研究也并没有很多的介绍。所以，仅以体育中现存的一些问题和没有经过全面了解的实证研究结果就做论断，实在显得有些武断，还需要更充分的论证。

本书研究的主题是“体育与品格教育”的关系，对于这个主题的理论研究和实证研究，国外开展得较早，也形成了丰硕的研究成果，这些成果主要集中在体育哲学和体育心理学研究领域。与之相比，国内相关的研究就显得比较薄弱，文献资料也比较有限。本书关于“体育与品格教育”的研究思路将主要从以下几方面展开：

第一，首先梳理国内外关于“体育和品格教育”关系的相关研究成果，通过对前人研究的综合对比分析，提出对“体育和品格教育”关系的基本认识。

第二，体育是具有历史过程的社会现象，体育自身又是传统与现代的结合。因此，本书将以体育的发展历史为主线，即从古希腊体育竞技的诞生，到现代体育的萌芽至确立这段时期。通过研究体育发展过程中伦理原则的内涵演变，探索体育与品格教育的历史联系。

第三，本书将以对体育本质的分析为认识基础，探究体育和品格教育的内在理论逻辑关系，并进一步挖掘体育活动中的伦理价值内涵。

第四，本书还将对体育中品格教育的前人实证研究结果进行理论梳理与结论分析，探讨影响体育中品格发展的主要因素和体育品格教育在教育实践中开展的有效路径。

三、关于“体育”概念的认识与述评

在现代社会，体育和人们日常生活的关系非常紧密，各种体育活动、体育赛事也非常普遍，体育显然已经渗透了社会生活的各个方面。由于对体育的认识立场的不同，对于体育的定义也相对繁多。本研究需要解决的第一个问题，就是对体育进行概念界定。

（一）我国对体育概念的认识过程

体育的历史久远，但“体育”一词在我国古代并不存在，也没有今日的体育运动项目。我国古代也有一些类似于今日体育的身体活动，例如蹴鞠、举石、角抵等，但这些活动在中国古人的生活中属于游戏范畴，并没有专门的体育活动的概念。“体育”一词最初是由日本引入我国的，事实上，该词也并非日本固有的，它源自西方语言。据学者考证，日本的“体育”一词的词义经历了三种变迁：第一种词义源自英语中的 physical training；第二种词义源自英语中的 physical culture，第三种词义源自英语中的 physical education。在“体育”一词由日本引入中国时，其所代表的含义是对于身体的教育，这其中的教育主要指的是身体健康卫生教育。也就是说，在该词的使用初期，日本学者对体育的理解相当于今天我们狭义理解中的“强身健体”的体育教育。随着后来体育在日本社会的发展，人们日益认识到体育对于人的精神影响：可以满足娱乐或某些政治的需求，并锻炼人们服从、守纪的意识。这实际上是说，日本体育概念已经由狭义的“为了健康”的身体教育，扩展为将运动作为一种教育手段，并强调体育活动对人的“精神”的影响。

“体育”一词自引入中国后，一直到“五四”新文化运动，都并不为人们所熟知，民国时期（1933 年）出版的《体育概论》记载了国人对于体育概念的认识过程。“体育”一词进入中国之后含义经历了五个阶段的认识变迁：第一阶段（1890—1900 年），体育就是“体操”。第二阶段（1900—1910 年），体育就是运动。第三阶段（1910—1920 年），体育就是游戏。第四阶段（1920—1930 年），体育就是健康。第五阶段（1930 年之后），体育就是教育。①从这个文献记载可以看出，一直到 1930 年之后，体育在中国才出现了体育是“身体的教育”这样的概念表述。体育至此才真正和教育产生了联系。

① 周西宽.体育基本理论教程[M].北京：人民体育出版社，2004：25.

1. 中华人民共和国成立前

1930年，学者方万邦在其出版的《简易师范学校教科书·体育》一书中将体育定义为“以身体大肌肉活动为工具的一种教育”。①他是从解剖学的角度认为体育是人体的肌肉和关节的运动的，这个观点过于强调肌肉的力量，容易使人陷入对于体育的片面认识，认为体育只和身体的运动有关。中华民国时期著名体育学家吴蕴瑞在1933年出版的《体育原理》中，力主从教育学角度来定义体育，认为“体育二字本文身体教育之简称”。②他强调体育是教育的一方面，但不应该人为地割裂体育与德育、智育的联系，这违背了教育以人的整体性为中心的原则。陈咏声于1934年出版的《体育概论》中从教育学角度对体育所做的定义，也遵循了吴蕴瑞的思想，认为体育和德育、智育共同组成了教育的内容，不应该在它们之间划分严格的界限，体育就是身体的教育，是和关于心灵的教育相对等的教育。他认为体育其实是教育的一种方法，“体育”这个名词应该解释为“以身体活动为方式的整个机体之教育”。③另一位学者赵汝功对体育的定义更进了一步，他认为体育看似是一种身体的教育，但其实是“以身体活动为工具的关系到身心两方面的教育”。④他认识到了体育不仅能促进身体健康，还有益于心理的健康。李德炎、孙仲达在他们1948年编著的《体育行政》中，在此意义的基础上又做了进一步的释义，他们认为体育是一种利用大肌肉活动，来实现国民身心健康的教育。体育发挥了身体和心灵两种教育功能，可以“培养国民服从、守法、仁侠、互助、合作、创造、勇敢奋斗、坚苦、果毅、自信、自治等良好品德”。⑤

通过以上学者对于体育的定义可以看出，民国时期对于体育的认识主要体现在生理学和教育学角度，当时，学者们已经认识到体育与其他教育活动的区别主要体现在身体性活动上，对于体育的教育作用的

① 方万邦.简易师范学校教科书·体育(第一册)[M].北京：商务印书馆，民国29年5月.

② 吴蕴瑞，袁敦礼.体育原理[M].上海：上海勤奋书局，民国22年9月.

③ 陈咏声.体育概论[M].北京：商务印书馆，民国23年4月.

④ 赵汝功.国民体育常识[M].重庆：国立四川印刷造纸科职业学校，民国31年9月.

⑤ 李德炎，孙仲达.体育行政[M].成都：四川省立体育专科学校，民国37年12月.

认识已不局限于“强身健体”的层面。体育可以使国民身体强健，当国家需要时，还可以实现保家卫国的目的。出于这种社会需要，体育对于人精神的教育作用被重视，体育可以塑造服从、守法等品格。但当时强调的体育的教育作用，显然是通过体育达到对于人的规训的目的，在这个层面上，体育还是一种为政治服务的工具，并没有真正和人本身发生关系。

2. 中华人民共和国成立后

中华人民共和国成立以后，国家对于体育的认识在第一部宪法中得到了表达：把增进人民体质健康作为国家的义务列入宪法条文。相关教育法规也提出了学校体育的教育目标，其中包含培养共产主义接班人的思想品格教育。这一体育思想强调增强体质，学习体育的基本知识、技术、技能，并在这些学习过程中加强对学生的思想品德教育。时任国家主席毛泽东从青年时代起，就积极提倡体育，主张德智体三育并重：“体育一道，配德育与智育，而德智皆寄于体，无体是无德智也。”①新中国成立后，他非常关心通过学校体育培养青少年的身体健康和思想品德，曾两次就学生健康问题致信给教育部长马叙伦，指出“要各校注意健康第一，学习第二”，②后来还提出要培养“身体好、学习好、工作好”的社会主义建设者的教育目标。

新中国成立之初，也即20世纪50—60年代的中国，由于社会制度和经济制度的变革，体育的概念也必然有新的内容。著名体育理论学者吴邦伟在他的著作《体育理论基本知识》中提到了这一时期体育概念的使用特征③：体育是社会主义文化的组成部分，体育的教育目的是培养共产主义的接班人。对于这些略显政治化的术语，当时的学术界使用起来并不娴熟，在新制度下，体育学者为了顺应政治形势的需求，开始用新的政治话语来解读体育。在当时的学校体育教材中，就已经出现了这样的政

① 毛泽东.体育之研究[M].北京：人民体育出版社，1979：3.

② 冯刚，沈壮海.中华人民共和国学校德育编年史[M].北京：中国人民大学出版社，2010：14.

③ 吴邦伟.体育理论基本知识[M].北京：人民体育出版社，1957.

治化定义，强调体育的阶级性，以及新中国的体育是社会主义的体育，社会主义是人民当家作主的社会，因此体育应该是服务于人民的。当时尽管处在中国发展的艰难时期，物资匮乏，然而工厂和学校之中的群众体育却日益兴盛，尤其是工厂间推行的广播体操。1952 年，毛泽东为中华全国体育总会题词“发展体育运动，增强人民体质”。①这个著名题词中的“运动”有比赛竞争的意义，符合当时我国的政治情形，但同时它又不完全类同于西方的“竞技”体育思想，而是既强调“竞技”运动，又强调“增强人民体质”的比较全面的体育思想。所以，这一时期还有另一句著名的口号，那就是“友谊第一，比赛第二”。

1980—1982 年间，体育学者胡晓风连发三篇文章讨论“体育的科学体系”，他提出应将体育作为一种社会现象进行研究，并系统地讨论体育的“整体观”，他肯定“人”在体育科学中的地位与价值，明确提出体育是教育的组成部分，并由此奠定体育的社会地位。②接着，就有了 1982 年烟台会议的体育概念之争，由于当时正值中国体育在国际比赛中屡创佳绩，竞技体育日益受到关注的时期，学者们针对中国体育非自然的发展状态，提出了各种批评。其中一个非常重要的理由，是重新注意到中国体育引入之初衷是为了教育，它一经出现就和教育相依相伴。他们认为，只有教育中的体育才是符合“体育”概念本意的，才是真正意义上的体育。他们认为中国体育是在按“竞技”的方式发展，而竞技体育会导致人的畸形发展，不符合教育领域中关于人的全面发展的理念，违背了体育的本意，也牺牲了绝大多数学生接受体育教育的权利。因而学者们认为，应该重新界定体育的使用范围，只有学校体育才是真正体现了体育本源的体育，其他的体育形式都不是真正的体育。然而也有学者提出，对于国人已经惯常使用的“体育”一词，这样重新限定并不正确。由“烟台争议”开始，我国体育界开始出现了“狭义体育”与“广义体育”的概念

① 冯刚，沈壮海.中华人民共和国学校德育编年史[M].北京：中国人民大学出版社，2010：45.

② 胡晓风.关于体育科学体系的若干问题，再谈与三谈体育科学体系的若干问题[J].成都体育学院学报，1980(1)；1981(2)；1982(1).

之分，竞技体育属于广义的体育，学校体育属于狭义的体育。①

1989年人民体育出版社出版的体育学院通用教材《体育概论》将体育概念阐述为："体育（广义的，亦称体育运动）是指以身体练习为基本手段，增强体质，促进人的全面发展，丰富社会文化生活和促进精神生活的一种有意识、有组织的社会活动。"②其中，因活动内容的不同，广义体育又分为竞技运动、狭义体育、身体锻炼和娱乐三个方面。这里的"狭义体育"被阐述为："体育（狭义的）是通过身体活动，增强体质，传授锻炼身体的知识、技能、技术，培养道德和意志品质的有目的有计划的教育过程。它是教育的组成部分，是培养全面发展的人的重要方面。"③

20世纪80年代末到90年代初，体育文化与体育新科学研究浪潮兴起，新的学科和研究方法的引入带来了许多的新研究成果。成都体育学院周西宽等主编的《体育学》在原有《体育理论》教材基础上，将体育视为一种文化现象来阐述。《体育学》一书提出了要"根据社会需要来认识体育"的观点，认为"体育是一种特殊的社会实践"，"运动是体育的基本手段"。该书提出应从"社会质"与"自然质"这两个维度来理解体育的本质，前者可理解为"体育"，因为它"在一定意义上是直接作用于社会"；而后者可理解为"运动"，因为它作用于个人，是"通过人体自身运动这种手段来完成和实现的"。因此，"体育是对于社会而言，而运动则是对人体而言"。④该书从社会与个人两个维度来区分"体育"与"运动"的观点，标志着这一时期国内关于体育概念的研究进入一个新阶段。

20世纪90年代，国内体育理论界对于体育概念的研究成果出现了以下几种观点：有学者侧重于体育的文化属性，有学者基于体育与生产性活动的关系来定义体育，认为"体育是旨在强化体能的非生产性人体活动"，⑤也有学者将体育定义为"以身体活动为媒介，以增强体质、促进

---

① 国家司法总局政策法规司编.我国体育社会科学研究状况与发展趋势[M].北京：人民体育出版社，1998：71.

②③ 全国体育院校教材委员会.体育院校通用教材.体育概论[M].北京：人民体育出版社，1989.

④ 周西宽，等.体育学[M].成都：四川教育出版社，1980.

⑤ 杨文轩，陈琦.体育原理[M].北京：高等教育出版社，2004.

健康为目的的教育”。①他认为体育区别于其他事物的根本在于其身体活动性，身体活动的目的是增进健康。体育是一种教育，但又不完全归属于教育范畴。学校体育是教育的一部分，在竞技体育中也有教育的成分。但是，如果把群众体育也归属于教育，就未免有些牵强。还有学者用西方的游戏理论来分析定义体育，认为体育起源于人类的游戏活动，具有“游戏的本质”。②他的观点的提出背景主要是当时社会功利地将体育视为一种工具，因此他认为应该去除工具性，让体育回归游戏本质。

自 20 世纪 50 年代以后，随着体育运动实践的发展，我国理论界对于体育概念的认识也是处于不断深化中。尽管对于体育的定义总难取得一致意见，但随着多学科对体育的概念界定，“体育”这一词语的思想内容得到了拓展和丰富。现实中的体育实践已不再局限于学校，而是涵盖了家庭、学校、社区，之前较有代表性的“狭义体育”和“广义体育”的定义已经显得比较局限，有些偏离现实。因此，对于体育的定义也有了更全面的认识，2005 年 7 月由高等教育出版社出版的《体育概论》将体育定义为“以身体活动为基本手段促进身心发展的文化活动”。③该书认为，体育的发展应是家庭、学校、社区的统一体，教育的手段包括各种身体运动：竞技运动以及舞蹈等各种休闲娱乐活动都可以算作体育的范畴。这个定义以“身体活动”为标尺，把所有的场合、所有的身体活动都放入了体育的概念里。这的确突破了之前体育定义的偏狭，但这无所不包的体育概念也消融掉了体育区别于其他身体活动的独有特征。2011 年 7 月高等教育出版社出版的另一本《体育运动概论》在对体育进行定义时，认为不能把体育单纯理解为身体的活动，从教育系统漫长的发展历史中可以看出，体育始终属于教育，因为体育有针对性地改造人的本质特征，它能促进人的身心统一发展。因此，作者把体育定义为“社会文化的形态之一，其特征是以合理的身体活动为基本手段，针对社会和个人的需要，促

---

① 张洪潭.体育基本理论问题研究[M].桂林：广西师范大学出版社，2004.

② 胡小明.从工具到玩具——竞技运动的文化属性皈依[J].体育与科学，2002(4)：15—18.

③ 杨文轩.体育概论[M].北京：高等教育出版社，2005.

进人的身心和谐发展的活动”。①

（二）对国内体育概念争论的述评

从体育最初诞生到今日现代化的发展，人们对于体育的认识也在不断地发展变化。上述国内外关于“体育”的概念阐释可谓百花齐放，但在研究并回答“什么是体育?”这个问题时，最初是从现象来回答“体育是身体的活动”，随着对活动的认识又延伸出“广义的活动”即“文化活动”和“狭义的活动”即“教育的活动”。接着当进一步区分“体育是怎样的文化活动”和“体育是怎样的教育过程”时，我们就会发现这已经触及了体育的本质问题。对于体育的本质的思考，使人们认识到我们感知到的各种体育活动都只不过是“现象”，存在于形式多样的体育活动现象背后的才是体育的“共相”，是体育统一的、普遍的本质存在。体育的发展历史几乎和人类的发展历史同步，体育并非虚拟的存在，它对社会生活影响的深度与广度已是不容忽视的事实。体育的形成与发展受到一种超越历史的本质力量所推动，那就是体育满足了社会的某种需要。这种需要是什么？正是基于对于不同社会时期人的需要的不同理解，才会对同一种对象——体育，得出有如万花筒一般百变的认识。但是这些认识终究不是对于体育本质的认识，仍然停留在现象层面。

以上所述的我国体育理论界对于体育概念问题的几次大讨论，所使用的对于体育的定义方法是“透过现象看本质”的本质主义研究方法。本质主义对于事物的认识模式是，把本质看成隐藏在事物内部的东西，现象是暴露在外的多样的表现形式，现象是变化的，而只有本质不变。本质主义是追求绝对确定性的哲学学说，它希望寻求一种永恒的、普遍的存在，以描述事物的本性。我们对于本质的探索所采用的方法是“现象归纳法”，就是从现有的体育现象中根据经验归纳出体育的共同特征，并把它视为体育的本质。在这种研究方法的运用下，体育理论界在定义体育的过程中逐步把“身体活动”作为体育的本质特征，给出了希望能弥合分歧的综合式的定义：“体育是以身体活动为特征的娱乐、教育或文

① 姚颂平.体育运动概论[M].北京：高等教育出版社，2011.

化”。这并没有平息讨论，反而受到了更大的质疑。随着体育实践的发展，体育领域中出现了国际象棋、桥牌、电子竞技、F1 赛车等新的体育活动，如果按以“身体性”来定义的体育概念，它们怎么能归属于体育？在这些活动中并不需要突出的身体技能。体育哲学家休茨在论及体育定义时说：“区分身体技能和非身体技能游戏不是一件难事。”他认为“身体性活动”仍不能被视为体育的本质特征，因为随着社会的发展，有些体育活动明显不带有“身体性”的特征。此时，原有的以“身体性”为本质特征的体育定义，也显得不合时宜，不适应时代的发展了。问题恰恰出在我们在对体育进行定义时所采用的“现象归纳法”这一研究方法上。体育是既继承历史又不断发展的一种特殊的人类实践，身处在一定的历史情境中的人是无法跳出历史的局限来对体育给出一劳永逸的定义的。

因此，本书认为运用“现象归纳法”来定义体育是存在缺陷的。现象不是静止不变的，现代体育与古代体育之间就存在明显的不同，即使是同一种体育活动，其内容和形式也发生了变化。这说明现象不是孤立的存在物，它一定是和特定的社会历史情境相关的存在。体育概念不是一个僵化的、从古至今一成不变的概念，企图从所列举出来的各种体育活动中归纳出体育的共同特征，这往往是徒劳的，只能使体育概念越来越宽泛，而人们使用概念时会感到更大的迷茫。而且，在研究体育概念时，把外在存在的体育现象作为研究的对象，就容易导致把从体育现象归纳出来共同特征，视为体育本质的错误。我们应该追问的不是“体育是什么?”，而是体育存在的意义：“体育为什么存在?”；我们需要的是摈弃成见和无结果的争论，转化思维的模式。体育是非常复杂的人类现象，在人们的争论中我们已经可以看出，按照通常的认识，对于复杂的现象，想要给它下个满意的定义是困难的。

因此，对于体育的定义，我们不应该去强求一个统一的概念，因为，体育是变化的、发展的，我们受时间和历史的局限，永远也无法给出一个终止分歧的解释。在体育概念的使用上也不必要求统一，每个体育概念的产生都和一定的历史条件有关，在当时的历史条件下对体育的定义都存在其合理性。当我们使用体育的概念时，只要指明这一定义所指的是体育的何种特性就可以了，重点是需要阐明在此意义上的体育的存在价值。本书将要探讨的是“体育与品格教育”的关系，意在重新审视体育的教育意义，因此本书将体育定位于教育的范畴，即：体育是以合理的身体活动为基本手段，促进人的身心和谐发展的教育活动。在这个定义中，“身体活动”只是体育开展教育的一种表面方式，不能把体育理解为“只限于身体方面之教育或可称之为身体之教育”，体育“乃为人之整个的机体之教育”。本定义将体育归属于教育的范畴，但不赞同将教育生硬地分为智、德、体三部分，教育的基本原则是以促进人的全面发展为中心，体育的目标亦是促进人身心和谐的发展。

四、品格教育的概念界定与特征

在研究体育与品格教育的关系之前，还需要先了解什么是品格教育。如果不了解品格的内涵，将无法界定品格教育的概念构成。

（一）品格的含义

英文中代表品格的词是“character”，这个词来源于古希腊词语“kharakter”，原意是烙印（impression）。因此，在古英语中，“character”的意思是“不朽的符号或痕迹”。在今天，作为英语名词的“character”具有多种含义的解释。《新牛津英语词典》将“character”定义为“个人的道德品质和心理品质的总和”（the mental and moral qualities distinctive to an individual）；《牛津高阶英汉双解词典》将其解释为“道德的力量；品格；品德”（moral strength）；《英汉教育词典（修订版）》将“character”定义为“性格；品德”。

《现代汉语词典：汉英双语（2002 年版）》将“character”译为“品格，品性，品行”等，其中，“品格”即“品性，品行”（moral character），而“品性”被解释为“品质性格”（character and disposition），“品行”被解释为“道德行为”（moral conduct）。①中文词典《辞海（1999 年版）》对于词语“品格”的解

① 李华驹.21 世纪大英汉词典[M].北京：中国人民大学出版社，2002：433.

释是“品质，品行”，其中“品质”被解释为“人的行为，作风所表现的思想，认识品性等的本质”；“品性”被解释为“品质性格”。

可见，品格既涉及人的内在品质性格，也包含人的外在道德行为。学者潘光旦考证认为，品格的概念产生于品性，人的品性各有不同，有优有劣。而品格的“格”就是代表品性的标准，符合道德的品性就是品格。①昆顿（Quinton）分析了品格与性格的区别：性格涉及一个人如何向世界展示自己，它随着时间而改变；而品格与人的持久、稳定的思想和行动相关，这些代表着一个人的本质。品格更与一个人所具有的某种价值观和信仰相连，拥有长久稳定的意义。

西方学者对于品格的研究，最早出现在哲学领域。古希腊哲学家亚里士多德在《尼各马可伦理学》中探讨“德性是什么”时，认为人的灵魂现象由性情、能力和品质构成，而品质是关联人的行为举止正当或不正当的东西。他认为，“称作品质的是，我们借助于它在面对非理性的情感冲动时是我们能正当或不正当地对待的东西。例如，面对一种怒气的爆发，如果我们的情感对于它太激烈或者太软弱，我们的举止就不当。而如果我们适度地对待它，那就是正当的。”②他为什么认为是品质决定和影响了人的行为表现？接着他分析道：“性情既非德也非恶，首先，因为我们不是由于性情被称作好人或坏人，而是由于德性的优劣被称作好人或坏人。而且我们也不是由于性情被称赞或被谴责——因为一个人不是由于他感到恐惧或者发怒而不被称赞，不是由于他容易发怒，而是由于他以特定的方式发怒而被谴责——而是由于我们德性的优劣被赞美或谴责。其次，我们发怒和陷于恐惧不是出于自己事先的决断，反之道德行为却是自我决断的行为，或者至少是与这种行为不可分的；此外，我们说，在性情冲动时我们是被激动的，但在德行与恶行上，我们却不能说我们是被激动的，而是说源自一种稳固持久的状态。”③也就是说，亚里士

① 潘光旦.论品格教育[M].北京：人民教育出版社，1999：199—200.

② 亚里士多德.尼各马可伦理学[M].邓安庆，译.北京：人民出版社，2010：1105b20，1105b25.

③ 亚里士多德.尼各马可伦理学[M].邓安庆，译.北京：人民出版社，2010：1106a10.

多德认为人的性情无论是愤怒、恐惧、自信、愉悦、友爱还是憎恨，都只是一种自然流露的情绪，它关乎本能而不涉及理性的决断，因而不能被评价为善或恶。亚里士多德又接着分析了能力，他认为“能力是人的自然禀赋，但善或恶不是源自自然的。”①此处，他对能力的分析其实和对性情的分析是一样的。在分析完“性情”“能力”之后，就只剩下“品质”了。前面说过，亚里士多德是在探讨“什么是德性”的前提下提到“品质”的。他在把德性归类为品质之后，并没有止步，但是接下来他并不是继续探讨“品质”，而是分析“德性是何种品质”。在“德性的进一步规定”的讨论中，他提出“德性是一种中庸的品质，因为它本质上以达到中庸为目标”。②他事实上把品质分为了三种度：不及、中庸和过度。他认为“过度和不及属于过错，中庸属于德性”。③也就是说，在“品质”中“过度和不及”是导致恶行的原因，“中庸”即“伦理德性”才引发德行。因此，亚里士多德把“品质”分为“过错品质”和“德性品质”。显然，品格教育希望培养的是“德性品质”，在亚里士多德的德性伦理学中，“德性”和“品格”是同义的。

近代西方对于品格的内涵的阐述影响比较大的是马丁·布贝尔和托马斯·里考纳。他们分别从哲学和教育学两个角度对品格进行阐述。

1939年，奥地利存在主义哲学家马丁·布贝尔(1878—1965年)为巴勒斯坦全国教师大会致辞，写下了《品格教育》一文。在文中，布贝尔开宗明义地表明“名副其实的教育，本质上就是品格教育”。④他认为，真正的教育者不仅向学生传授知识和技能，还要关心学生“整个人”的形成，即关注学生现实的生活情况，以及他能成为什么样的人的可能性的问题，所以，“教育者的最重大任务则在帮助塑造人的品格”。布贝尔认为，为了进行品格教育，必须首先明确品格的概念。在他看来，品格就是“介于一个人的本质与他的外表之间的这种特殊纽带，介于他为人的统一性

① 亚里士多德.尼各马可伦理学[M].邓安庆，译.北京：人民出版社，2010：1106a10.

② 亚里士多德.尼各马可伦理学[M].邓安庆，译.北京：人民出版社，2010：1106b30.

③ 亚里士多德.尼各马可伦理学[M].邓安庆，译.北京：人民出版社，2010：1106b35.

④ 马丁·布贝尔.品格教育[M].任钟印，译.武汉：湖北教育出版社，1994：1314—1316.

与他的一连串行动与态度之间的这种特殊联系”。也就是说，布贝尔认为的品格是人和外在世界发生联系时，稳定地支配着人的行动和态度的内在的道德品性。为了进一步说明品格的概念，布贝尔区别了“品格”和“个性”。他认为：“只有把一个人看作一个现实的并有潜在的可能性的整体，才算能把他看作个性，即其中潜伏着各种力量的一个独特的精神物质结构。”个性与品格最更大的差别是：个性是“一个成品”，“在其成长方面实质上是不受教育者影响的东西”，而品格是“需要加工的东西”，需要通过教育进行塑造。

他非常强调品格受综合的社会环境因素影响形成，这种环境包括“家庭和街坊，语言和习俗，历史事件以及通过谣传、广播和报纸而传来的每天新闻事件，音乐和专门科学，戏剧和梦境等”。他受价值相对主义的影响，不赞同在学校给学生灌输道德准则，而是要给予学生自由选择的机会，通过对多种现存道德价值的认识，自己来决定该如何选择和运用。对他的观点最大的质疑是：这种教育观不但没有达到品格塑造的目的，还会使学生价值混乱，最终无所适从。布贝尔把教师列为影响学生品格形成的最主要因素，因为教师对学生的品格影响是有意识的、有选择的。他认为，教师对学生进行品格教育时，相比智育会面临更多困难和限制。因为在知识的教学中，教师可以公开讲明他的意图，并预期教学的效果。在品格教育中，教师很难公开说明他的教育意图，也难以预知教育的结果。因此仅仅认识品格是什么还远远不够，如何塑造品格才是更值得探讨的问题。布贝尔在《品格教育》中强调要建立相互信任的良好的师生关系，并提出师生之间的“对话”理论，这给品格教育提供了一种可借鉴的方法。

美国著名发展心理学家托马斯·里考纳是品格教育主要影响人物，里考纳的著作《品格教育：我们学校怎样教尊重和责任》(1991)被认为是“品格教育领域权威性著作”“品格教育的圣经”。里考纳的品格教育理论与价值澄清学说和道德发展学说之间有着深刻的关联。价值澄清学说在 20 世纪 70 年代的西方社会具有极大的影响，它反对传统品格教育的哲学基础，认为价值是相对的，价值不能通过传授获得，只需使学生厘清混乱的价值，明确和选择各自的价值。里考纳强烈反对价值澄清学说，他认为价值澄清学说否认共同价值，过分强调个人价值的相对性，主张价值不可教，这会致使学生自以为是，是非不分。正是在反对价值澄清学说的哲学基础上，里考纳建立了他的品格教育思想。里考纳的品格教育思想以德性伦理学为基础，认为道德教育方法不应是"灌输"和"澄清"，而应是"认知发展"，在各个道德发展阶段采取有效措施促进儿童的道德推理和思维。

里考纳认为品格教育的前提是明确什么是品格："品格教育必须有品格是什么的充足理由，学校才能有清晰的教育目标"，同时，"好的品格就像我们的孩子"。他引用亚里士多德的观点来定义品格："生活的正确行为，关系着个人和他人的福利和长期利益"。①他主张好的品格由三个相互联系的部分构成：道德认知、道德情感、道德行为。道德认知由一些相关过程组成，即对情境的认知、语言的运用、能做出较好的行为判断。道德情感包括被灌输的情绪状态，如良心、自尊、同理心。道德行为，包括知道如何做和坚持做的决心。

里考纳认为道德认知、道德情感、道德意志是相互促进、相辅相成的关系。好的品行包含对善的认知、善的追求和善的行为，因而品格教育的目标是帮助学生理解核心道德价值观，培养他们向善的道德情感，并通过生活实践养成善的行为习惯。

"道德认知"包括道德意识（moral awareness）、知晓道德价值（knowing moral values）、观点采择（perspective-taking）、道德推理（moral reasoning）、道德决策制定（decision-making）和自省（self-knowledge）。②道德意识是指能意识到道德情境的存在并做出道德判断；知晓道德价值是指人们应该知晓那些代代相传的道德价值观；观点采择是道德判断的前提条件，是指能从别人的角度考虑问题的能力，也就是能设身处地为他人着想；道德推理是道德行为的前提，指对于"什么是道德"和"为什么要有道德问题"的理解能力；道德决策制定是指在道德情境中，经过一系

① Lickona, T. Educating for Character[M]. London: Bantam Books. 1991:12.
② Lickona, T. Educating for Character[M]. London: Bantam Books. 1991:53 - 56.

列思考后做出保证道德行为有效性的决策；自省则是反省并评估自己行为的能力，能明确自己的品格优缺点并补正。也就是说，道德认知的过程就是首先能认识到道德情境的存在，具备道德判断和采撷他人观点的能力，经过对于道德问题的思考，做出实施道德行为的决策，并能自觉反省。

道德情感包括被灌输的情绪状态，例如良心、自尊、同理心、自控力等。道德行为，包括知道如何做的道德能力(competence)、坚持做的道德意志(will)和稳定的道德习惯(habit)。如果一个人具有了以上的道德认知和道德情感，就易于做出正确的行为，即“道德行为”。如果人具有了道德认知和道德情感，却没有转化为行为，里考纳认为这是因为他们在道德三要素“道德能力、道德意志和道德习惯”上有缺失。道德能力是将知与情转化为行的能力，道德意志就是用道德理智战胜非分情感的能力。道德习惯是品格养成的关键，对此，里考纳完全采纳了亚里士多德的德性观：“亚里士多德相信道德行为缘于稳定的品格：一种习惯于对道德情境做出恰切反映的内在品质。”①他把德性分为对己的美德：克己、适度等；对他的美德：慷慨、同情等。德性在生活中被实践，变成了人的思想、内心、行动的习惯。总之，里考纳认为当知、情、行协同统一时，即“当核心价值观成为个人美德的可靠的内部品质(它能使人以美德的方式对事物做出反应)之时，就形成了品格”。②品格是道德规则内化于心、外化于行的表现。

在亚里士多德、布贝尔和里考纳对品格的阐述中，可以发现他们各自的侧重点和共同点。亚里士多德通过将品格与性情和能力进行对比，说明品格是使人做出德行和恶行的支配因素，而德性是使人达到完善的品质。布贝尔通过品格与个性的对比，说明个性是一种独特的精神结构，已是成品，而品格是与人的外在行为和态度有关的需加工的东西。里考纳认为品格和道德密切相关，道德规范内化成内在的品德并外在表现为道德行为时，个人就具有了品格。对比三人的观点，我认为，布贝尔

---

① Lickona, T. Educating for Character[M]. London: Bantam Books. 1991:5.
② Lickona, T. Educating for Character[M]. London: Bantam Books. 1991: 53 - 56.

的品格是由自然和社会环境中各种影响交织形成的观点，在一定程度上否认了现代社会中统一的道德标准和约束，这样会使品格教育因缺乏核心价值，而流于空泛。里考纳的观点其实说明了品格是一个“规范—德性—德行”的形成过程，这当中最关键的无疑是“德性”，德性的知情意统一是个体践履德行的内在基础。如何才能让人成为一个“德性”的人，这又回到了亚里士多德的论题中。在他们对于品格的定义中也能找到一些共同的因素：品格与道德密切相关，品格具有相当的稳定性，并已然成为习惯。它通过行为反映人的内在本质，是良知与德行的纽带。

总之，品格的概念应该是与道德、德行相关的观念，正如赖特(Wright)认为“不能将品格定义为行动履行的清单，与个人行为相关的原则描述”。①因此，我更倾向于根据亚里士多德的德性理论来定义品格的概念，德性理论将是本书分析体育与品格教育关联的基础。亚里士多德认为德性是实现人的功能和活动的好的品质，②这种好的“品质”是经由“实践”在人身上形成的“习惯”烙印，品格一旦形成就具有一定的稳定性。综上所述，品格是指体现了一定道德规范的，个体行动时所表现出来的具有稳固倾向的道德习惯。

（二）品格教育的概念辨析

品格教育与品格是相互关联的两个概念，品格不是天生的，是后天培养积淀的结果。这很容易使人联想到现代教育把学校的教育内容划分为“德、智、体、美”，品格教育是不是就应该归入德育的范畴？但事实远没有想象的那么简单。关于“品格教育”的定义仍然存在争议，有关品格教育属于哪种教育的主要争议问题是：品格教育是教育内容的一部分，还是教育的本身就是品格教育？品格教育与道德教育、价值教育、公民教育等教育的内容有区别吗？以及关于品格是否可教，品格是否需教和品格教育教什么、如何教的争论，等等。为了更好地认识品格教育，我们将对品格教育与其他教育进行比较分析。

---

① Wright, D. The Psychology of Moral Behavior[M]. Harmondsworth: Penguin, 1971:203.

② 亚里士多德.尼各马可伦理学[M].邓安庆，译.北京：人民出版社，2010:1106a15－22.

1. 品格教育与教育

前文提到布贝尔认为教育的本质应该是对人的品格培养，也就是所有教育形式的最终目的都可以被认为是培育品格。这种定义的确体现了品格教育的重要意义，但是也会造成一些误导，一种就是强调所有的教育都应该有品格教育的内容，结果就使品格教育散入教育的浩瀚大海而无所归依。另一种就是把所有和人的行为有关的教育都看作品格教育，于是就有了从广义角度对品格教育的定义，认为公民教育、价值教育、纪律教育、道德教育、素质教育等都是品格教育，结果可能造成品格教育成了无所不包的教育，失去了其内核。

本文认为要更好地回答品格教育是“哪种教育”的问题，首先必须先回答“什么是教育”的问题。但是对于这个基础的问题，回答起来也是仁者见仁，智者见智。学者黄济在《教育哲学通论》中说：“中外教育家有关教育的定义，不下千百条。”①本研究无意、也无能力在这里给出一个教育的标准概念，只是把一些可能争议最少的论点作为对教育的认识基础。

怀海特在《教育的目的》一文中极力主张教育“要消除扼杀我们现代课程的活力的各学科之间互不联系的严重现象，教育只有一种教材，那就是生活的一切方面”。他认为教育不应停留在孤立的、与生活脱节的教材知识的传授，而是应该传授“对学生的生活具有特殊意义的某一方的知识”。他主张教育不应把学问生硬地割裂开来，明确区分“哪一门课程是给学生普通陶冶的，哪一门课程是只给专门知识的”。他对于教育的观点提示我们，我们把教育先入为主地认识为一门门由不同学科组成的课程，本身就是僵化的。教育传授的所有知识都应该具有生活的意义，能有利于学生更好地生活。本书前面阐述了品格是使人成为人的重要的内容，好的品格意味着对于善的追求，那么品格教育当然应该成为教育的重要内容。对于教育与品格的界分，在终极目标上，教育的目的就是培养完整的人，品格教育的目的是使人成为人，它们的目标指向是一致的，都是为了人的全面发展。如果把教育作为一种达成目标的形式

① 黄济.教育哲学通论[M].太原：山西教育出版社，1998：329.

来看，德、智、体、美各方面的教育都是培养完整的人的一种形式，品格教育最应该归属德育。本文认为不应生硬地割裂各学科教育之间的关系，应把教育看作一个有机联系的整体。可以这样理解品格教育和教育的关系：任何有意识地促进道德能力发展的教育都是一种品格教育的形式。它们之间既是一种“种属关系：品格教育是一种针对品格的教育；也是一种内容与本质的问题，教育的本质就是品格教育”。

康德在《教育的反思》中认为：“存在比书本学习更多的教育。教育的本质是通过个人努力促进人在才能和品格方面的形成。遵守本性的生活律令为超越本性以遵守法律和责任的律令做准备。”①康德认为教育的主要目的是道德品格的发展，如果这个目的要达成，学生必须被他人当作目的而不是当作手段来对待，应当培养学生的自尊。自我要求的行为在体育领域的适用和在其他领域一样，都体现了社会和个人的本质。撒谎和欺骗应该受到谴责，诚实和公正应该被倡导，它们既影响个人的自尊，也影响与他人关系的品质。康德认为品格的形成不是一蹴而就的，需要持续和长期的自我塑造，以坚定地追求理性的和普遍的道德原则为特征。康德的“拥有品格”的含义是：强调依据高原则做出有规律的行动。他认为品格特质与其他特质的区别是，前者是某人自主决定做出的行为。尽管有时是社会压力或强烈的诱惑驱使他这样做，但拥有品格的人即使面临困难或其他的影响，也能依照自己的决定一直做他认为对的事。按照康德的观点，品格不仅描绘了人，而且在道德上颂扬了人。人因为拥有了品格而变得更好，也更加关心自己的道德发展。

康德对教育与品格形成的关系的观点，至少在三方面对本书要讨论的体育与品格教育的关系具有潜在的重要性。第一，道德是建立在理性和普遍的原则上的。第二，强调像尊重自己一样尊重他人。第三，品格的发展不是被动的过程，而是自发的行为和有意识的自我建构，意志约束自己遵守经由理性设定的实践原则。这些都与体育实践相关，与后文对体育与品格教育的理论关系的讨论相关。

---

① Kant, E. Education[M]. University of Michigan Press, 1991:2 - 3.

2. 品格教育与道德教育、德育和价值教育的概念区分

品格教育致力于培养学生德性品格或美德，它来源于亚里士多德的德性教育的传统，在19世纪末被美国公立学校作为一种道德教育的模式所采纳，并被命名为品格教育。品格教育并不是我国教育领域一直使用的概念术语，随着20世纪80年代中后期品格教育在美国乃至整个西方社会的再度复兴，国内理论界对于品格教育的研究也逐渐增多。很多研究者将品格教育翻译成“道德教育”“品德教育”“品性教育”和“人格教育”等，原因是翻译者对于品格教育的概念认识上存在将其和我国教育界习惯使用的“道德教育”“思想品德教育或德育”和“价值教育”等术语相混淆，认为品格教育就等同于其中的某种教育。因此，有必要对于品格教育和道德教育、德育和价值教育之间做一个概念性的区分。

（1）品格教育与道德教育

谈到品格教育与道德教育的关系，有很多人会认为品格教育就是道德教育。他们认为品格教育只是道德教育的另外一种说法，但是无论从中文词语“品格”和“道德”，还是英文词语“character”和“morality”，它们的含义并不完全一致。前面提及过，英语中的“character”一词来源于古希腊语“kharakter”，原意是烙印（impression）。英文“morality”是关于什么是善恶、对错的价值规范集。①中文中，“品格”中的“品”的意思是品质、品性；“格”的意思是人格、格调。中文中“道德”的“道”本义为道路、道理，后引申为“规律”之义；“德”最初的意思是具体的行为，后才渐渐有了优点、长处、卓越的意思。②因此，仅从词语字面来理解，也不能将两者简单地视为同一种教育，而且，品格教育和道德教育在教育目标和教育内容上也是有差别的。

品格教育的目标是培养好的品格，这并不是说要给出一个行为的规范标准，而是更注重对行动者道德认知、道德情感到道德行为的习惯性行为倾向和性情的培养。品格教育希望达到的教育目标是，身处具体的情景中的行动者能以适当的方式、正确的理由自愿抉择，做出正当的行

---

① 高国希.道德哲学[M].上海：复旦大学出版社，2005：9.

② 徐复观.中国人性史.先秦篇[M].上海：三联书店，2001：21.

为。品格教育非常注重对于决定过程中的实践智慧的培养。为了培养这种实践理性，品格教育的内容不仅包括德性品格的教育，也包括非德性品格的教育。

道德教育的目标是让学生了解道德规范的内容，希望学生能按照符合道德规范要求的行为行事。道德规范的内容往往都是明确的，人们对此并不需要去思考或抉择。道德教育强调的是责任或义务，要求受教育者完全依照规则行事，履行道德义务，正如康德所说，“规则就是规则，它不允许有任何的权衡”。而品格教育以德性品格为目标，强调的是将德性的要求与特定情境结合的实践智慧，将具体实践看作品格形成的途径。人致力于养成德性品格，不是为了自我献祭，而是为了自我完善。

（2）品格教育与德育

德育在我国亦可称为“思想政治教育”。很多研究将西方的品格教育与我们习惯使用的德育或思想政治教育相提并论，认为它们的品格教育就等同于我国的德育。事实上这两个概念之间是有语境的概念差别的。目前，我国德育理论界对于“德育”概念的理解是多样的，综合各方的观点，可以概括为“德育”是指“教育者遵循受教育者思想品德形成和发展的客观规律，依据一定的社会要求，有目的、有计划地对受教育者开展思想认识、政治立场、道德规范、法治意识、心理健康等方面的教育，使受教育者逐渐形成社会需要的思想品德的教育活动”。①在我国的教育实践中，“德育”内容涵盖思想教育、政治教育、道德教育、法治教育、心理健康教育等方面。德育开展的内容是随着社会发展的需要而不断调整的，在大约 30 年前的德育内容中，不包含心理健康教育的内容。但是当社会发展到一定阶段，受教育者的心理问题日益突出，心理教育也就顺应时代的需要和受教育者的成长需要而成为德育的内容之一。法治教育内容的增加也顺应了“依法治国”理念的提出。尽管德育的内容会根据国家、社会、学生自身发展的需要进行相应的调整，但是，道德教育始终是德育的灵魂，这和我国“立德树人”的教育理念是吻合的。无论德育的具

① 南京大学教育系编.教育学[M].北京：人民教育出版社，1984：230.

体内容怎么调整，都应该为受教育者的道德的形成和发展服务。以德育中的法治教育为例，法治教育不仅是为了提高学生的法律意识与素养，也要发挥法律的道德意义，保障道德的实施和遵守。尽管德育的其他内容不是直接关于道德的，但是，德育的整体内容都是有关于个人、社会和国家等方方面面的教育，其目的是培育具有社会需要的思想品德的人。

在西方的话语体系中，品格教育隶属于公民教育的范畴。西方的公民教育通常包含三个板块的内容：公民知识、公民技能与公民品性。西方的品格教育事实上就是为了培育公民品性而开展的教育。我国的德育在概念层级上应该是和西方的公民教育相对应的，只是它们所包含的具体内容是不同的。我国德育一直以来偏重通过直接的课程教育进行，而对于德育的内化和践行这些方面还处于探索阶段。西方的品格教育注重个人品格的养成和公共品格的实践这些方面是可以为我们所借鉴的。可见，品格教育在培养人的目标上和德育的目标是一致的，都是为了培育具有社会需要的品性的人。品格教育除了道德知识的知晓，还强调对于不同生活情境中的道德实践能力的培养，品格教育相比德育更贴近人的生活，更注重个人的内在德性养成和生活中的道德实践。品格教育是为了实现德育的目标而开展的教育，它是德育的内容通过实践在人身上的内化。

（3）品格教育与价值教育

价值教育基本上可分为两种形式：①一类是教育者向受教育者传递价值的教育过程，另一类是教育者旨在培养受教育者接受社会核心的价值观的教育。前者侧重于对价值内容的学习和运用，后者侧重于培养某种价值观，也可以称为价值观教育。我们比较一下价值教育和品格教育的区别：

从教育目的看，品格教育的目的在于个体的品格形成和发展，由于个体的个性和生活经历的不同，最终形成的品格不可能是一致的。价值观教育的目的在于让个体接受某种社会认可的价值观，价值观的内容是

① 丁锦宏.品格教育论[M].北京：人民教育出版社，2005：67—68.

现存的。

从教育的结果看，品格教育的结果是培养出“好的品格”，这一“好的”的评价标准在一定程度上是和社会认可的价值观吻合的。价值教育的结果因价值教育方式的区分也可以分两种，第一种是社会认可价值观的形成，第二种是运用价值理论进行评判的能力的获取。第二种价值教育的结果和品格教育的结果是有明显分别的，品格教育希望受教育者的特定行为符合理应追求的价值观。第二种价值教育提供了各种价值知识，希望受教育者具有运用价值知识的能力。在结果上，第一种是有价值倾向的，第二种则仅包含价值选择。

从教育过程来看，价值教育的过程主要是让受教育者接纳和认可，并且按照社会认可的方式理解价值观的含义。品格教育过程也需要个体运用价值进行评价和判断的依据，但是对于价值的选取，是个体依靠实践智慧和个人理性做出的，并不是依靠外在给予的现成的价值标准，而是希望受教育者在对价值体认的过程中，能够将核心价值内化成个人的德性品格。

通过以上几个概念之间的对比分析，我们对于本书所涉及的品格教育的概念有了更清晰的认识，品格教育是以特定的价值和美德为内容，通过个体化、实践化、习惯化的教育过程，培养受教育者良好品格的教育活动。

第一章　体育和品格教育关系的研究述评

根据本研究的主题"体育与品格教育"，以"体育与品格教育""体育与道德教育""体育与德育"和"体育与思想政治教育"为关键词搜索了相关研究。其中"体育与道德教育"的期刊论文比较多，其次是"体育与德育或思想政治教育"的期刊论文，"体育与品格教育"的论文数量最少。与本研究问题相关的体育基本理论类的图书资料，除去"体育教育""体育社会学"这类有些宽泛的类别图书资料很多外，其他有关体育哲学、体育伦理学、体育学、体育史学、体育文化学主题类的中文图书中也有一些章节会简单涉及"体育与品格"和"体育与道德"的关系，这些领域相关国内研究的成果也将为本研究提供借鉴。相比之下，国外关于"体育和品格教育"的研究比我国的相关研究要深入和细致，主要的研究成果体现在体育伦理学和体育心理学两个领域。

第一节　体育与品格教育关系的国内研究现状

"体育与品格教育"的关系，从中文期刊论文、中文图书资料的收集情况来看，国内研究西方品格教育的文献资料数量较多，对于我国体育领域中的品格教育的研究就显得不那么充分。尤其是在体育教育实践中如何拓展"品格教育"的常规途径，更是应受到关注并亟待提高的方面。下面将介绍与"体育与品格教育"相关的国内研究的情况。

一、体育与品格教育的相关国内文献研究

国内以“体育与品格教育”为研究主题的文献资料有限，现有的研究大多集中于现实问题的分析和建议对策。陈补林通过专家访谈和经验总结等方法，对品格体育教学中的品格教育策略进行了探讨，他把品格定义为“根据社会道德规范来行动的稳定的心理倾向”，①认为品格的养成需要个体的道德认知、道德判断和道德行为。此外，情境对于品格培养也很重要，因此，品格教育的主要内容就是对内教授学生如何认识自己，对外让学生学会如何与他人共处。他认为体育对于品格教育的优势在于：体育提供了群体性、高互动性的环境，可以促进人与人的交往，尤其是同场对抗性的体育项目，具有竞争与合作并存的活动方式，使体育对培育学生品格具有天然的优势。在谈到体育中品格教育的策略时，他认为，要发挥体育体验式教学的优势，运用情境教学法、讨论教学法和合作式教学法，有目的性地将品格教育融入体育教学中。尽管由于论文篇幅所限，他的阐述比较笼统，但是从中可以看出，国内的体育教育者已经开始主动思考在体育教学实践中融入品格教育。

邹媛的硕士论文《美国高校体育文化中的品格教育渗透》以美国密歇根大学为例，研究美国大学体育中的品格教育。论文通过对美国社会文化背景与体育渊源的考察，认为“美国社会非常重视体育，校园体育的发展一部分迎合了美国社会对体育的看重”。②在美国人的文化生活中，校园体育是最重要的活动，大学的各种体育赛事会吸引很多人来观看，美国的校园体育的开展是和学校的社会影响力、知名度和经济利益直接相关的。当然，随着体育文化的形成，体育对于品格的教育作用也成为美国高校向学生传递价值理念的重要途径。她的论文重点对美国密歇根大学的校园体育文化进行了介绍，并认为：美国学校精神与体育精神

① 陈补林.体育课程教学中的品格教育策略[J].运动，2014(4)：70.

② 邹媛.美国高校体育文化中的品格教育渗透——以密歇根大学为例[D].重庆：西南大学，2012.

是融合的，体育文化建设注重实践，通过弘扬体育精神来传递学校精神，以达到对学生进行价值观教育的目标。美国高校通过体育文化这种隐性的教育途径实现了社会价值的传递，美国社会具有热衷和重视体育的文化传统。美国的竞技体育活动的开展是在学校教育的背景下展开的，这和我国长期以来竞技体育和学校教育相分离的发展道路明显不同。美国高校的体育赛事活动是受社会关注的非常重要的体育比赛，很多职业运动员都是从美国高校运动员中产生的。我国高校体育竞赛还远没有这样市场化，既缺乏校内的体育文化的特色和影响力，也缺乏和社会的关联度，这限制了高校体育文化的发展。她的论文最后谈到了我国高校德育如何借鉴美国高校体育文化中渗透品格教育的经验，认为应该拓宽校园体育文化的建设途径，重视对大学生运动员的品格教育，构建家、校、社会合作的一体化德育模式。她的论文主要侧重于介绍美国大学体育文化建设中品格教育的渗透，对于中国学校体育和品格教育的相关研究没有深入，因此，论文所提建议的针对性和可行性就显得比较低。

二、体育与道德教育、德育或思想政治教育的文献资料

本章引言对品格教育的定义区别了品格教育与道德教育、德育和价值教育的概念内涵。国内体育理论界对体育和道德教育、德育或思想政治教育的相互关系的研究论文比较多，对于体育和品格教育关系的研究论文较少，因为品格教育并不是一个被国内体育理论界所熟悉的概念。品格教育随着 20 世纪 80 年代西方品格教育的复苏才逐渐被我国教育理论界关注，显然这一研究还未在体育领域充分展开。国内体育理论界通常会研究体育和道德教育、德育或思想政治教育的相互关系，由于并没有与品格教育概念区分的认识，因此，也没有认识到有些问题其实是和品格教育相关的研究。本章的文献综述中，也对这些资料进行了梳理。

（一）体育与道德教育的国内研究

国内研究“体育与道德教育关系”的群体大都是体育教育工作者，在长期的工作实践中，他们认识到了体育对于道德养成的特殊作用，并撰

写相关的研究论文。尽管这些论文大都类似于工作实践总结，但是也有一些相对比较系统的研究。例如 2008 年杨小明的博士论文《体育教学中的道德教学研究》，梳理了历史上国内外的教育家、哲学家有关体育与道德教育的观点和理论，提出"参与体育活动能培养学生良好的道德品格，体育在培养学生品格方面具有实践性的独特作用"。①他又对体育教学中道德教育的内容和实施途径提出了看法。他的研究比较有启发之处在于用了历史追溯法和文献比较法，对体育和道德教育的理论联系做了比较系统的梳理。他对上海、南京、安徽等地的 18 所中学的体育教学中道德教育现状做了调查，结果表明，"84％的体育教师认为目前国内的体育教学中缺少道德教育，建议应该在教学中设置道德教育目标，并且体育教师应根据体育课程的特点采用一些行之有效的方法"。②应该说他提出的一些体育中道德教育的方法主要是结合教学的实践经验而总结的，还需一些道德发展理论的支撑。

孙开宏等运用运动心理学的多维体育道德量表(EMSOS)，对 411 名青少年运动员的体育道德取向做了问卷调查，这些运动员的运动项目涉及非常广泛。他通过调查分析认为，我国运动员的体育道德结构主要包括社会规范、体育规则、尊重对手和工具性攻击四个要素。依据这四要素道德结构量表调查，年龄、性别、运动项目、训练年限不同的运动员道德水平之间存在明显差异。16 岁以下的年龄小的运动员、女性运动员、运动训练年限短于 5 年的运动员、个体项目的运动员的道德水平相比年龄大的、男性的、训练年限长的、团体项目的运动员要高。③由于这个调查的对象都是运动员，国内也没有非运动员和运动员之间道德水平的对比研究，因此并不能判断体育对道德发展具有积极影响或负面影响。对于运动员之间的道德水平差异比较合理的推测是，体育中所倡导的体育道德观念、所营造的体育道德氛围会影响运动员的道德认知和道德行为。

---

① 杨小明.体育教学中的道德教育研究[D].南京：南京师范大学，2008.

② 杨小明，田雨普.体育教学中道德教育缺失的现状考察及应对策略[J].南京师范大学学报，2010，25(3)：102.

③ 孙开宏，季浏，王坤.青少年运动员体育道德结构及相关特征研究[J].体育科学，2013，33(3)：56.

(二) 体育与德育或思想政治教育的关系研究

培养“德、智、体、美、劳”全面发展的人是我国学校教育的主要目标。由于在教育实践中,各门学科之间是相互独立的,课程教育目标通常注重学科知识的学习,忽略了“立德树人”的教育根本任务。这直接带来两种弊端,一种是学科的育人功能实现不充分,限制了学科本身的教育价值实现;另一种就是德育长期处于孤军奋战的状态,效果不佳。国内对于体育和德育关系的研究正是因为在教育实践中感受到了这些弊端,力图寻找学科之间的融合发展,更好地实现教育的根本目标。

马姣的硕士论文对湖北高校体育教学中的道德教学现状进行了调查,论文调查认为:目前学校教育中,对于体育教育不重视、课程体系中道德教育目标不清晰,体育教师对于自身承担的德育责任意识不足,教育方法简单。[①]论文总结道,在体育教育实践中,也有一些教育者意识到了体育和德育的重要联系,并在体育教学中有意识地渗透了德育的内容,将对学生进行思想道德教育列为体育的教育目标之一。[②]

由于在现有的对于体育和德育关系的研究中,理论阐释并不充分,就出现了体育德育目标的混杂,包括“身体德育、爱国主义政治教育、体育文化德育、公民人格”等内容。目标太多,实践中就会无从着手,甚至流于形式,这也正是产生“大家通常认可体育的德育作用,但在实践中两者又总是无法很好融合”的矛盾的重要原因。本书以“体育与品格教育”为研究对象,正是想聚焦体育和德育的关系,因为品格教育是德育中最根本也是最重要的一部分。在现有的研究体育与德育关系的文献资料中,对于体育对公民品格的培养的内容和途径的认识也是各有侧重,综合起来有“集体主义、互助互爱、遵纪守法、竞争意识、拼搏精神、勇敢和毅力”等。现有的研究对这些品格的内容并没有进行分类:哪些是个人品格、哪些是社会品格,因此提出的培养途径也是缺乏针对性和可操作性的。

---

① 马姣.湖北省高校体育教学中德育教育现状及研究[D].武汉:武汉体育学院,2009.

② 林克明,赵葵葵.在体育教学中如何有效地对学生进行德育教育法[J].亚太教育,2016(6):174.

纵观国内有关体育与品格教育的研究成果，我们发现，当前人们对体育教学中品格教育价值的认识已经越来越深刻，但对诸如体育教学中品格教育的特殊性、体育教学与品格教育的关系等更为本源性的问题却很少作进一步的追问。如果不能从理论的层面对这些问题进行深入的探究，那么体育教学中的品格教育无疑就是一种缺失了思想根基的实践活动。

三、国内体育基本理论资料中的相关研究

（一）体育伦理学相关研究资料

20 世纪 80 年代，我国学术界开始出现有关体育伦理的研究，比较有代表性的著作和教材有潘靖伍的《体育伦理学概论》(1989）和旷文楠的《中国传统文化与体育伦理》(1987）。20 世纪 90 年代，出现了更多具有先驱观点的著作。惠蜀的《体育哲学》(1991)，运用马克思主义哲学理论研究体育的本质，即“体育究竟是什么?”，最终他认为“体育活动是人类特有的一种改造自身的活动”。①李力研的《野蛮与文明》(1998)，对于体育与人的关系进行了哲学的探讨，提出人类创造体育的原因是“体育是人类力量的宣扬，是人类的肉体力量被‘文明’压迫后的反抗”。“体育的意义在于对‘文明’中诱人但可怕的‘文雅’予以‘反动’。拣起灵肉，恢复感性，体育弘扬着另一种人性，维护着人类的力量与本能”。②李力研的这本著作运用了几位西方哲学家和中国近代教育家的理论来探讨体育的本质，是非常早的运用交叉学科的方法来认识体育的研究著作。可惜的是作者英年早逝，无法将研究再继续下去。正是沿着他所提供的理论线索，本研究才在浩如烟海的西方哲学著作中找到了相关的一些哲学理论。

在体育伦理教材中，华洪兴主编的《体育伦理学》较早系统地论述了体育中的道德原则、规范、行为、教育等内容。谭华的《体育本质论》

① 惠蜀.体育哲学[M].成都：四川教育出版社，1992：60.

② 李力研.野蛮的文明——体育的哲学宣言[M].北京：中国社会出版社，1998.

(2008)主要分析了体育概念与本质，认为体育的本质是游戏性的身体活动。陈伟等人所著的《体育道德论》主要概念性地分类陈述了体育的道德起源、道德价值、道德范畴、道德风尚、道德教育，类似于教科书的叙述结构。刘湘溶、刘雪丰著的《体育伦理：理论视域与价值范导》(2008)运用历史与现实的分析方法，分析了体育竞赛中的善恶，提出体育的目的是促进人的全面发展。李培超的《绿色奥运——历史穿越及价值意蕴》(2008)对现代奥运的起源与发展进行了历史的梳理与理论分析，并对现代奥运的"异化"现象和奥运与生态文明的关系进行了反思。于涛的《体育哲学研究》(2009)以多学科的综合研究方法跳出了传统的研究体育的思维范式，以"游戏"作为体育的本质属性，这也是现代体育哲学对体育本质的共识。他以西方相关研究文献为基础，专章探讨了体育伦理问题。熊文在其《竞技体育与伦理》(2009)中，有感于"竞技体育的道德问题重灾区"现状，探讨了竞技体育与伦理的关系，认为竞技体育的伦理价值的确立就是对人自身存在状态的关注。①

龚正伟的博士论文《当代中国体育伦理建构研究》(2006)分析了体育中违反体育精神的现象，提出当代中国体育发展的伦理原则："公正原则、人道原则、贵生原则、环保原则和奉献原则"。樊杰的《体育作为教化之源——古希腊体育的教化意义》(2011)回到现代体育的起源地古希腊，探寻体育最初的本义，提出体育乃是古希腊的品格教育之源。杨其虎《追寻竞技正义：竞技体育伦理批判》(2012)提出竞技体育异化的根源是背离了体育道德原则，体育参与者需要遵守"尊重、友爱、诚实、守信"等美德。

(二) 体育基本理论相关研究资料

体育基本理论类的著作和论文数量非常多，本研究主要关注它们对于体育的定义和对体育的价值的认识。在前言对体育相关概念的界定中，已经详细罗列了相关的认识，这里就不再赘述。对本研究非常有启发的是以下两位近代体育教育家的著作。马约翰所著《体育的迁移价

① 熊文.竞技体育与伦理[M].上海：华东师范大学出版社，2008.

值》(1926),基于生理学和心理学,论证了体育是使人的道德品质进行转化的基础。作者列举分析了体育中必备的品格,而且他确信这种品质还可以从体育中迁移到社会生活中。作者的思想主要受西方自然体育思想的影响,他后来在清华大学执教体育,是体育教育价值的践行者。

吴蕴瑞的《体育原理》,旁征博引了西方的体育思想,对体育与社会、体育与教育、体育与健康、身与心等关系做了历史性的辩证论述。他提出"身心一统"的教育观,认为近代教育按学科分智、德、体三部分,是对"个人整体之中心原则"的违背,体育的意义应是以身体活动为方式之教育。他对于体育意义的认识,直至今日仍让人钦佩。

马卫平的博士论文《体育与人——学校体育的文化重构》(2005)提出,体育教育的本质是培养全面发展的人的活动。杨小明的博士论文《体育教学中的道德教育研究》(2008)对于学校体育中的道德教育途径进行了分析,但是他的论文对于体育和道德教育的关系,更多的是将体育视为一种道德教育的手段,对于体育的价值存在片面的工具主义认识。沙金的博士论文《全面发展视域中的学校体育》(2012)批判"把体育作为身体素质的培养机器和服务与竞技人才选拔的工具主义的教育观",认为学校体育应重在培养"完整"的人,以实现从"规训"到"教化"的价值转换。

(三) 体育思想史学相关研究资料

本书研究主要参阅了以下体育思想史方面的文献:谷世权的《中国体育史》(1997)对春秋战国时期的体育活动和思想的归纳为本研究认识中国古代体育提供了思想基础。杨向东、张雪梅所著《中国体育史思想史》(2008,古代、近代卷)比较系统地介绍了中国体育发展过程中各个时期的代表人物对于体育的观点陈述,为本书研究中国古代体育提供了一定的资料。谭华的《体育史》(2009)这本教材对于体育的发展分历史阶段地进行了介绍,对体育世界的发展历史脉络有了一个初步的概览。

石龙的博士论文《论西方体育人文价值的演变——兼论我国的缺失与回归》梳理了从古希腊开始直至20世纪西方体育人文思想的发展与演变,并对我国近代体育人文价值缺失的原因进行了分析,认为回归体育本身的伦理价值是当代体育健康发展的重要保障。张晓军的博士论文《近代国人对西方体育的认识嬗变》(2010)基于自近代西方体育传入我国以来国人对于体育的思想认识发展,提出“近现代国人对西方体育的认识是受自身的先行文化和对西方体育的期待价值两方面的影响”,①这个观点是值得借鉴的。

第二节　体育和品格教育关系的国外研究现状

现代体育起源于西方,并从西方传入我国。西方国家比中国更早体会到体育发展的伦理困境,因此关于体育本身的思考,西方学者显然比国内的研究更早,也更深入。与本研究主题相关的外国文献资料主要可以归为以下几类。

一、国外体育心理学领域的相关研究

国外体育心理学领域的研究者主要从道德品格的构成方面来认识体育和品格发展的关系。他们对道德品格的研究主要集中在道德意愿和道德意志方面,具体研究包括道德价值、体育运动道德、道德推理、竞赛推理和团队道德风气。下面将依次阐释各方面的研究情况。

(一) 体育与道德意愿

1. 体育与价值研究

价值观决定了一个人的所思所想。事实上,体育所传递的价值随着时代在改变,体育在西方近代历史上起到了一些作用,但过分强调并夸大了性别的角色,通过对于体育绅士风度等带有男子汉特征的品质描述,体育成为统治阶级对于下一代传递价值的工具。20 世纪 60—70 年代,国外在社会学领域出现了更多对于体育的价值研究,主要集中于体育的获胜价值、公正比赛的社会价值、体育的游戏性价值等方面。1995

① 张晓军.近代国人对西方体育认识的嬗变[D].长春:吉林大学,2010.

年，又出现了从体育心理学的视角来研究体育价值的作品，体育心理学的研究通过对体育中道德困境的数据分析来获得价值的依据。李、怀特海和巴钦（Lee，Whitehead and Balchin，2000）对青少年体育价值观的调查显示，相比获胜，青少年更注重体育带来的个人心理感受和外在成就。①

更多体育社会学者关注参与体育对道德意愿影响的定性研究。法恩（Fine，1987）的研究认为，男孩子参与体育俱乐部活动可以培养男子汉风范，如强健、统治力、男人的阳刚气（非女性化）。②西伯奇（Theberge，2000）调查了女子冰球运动，研究认为，在这种男性文化占主导的体育运动中，更衣室里女孩子们之间关于运动的经历和各自生活的交流，有助于女孩们发展同伴友情和团体意识。③从以上两个调查中可以看出，事实上塑造道德意愿的并不仅是体育本身，体育参与者之间的关系和运动风气也是可能产生影响的因素。

对于体育运动道德（sportsmanship，或者后来使用的更中性的词语sportspersonship），体育心理学家布雷德迈埃尔和施尔德（Bredemeier and Shields，1998）做了多年的大量研究，提出体育运动道德包括体育参与者的态度、价值和行为等内容。今天更多采用的是瓦勒兰德、布里埃、布兰查德和普罗文査（Vallerand，Briere，Blanchard and Provencher）提出的MSOS体育运动道德的多维定量表。但是他们的心理学实验并没有说明不同的体育经历是不是也会产生不同的测量结果，也不能确认是否会发生价值转移。关于道德价值和体育运动道德关系的研究都集中在道德考量和行为的目录，这类研究的主要局限是缺乏对于心理过程的描述和解释。因此，现有的研究结果还不能解释当价值冲突时人们会如何选择，以及道德发展是如何影响人们的看法、价值和行为的。另一个局限

---

① Lee，M. J.，Whitehead，J.，Balchin，N.（2000）. The Measurement of Values in Youth Sports：Development of the Youth Sport Values Questionnaire. Journal of Sport and Exercise Psychology，22，307－326.

② Fine，G. A.（1987）. With the Boys：Little League Baseball and Preadolescent Culture. Chicago：University of Chicago Press.

③ Theberge，N.（2000）. Higher Goals：Women's Ice Hockey and the Politics of Gender. Albany：State University of New York.

是缺乏对道德心理的一个重要构成因素，即道德推理的研究。

2. 体育道德推理

皮亚杰(Piaget, 1932, 1965)和科尔伯格(Kohlberg, 1981, 1984)分别为道德发展的研究开创了新的思路。他们的理论认为道德推理和年龄相关。科尔伯格(1984)的道德认知理论和汉恩(Hann, 1991)的交互认知理论对体育研究影响最大，汉恩的交互认知理论更关注人与人之间相互的道德影响。运用科尔伯格的理论，霍尔(Hall, 1986)的研究显示，校级篮球运动员比非运动员大学生的道德判断得分更低。①布雷德迈埃尔和施尔德的研究也发现，他们所调查的大学篮球运动员的体育道德推理水平比其他大学生的低。②然而，在鲁尔米尔(Rulmyr, 1996)对于高中生的调查中，运动员的体育道德推理水平和非运动员之间并没有明显差异。

哈姆、贝勒和斯托尔(Hahm, Beller and Stoll, 1989)③以 HBVCI 价值选项表为基础做了调查，研究显示大学生运动员参与体育的时间越长，他们的道德推理发展越不充分。斯托尔和贝勒(2000)④对 631 名美国军校生的调查显示，参与体育对道德推理发展会产生负面影响。

通过对这些调查结果的分析，至少可以看出体育对道德推理发展会产生轻微的消极影响。但本书认为不应该把各种运动混合起来测量，这样产生的结果也是各种运动混合影响的结果。不同的规则构造了不同的运动，不仅在运动中呈现的是不同的人与人的关系，而且所秉承的道德文化也是有显著差异的。即使在同一种运动情境中，参与者的主观感受也会有实质的变化。在今后的研究中应该更关注体育教师或教练的

---

① Hall, E. R. (1986). Moral Development Levels of Athletes in Sport-specific and General Social Situations. In L. Vander Velden & J. H. Humphrey(Eds.), Psychology and Sociology of Sport: Current Selected Research (Vol. 1, pp. 191 - 204). New York: AMS Press.

② Bredemeier, B., Shields, D. (1984b). The Utility of Moral Stage Analysis in the Investigation of Athletic Aggression. Sociology of Sport Journal, 1, 138 - 149.

③ Hahm, C. H., Beller, J. M., Stoll, S. K. (1989). The Hahm-Beller Values Choice Inventory in the Sport Milieu. Moscow: University of Idaho, the Institute for Ethics.

④ Stoll, S. K., Beller, J. M. (2000). Do Sports Build Character? In J. R. Gerdy (Ed.), Sports in School: The Future of An Institution (pp. 18 - 30). New York: Teachers College Press.

风格和行为对学生道德推理发展的影响。

尽管对于道德推理的研究结果并不能回答对于体育对品格发展影响的争议，但我们对需要进一步明确的问题更为清楚了：在体育中，道德推理、道德判断和道德行为之间具有什么关联？

布雷德迈埃尔、韦斯(Weiss)、施尔德和库珀(Cooper)对 78 名儿童进行了道德访谈，向儿童展示了体育中存在的导致受伤的行为。调查者发现，道德推理发展程度低的儿童相比其他道德推理发展更成熟的儿童，对于可能导致受伤行为的判断程度明显要高。①与此相似的是，布雷德迈埃尔在对高中和大学的篮球运动员的调查中发现，道德推理能力的成熟度和体育中的侵犯行为之间并没有正向的关系。

一些体育研究者对道德推理和体育中反体育道德的侵犯性行为之间的关系做了研究，前面提到布雷德迈埃尔和施尔德的研究就已经初步显示了这两者之间具有某种关联。研究者要求教练评价和归纳运动员的侵犯行为，即一种有伤害他人意图的行为。研究者发现教练对于侵犯行为的评价对于 9 周岁以下年龄的运动员有明确的影响。②在另一项研究中，布雷德迈埃尔发现儿童的道德推理能力是预测他们在体育中和日常生活中的行为将会是自律的还是具有侵犯性的相关因素。同样，斯蒂芬斯(Stephens)的研究发现处于前习俗阶段的儿童更容易受到欺骗、撒谎或侵犯行为的影响。③

3. 体育竞赛推理

在国外体育社会学理论的研究中，存在着认为“体育和现实生活相分离”的看法，理由是体育是由拟制的规则和角色来组织的活动，体育中的行为通常是为了达成特定的目标，例如把球踢进球门，这些行为其实

① Bredemeier, B., Weiss, M., Shields, D., Cooper, B.(1987). The Relationship between Children's Legitimacy Judgments and their Moral Reasoning, Aggression Tendencies, and Sport Involvement. Sociology of Sport Journal, 4, 48 - 60.

② Bredemeier, B., Shields, D.(1984b). The Utility of Moral Stage Analysis in the Investigation of Athletic Aggression. Sociology of Sport Journal, 1, 138 - 149.

③ Stephens, D. E.(2001). Predictors of Aggressive Tendencies in Girls' Basketball: An Examination of Beginning and Advanced Participants in a Summer Skills Camp. Research Quarterly for Exercise and Sport, 72, 257 - 266.

并不具有内在的意义或价值。而且，体育活动是在特定的时间和场所进行的，就像体育术语所规定的“界内”“界外”“比赛时间”和“赛外时间”。进入体育领域的前提就是需要将认识和意识进行基本的转化。言下之意就是，体育领域的规则、意识和行为都是与现实生活有区别的，一旦进入体育情境中，人的道德理性也将随之改变。那么，决定体育中道德行为的道德意愿和体育之外的、行为中的道德意愿是否不同？

为了回答这个问题，国外研究者开始关注人在体育道德情境中是如何思考、经历和组织道德的，以及体育中的道德推理的过程是否和其他情境中的相同。科尔伯格的道德认知发展理论将人的道德发展分为三个水平和六个阶段，尽管各个水平段的道德推理能力是基本稳定的，但是在一些特殊的情景中，人的道德推理的水平也会改变。例如，科尔伯格发现，难民在面对有关监狱的道德两难问题时的道德推理能力比其他的道德两难问题的推理能力的水平要低。依据科尔伯格的理论，布雷德迈埃尔和施尔德提出一个假设：人们在体育中的道德问题判断比在其他情境中会更以自我为中心。在后续的研究中他们对这个假设从理论和实践两个方面展开了验证。

布雷德迈埃尔和施尔德的实证性研究通过对比分析受访者对“生活中”和“体育中”的道德两难问题的回答，发现被调查者对于“生活中”的道德两难问题的道德推理能力得分明显高于“体育中”的道德推理能力得分。这个实证研究的调查对象的范围还是相当广泛的，包括运动员与非运动员、游泳运动者和篮球运动者、大学生和高中生，被调查者性别包括男生和女生。他们的研究结论是：人们在体育和生活情境中的道德推理能力存在差异，这一结论在小学以上的调查对象身上都得到了印证。

基于以上研究，国外学者提出游戏推理的理论，认为在体育的道德推理中的确会采纳一些明显不那么成熟的道德原则，例如利己主义，这些原则在体育的交互行为中成为被接纳的道德原则。布雷德迈埃尔和施尔德提出，体育以一种“倒退式”的合法形式允许这些“并不成熟的道德推理”存在，之所以说它们是“不成熟”的道德推理，是因为体育中的这些道德推理普遍发生在不处于前道德推理阶段的体育参与者身上。换句话说，这种道德推理应该是处于前道德阶段的儿童的认知水平。这些"不成熟"的道德原则在体育中被人们普遍接纳，原因之一是"体育被认为是一种游戏"。一旦把体育的游戏特征去除，这些道德原则就可能很难被人们所接纳。因此，游戏理念会带来体育中道德认知的倒退。需要进一步的研究的问题是：在体育中这种转变是如何发生的。

人的价值观、对体育精神的理解、道德理性共同构成了体育道德意愿。这些因素都是心理学上的可变量。道德意愿受到个人和社会的交互作用影响，道德意愿的形成可以经由社会媒介，也可以通过创设的情境来塑造。在真实的组织或社群中的体验经历既可以扩展，也会限制道德想象，有些人会认可人与人之间存在真诚的、互相关爱的社会关系，而有些人会产生愤世嫉俗的、狭隘的道德观念。因此，体育团队中的道德气氛是接着需要考察的问题。

4. 体育团队中的道德气氛

科尔伯格和他的同事提出了"道德气氛"这一术语，认为群体所选择的道德标准可以对个人的道德意愿产生很大的影响。在此理论基础上，施尔德和布雷德迈埃尔等在运动队中做了实证研究，调查显示，校园里年龄越大的、年级越高的、参加运动队时间越久的队员，越是肯定地认为：队友会欺骗、侵犯对手和教练会支持为了获胜的欺骗行为。①

斯蒂芬斯和布雷德迈埃尔最早通过实证研究证明影响运动员做出欺骗行为的最具有决定性的因素。他们针对"道德气氛"和"道德动机"做了一系列的调查研究。斯蒂芬斯先后调查了三个年龄阶段的女性足球运动员、两个竞争水平段的女子篮球运动员、加拿大男子冰球运动员，在这些调查中发现，对运动员侵犯行为影响最大的因素是他们所确信的在相同情境中会选择侵犯行为的队友的人数。②卡武萨努（Kavussanu，

① Shields, D., Bredemeier, B. (1995). Character Development and Physical Activity. Champaign, IL: Human Kinetics.

② Stephens, D. E., Kavanagh, B. (2003). Aggression in Canadian Youth Ice Hockey: The Role of Moral Atmosphere. International Sports Journal, 7, 109–119.

2002)等的调查也认为团队的道德气氛是影响个体道德形成(包括道德判断、意图和行为)的关键因素。①

吉韦尔瑙和杜达(Guivernau and Duda, 2002)扩展了潜在影响道德气氛的调查范围,如对青少年足球运动员的调查范围扩展至一系列会对他们产生影响的人,包括教练员、队友、朋友、父母、明星队员等。他们的研究表明:运动员对于团队规范的认知和他们自我预测是否欺骗、攻击之间有最大的关联,这点和之前的研究者的结论是一致的。研究的另一个发现是:相比好朋友、明星队员、父母、队长等,教练员对于欺骗、攻击等违反规范行为的态度,对于运动员的道德认知产生的影响更大。②

尽管在有关道德气氛的调查中,对这些因素对道德认知产生影响的原因并没有做深入分析,但这些研究结果都表明了团队规范对于团队成员个人的道德推理和道德行为有重要影响。

(二) 体育与道德意志

依据布拉西(Blasi, 2005)的理论,道德品格的第二个构成因素是道德意志,这里的"意志"是一种自我控制的能力,在道德意愿的指引下的意志就构成了道德品格的一部分——道德意志。体育心理学的研究很少直接以"道德意志"为研究对象,更多的研究集中在目标设定、关注焦点、结果想象等具有工具价值的技巧上。这一方面是出于训练提高运动员成绩的需要,另一方面,学校、家长也希望参与体育活动能有助于学生学习成绩的提高。然而,也有对于在校园开展体育活动的效果持否定观点的,戈尔曼(Coleman, 1961)就提出参与体育活动是不利于学习的,因为体育占用了学生太多的学习时间。③史蒂文森(Stevenson, 1975)在对前期的调查研究进行分析后认为,在体育有助于提高学习成绩的研究中,对于其他可能产生影响的因素并没有进行充分的排除,也就是无法

① Kavussanu, M., Roberts, G. C., Ntoumanis, N.(2002). Contextual Influences on Moral Functioning of College Basketball Players. The Sport Psychologist, 16, 347 - 367.

② Guivernau, M., Duda, J. L.(2002). Moral Atmosphere and Athletic Aggressive Tendencies in Young Soccer Players. Journal of Moral Education, 31, 67 - 85.

③ Coleman, J. S.(1961). The Adolescent Society. New York: Free Press.

确定学习成绩的提高就是受体育的影响。①

布罗(Broh)等学者做了一系列的纵向调查,研究显示高中阶段参与体育活动的学生在今后的受教育程度较高,高中辍学率降低,并且有利于提高学生的自尊感和社会认同感。布罗认为,运动员在学业上的突出表现主要是因为在体育中获得的品格的影响。②也有一些研究者认为,参与体育有助于提高学业成绩的原因是体育增强了学生和学校之间的联系,体育中存在的师徒制及其传授的态度和价值以及特殊的技能都会对课堂的学习产生积极影响。

拉森(Larson, 2005)等的研究认为体育中获得的这些体验恰是“主动性”(initiative)发展的关键。③主动性是指朝着具有挑战性的目标不断努力的能力,而主动性和道德意志是密切相关的。尽管参与体育对于学业成绩有积极影响,但是带有标签性的“搞体育的”这一社会身份也会带来不利的影响。例如,米勒(Miller, 2005)等发现,被冠以“搞体育的”标签的学生通常也容易引发问题行为,包括不遵守校纪、酗酒、暴力、欺凌和性侵等高风险行为。④

从以上的研究可以看出,体育直接或间接地和道德意志的发展相连,只是还没有明确具体是哪些因素产生关键影响,有关“成就动机”的相关研究已经从一个方面对此展开探索。

成就动机是国外体育心理学非常关注的一个研究问题。成就动机的相关研究结果为认识道德意愿和道德意志之间的关系提供了思路。

---

① Stevenson, C. L.(1975). Socialization Effects of Participation in Sport: A Critical Review of the Research. Research Quarterly, 46, 287 - 301.

② Broh, B. A.(2002). Linking Extracurricular Programming to Academic Achievement: Who Benefits and Why? Sociology of Education, 75, 69 - 91.

③ Larson, R., Hansen, D., Walker, K.(2005). Everybody's Gotta Give: Development of Initiative and Teamwork within a Youth Program. In J. Mahoney, R. Larson, & J. Eccles(Eds.), Organized Activities as Contexts of Development: Extracurricular Activities, After-school and Community Programs(pp.159 - 183). Mahwah, NJ: Erlbaum.

④ Miller, K. E., Melnick, J. M., Barnes, G. M., Farrell, M. P., Sabo, D.(2005). Untangling the Links among Athletic Involvement, Gender, Race, and Adolescent Academic Outcomes. Sociology of Sport Journal, 22, 178 - 193.

成就动机理论的一个研究成果体现在体育道德方面：体育中的道德意愿和道德意志都受成就动机的影响。按照尼科尔斯（Nicholls, 1989）提出的人的动机定向和他的道德感知之间有直接关系这一理论，目标定向是影响道德意愿的一个重要因素。以任务为目标定向的道德感知更强，不太可能赞成或采用违反体育道德的方式实现目标；以自我实现为目标定向的道德感知更低，更有可能赞成或采用违反体育道德的方式实现目标。

以上对于体育和品格发展关系的综合性的文献研究，涉及体育的价值、体育运动道德、体育中道德推理等内容。上述的研究以实证研究为主，针对学校体育中品格发展的研究最多。尽管没有一个研究结论能确定无疑地证明参与体育对品格发展具有积极影响，但是这些研究都从某一方面显示了体育对于促进品格发展的有益方面。例如，有大量的研究显示，持续的体育活动参与，至少在高中阶段，是有助于提升学生学业成绩的。这是否是因为运动场上所获得的品格在学习方面的迁移效果，目前的研究还不能对此给予明确的回答。有一个重要的方面需要指出：这些公开发表的研究中并没有针对竞技体育（competitive sport）与品格发展关联的实证研究。

二、国外体育伦理类资料的相关研究

研究体育与品格教育的关系，对体育内在的伦理原则需要有更深入的理论认识，因此有必要了解国外体育伦理的相关研究。美国学者阿伦·古特曼所著《从仪式到记录：现代体育的本质》（1976）从界定游戏、有组织游戏、竞赛和体育之间的关系中，系统阐述了现代体育的本质，并提出了现代体育的七大显著特征：世俗主义、平等、专业化、理性化、科层化、量化、记录。他的体育七大特征经常被体育社会学家所引用。尽管他的主要研究对象是美国体育，但是正如他所说的“体育真正重要的文化差异并不在欧洲与美国的差异，而是现在和过去的差异”，这就启示本书，以历史逻辑方法去认识体育是可行的研究思路。

英国学者P.麦金托什（Peter Mcintosh）在《公正比赛——竞技体育与

教育的伦理》(1979)一书中,以近代体育的自身发展历史为主线,以体育中的伦理演变为研究对象,探讨了古希腊体育的伦理之源、英国体育与基督徒品格、作为道德教育手段的德国体育、美国体育和道德教育的关系,最终提出"公正"是体育伦理中的核心原则。阿诺德(Peter J. Arnold)的《体育、伦理与教育》(1997)从体育与教育的关系出发认识体育的意义,提出体育是一种人类的价值实践,体育的自身利益和德性是实践的必备因素。

兰道夫·费泽尔(Randolph Feezell)的《体育、游戏与伦理反思》(2004)从游戏与体育的关系出发认识体育的意义,认为体育的游戏特征体现了人对自由、娱乐的追求,因此他认为"尊重"是体育中的主要伦理。摩根(Willliam J. Morgan)的《为什么体育需要道德?》(2006)认为现代体育被过度的外在利益所腐蚀,尤其是体育机构对于体育具有不利影响。他认为认真审视体育与道德的关系,是现代体育回归本质的必由之路。

三、国外体育社会学资料的相关研究

国外有关体育的发展现象研究主要集中在体育社会学领域,本研究主要参阅了以下几本被国内学者翻译的比较有影响力的著作。

罗纳德·B.伍兹所著的《体育运动中的社会学问题》(2011)忽略了体育社会学对体育定义的争论,而是采用了求同存异的特征分析法定义"什么是体育",认为身体运动、竞争性、组织机构管理、专门的设施设备构成了体育的特征。①他将人类活动分为玩耍、游戏、体育、工作,认为体育具有玩耍的意义,游戏的部分特征,但是又是和它们相区别的一种活动。他还把竞技体育、职业体育归类为工作,认为它们主要是为了娱乐观众,因此既不属于玩耍和游戏,也不属于体育。这个观点和体育哲学关于体育的定义非常不同。他还分析了体育与品格塑造之间的关系,认为体育中品格的塑造应是多因素影响的综合结果,不能认为体育与品格

① 罗纳德·B.伍兹.体育运动中的社会学问题[M].田慧,译.北京:人民体育出版社,2011:5.

塑造之间有必然联系。他把竞技体育中运动员所表现出的一些勇敢、顽强等品格归因于体育看重取胜的影响。他也不认可教练对队员进行体育道德教育的有效性，认为即使运动员在赛场中表现出了道德行为，也是为了某些目的所做出的表现，而非真正地接纳了体育道德。

杰·科克利(Jay J. Cookley)的《体育社会学——议题与争议》(2003)探讨了体育运动的历史、体育与社会化、体育运动中的偏离行为和攻击行为等问题。他认为体育中偏离行为产生的原因之一是“过度遵从体育伦理”，这些伦理包括：运动员要为比赛做出牺牲；运动员要接受冒险和忍受痛苦；运动员的追求永无止境。

通过阅读以上两部体育社会学类的著作，我们发现体育社会学的观点和体育哲学的观点非常不同，甚至相互对立。本书是站在体育伦理学的角度来认识体育与品格教育的关系的，因此，在后面的研究中对比这两种主要研究领域的观点是非常必要的。

第三节　体育与品格教育关系的研究展望

综上分析，本节将对国内外有关“体育与品格教育关系”的研究观点做归纳与述评，并提出本书对于“体育与品格教育关系”的研究展望。

一、对体育与品格教育关系的观点述评

综上国内外相关研究文献，对“体育与品格教育”关系的研究观点主要可归纳为三种：肯定的观点、中立的观点、否定的观点。

(一) 肯定的观点

肯定的观点认为体育对丁参与者的品格发展有积极影响。团队型的体育运动活动能促进青少年的社会发展和道德观的发展。这种观点最早可追溯至19世纪工业革命时期的英国公立学校，教育者非常注重开展户外团队游戏，促进团队游戏的发展不仅是为了塑造青少年的体格和健康，更是因为体育尤其是参与团队型的体育运动有利于培养他们良好

的社会行为和道德观。体育被认为可以培养领导力、尊重、忠诚、勇气、诚实、公平竞赛、独立自主、自我约束的品格，体育活动还内含着绅士教育内容，这些学校非常重视团队精神对品格培养的作用。这种认为体育可以用来培养社会观和道德观的理论对后来学校体育的发展产生了深远的影响。

从这一观点引发出了两种理论。一种认为通过参与体育活动可以获得预期的社会和道德方面的结果：一方面，可以培养参与者与他人合作的能力、对他人的理解和相互尊重的社会交往行为；另一方面，在体育活动中可以教化和发展青少年的勇敢、坚强、慷慨、宽容等道德品质。第二种理论认为，以增强学生体质和认知发展为主要目的，并辅以反思训练的学校体育活动，可以促进学生的品格发展。体育对品格的塑造效果不仅有利于体育活动的开展，而且还会迁移到社会生活中，表现出更好的社会道德行为。

中国近代体育教育家马约翰在《体育的迁移价值》一文中就表达了这种观点。他开篇就表明该论文的主要目的是“论证道德品质通过运动得以转换的基础”。[①]他通过一系列的讨论表明：通过恰当组织的运动，可以增强参与者的美好的道德品质和社会品质。通过运动培养人的道德意识，养成依意识行动的习惯，这些意识和习惯将会迁移到社会生活中。

肯定的观点认可体育对于品格发展的积极影响，但是关于上述主张，还需进一步探讨的问题是：体育实践给优秀的品质提供了特殊的机会吗？这些品质是专属于运动领域，还是能够迁移到社会生活中？对于这些非常不容易回答的问题，肯定的观点并没有进行充分的证明。本研究认为，如果缺乏不同体育活动对品格发展的优缺点的明确的实证证明，很难做出最终的判断。不能说坚持、主动、自立等品质只有通过体育获得锻炼，并能自动运用到生活的其他方面。而且，也不能草率地认为，在运动场上表现出勇敢和忠诚的人，就会自发地在工作中或者家庭中表现出这种品质。

---

① 马约翰.体育的迁移价值[A].边计年，译.见：马约翰文集[M].北京：清华大学出版社，1996：84.

（二）中立的观点

中立的观点认为参与体育对品格的发展不会产生任何影响。这种观点的立场源自对体育的定义和分类，即认为体育运动是一种游戏，它具有独立的属性，与生活的世界有着可分隔开的联系。因此，体育的内容与现实生活的内容相比是有区别的，它是发生在游戏中的、虚假的。体育参与者清楚地知道参与的是一种人为制定的竞赛游戏，当游戏结束时，一切又将回归现实生活。因此，体育中会发生什么在道德上来说是不重要的，或者说，这是相对无关紧要的问题。中立的观点认为，当剥离了体育外在的人为重要性时，它只是一个游戏。尤其从道德的角度来看，与贫困、瘟疫、战争和饥荒等现实问题相比，体育显得根本不重要。

然而，本书认为由于对体育的本质认识不足，中立主义者太草率地理解了体育的游戏属性。西方体育哲学中长期存在“游戏的连续统一体”理论，认为体育的形成经历了游戏（play）、有组织游戏（games），到体育（sports）的不断演变的过程。基于体育起源于游戏的认识，体育哲学提出“游戏性”是构成体育的身体活动的本质特征，认为“身体活动”是体育的属概念，“游戏”则构成了作为体育的身体活动与其他身体活动区别的种差。玩耍和游戏被归为体育的一种形式，在很多的文献中这些术语通常被交换使用，也因此导致了很大的混淆。

英语中 play 是游戏的总称，game 主要指有组织、有规则并通常具有竞争性的游戏。只有英语中有游戏（play）和有组织游戏（games）之分，而法语和德语中却没有这种区分。而且英语中对于“sport”的词义解释也非常复杂、纠缠不清，哲学家格里乌斯就曾感慨：英语世界的“体育”一词的词义复杂，几乎无人能给出一个满意的解释。因为在英语中，体育本来就难以和游戏、竞赛区分。近期，学界力求区分对这三个术语的使用，通常但并非普遍认为：玩耍指出于自身的目的自愿进行的活动，游戏指规则框架下的有目的导向的活动。玩耍者的态度和努力都指向活动的内在回馈，然而很多游戏直接指向的内在回馈是更好地运用某类比赛的规则，比如桥牌或板球游戏。体育与有目的性和有规则特征的游戏的区分是身体技能和体魄。体育在激发身体的技能、力量、速度和毅力方面更突出，例如田径和足球。值得注意的是，玩耍是游戏和体育的共同特性。

体育具有游戏的基本特征：自由性、规则性、非功利性、竞争性。体育的“自由性”特征并不是中立观点所认为的参与或结束的“随随便便”，体育的自由体现在参与者在自觉接纳并遵守规则的前提下，以体育的非功利性的内在目的为目标进行活动所体会到的一种自我掌控的自由，这也是体育带给人的内在吸引力。尽管体育中的行为发生在虚拟的情景中，但是体育参与者的感受是真实的，他在体育中体会到的任何一种道德情感、道德认识甚至道德行为都是参与者自由意志的充分体现，体育也因此对于参与者有更深入的影响。在这些因素影响下形成的行为习惯或倾向是完全自觉、自我决定的，这正符合品格形成的条件。体育本身尽管是一种具有游戏属性的身体活动，但是体育的开展是以规则为核心的。体育的规则本身就保留了社会赋予体育的一些伦理内容，它定义了体育的核心精神。因此，体育并不是一个简单的术语。体育在形式上尽管归属于游戏的一种，但体育本身并非普通的玩耍，参与者需要以正确的态度来实践，才能表现出符合体育精神的行为。

（三）否定的观点

否定的观点认为参与体育对品格发展会产生负面影响，这种观点很大程度上是来自实证研究的结果。在职业或高水平的竞技体育中获胜被认为是至关重要的，这就导致欺骗和故意违反规范的行为经常发生。体育的竞争性使得诚实、公正等运动品质常常被忽视，更关注获胜所需具备的品格，如自信、冷静。因为竞技体育与某些不良行为倾向相关，所以一些教育家认为：“竞技体育与品格教育相对立，它淡化了而不是提高了品格发展。”①这些关于体育和品格教育之间关系的争论不容忽视，但另一方面，它们不应该被视为代表了普遍的体育运作方式。本书觉得，仅从体育中存在违反体育道德的现象就得出否定结论，未免太过以偏概全，有必要进行全面的讨论和分析。

---

① Bailey, C. Games. Winning and Education[J]. Cambridge Journal of Education, 1975:5(1), 40-50.

二、对于体育与品格教育关系研究的展望

尽管以上研究文献中没有一个研究结论能确定无疑地证明参与体育对品格的发展具有积极影响，但是这些研究都可以从某一方面显示体育的有益之处。在对当前的研究结果进行了分析后，本书认为，体育可以促进品格的发展，而且体育对于品格发展具有独特的重要作用。只是，参与体育并不必然地带来良好品格的形成，因为体育活动本身并不能自动带来成熟的道德推理、更好的价值观和更高的运动道德风范。现有的“体育与品格教育关系”的研究结论尽管还存在很多观点分歧，但是仍然对本书的研究提供了一些启示。

首先，对于“体育与品格教育关系”的研究在理论基础和研究方法上存在差异。国外体育心理学领域的相关研究倾向于实证研究，力图通过问卷调查和访谈的方法弄清体育品格的内涵和影响体育中品格形成的因素。国外研究所调查的对象大都是体育运动的直接参与者，即“体育运动员和教练”，尽管他们对于体育道德和体育中所形成的品格有直观的感受，但是缺乏理论性的深入认识。体育理论界，尤其是体育伦理学对于体育品格的理论论述较多，但是仍缺乏对于现实情境中问题的关照。现有的研究缺乏两个领域之间的交叉，体育心理学研究的理论基础陈述不够，导致实证研究的视角太过单一。理论研究由于缺乏对现实问题的关照，提出的解决问题的路径缺乏切实的有效性。因此，本研究将采用理论研究和实证研究相结合的方法。

其次，分析前人的研究可以看出，体育对于品格发展产生积极影响需要一定的前提条件。只有当教育者在体育教育中有意识地去开展品格教育，并且采用必要的措施去达成效果，才能产生体育对于品格发展的正向的积极作用。通过体育培养品格的有效措施大体包括以下几方面：营造良好的体育运动道德氛围，注重对于竞争、获胜等问题的思考，将体育与日常生活联系起来，一个有效的途径就是鼓励运动员将体育和社区服务结合，让体育的价值和社会的价值产生相互的影响，也让运动

员通过运动参与运动队之外的生活。

本书以德性伦理为基础,从理论和实践两方面,进一步分析体育与品格教育的关系,以及在具体的教育情景中体育和品格教育融合的实现途径。

第二章　体育与品格教育关系认识的历史回顾

体育具有悠久的历史，现代体育的形式主要起源于欧洲，特别是从古希腊到19世纪的英国。现今体育已成为一种世界性的现象，它在自身发展中继承了历史文化的元素。随着社会的发展，体育与人们生活之间的关系日益密切，人们喜爱并需要体育的同时，又对体育中存在的种种道德堕落的现状不满。我们该如何认识体育的价值，体育的发展与美德有关吗？这些令人困惑的问题既和体育本身的发展有关，又和人们对于体育的认识有关。而人们对于体育的认识和实践总是和人类社会的需求相关，受具体历史条件的制约。例如，体育的教育价值就经历了曲折的认识过程。在古希腊和在中国古代，体育就因对品格的教育价值而被列为学校学习的内容之一。到了中世纪，禁欲主义错误的传统观念的影响使体育饱受教育家和教会的贬低和抑制。为了认识和发展体育与品格教育的关系，我们有必要回到体育最初的源头，追溯影响两者关系的重要历史因素和思想观点。

第一节　古希腊与西方(15—19世纪)的体育

一、古希腊奥林匹克运动的伦理基础

恩格斯说："没有希腊文化和罗马帝国所奠定的基础，就没有现代的欧洲。"①古希腊是欧洲国家的文明源头，是西方古代竞技的诞生地，给人

① 马克思恩格斯选集(第3卷)[M].北京：人民出版社，1972：220.

类历史上留下的最璀璨的记录无疑是古代奥林匹克运动会。至今为止，人们也没搞清楚古代奥林匹克运动开始的具体时间，公元前776年是有记录显示的第1届古奥运会的开始时间，此后，古奥运会每4年在奥林匹亚举行一次。古奥运会举办期间会举行各种祭祀仪式，仪式由规则所掌控。古奥林匹克运动进行了大约1 000年，在公元前392—408年间因被视为异教仪式而被罗马帝国颁令废止。在公元前6—前4世纪期间，古奥运会举行仪式的规则基本没有改变。古希腊竞技体育最核心的内容就是规则下的竞争。奥林匹克运动的规则可以分为三类：

第一类也是最简单的一类是竞赛规则。据图书资料记载，在公元前480年，在赛跑比赛中起跑犯规会受到鞭打的惩罚，这暗示了当时的比赛中这种违规的行为并不少见。在公元前5世纪末时，奥林匹克赛跑中设置了起跑门，参赛选手将他们的脚趾放在起跑点的石头槽中。参赛者的旁边有一个水平的栏杆，栏杆的控制绳在启动者的手里，当他发出“跑”的信号时，他就会释放手中的控制绳，栏杆放下，选手冲出起跑点。很明显，规则和机械装置并不是想阻止运动员能力的发挥，只是想消除不期望出现的各种犯规因素。投掷、跳远比赛和跑步比赛一样都有规则，投掷铁饼必须在一个矩形的区域内进行，标枪的投掷也有精确的测量距离方法。在拳击和摔跤中，胜负并不是由裁判决定，而是由一名有丰富的战斗经验的战士来裁判。在拳击比赛中，也不是任何行为都是被允许的，例如攻击对手眼睛的行为就是被禁止的。可以说，体育中的决斗和出于战争目的的徒手决斗之间的区别就是，前者是在规则下的决斗，而后者不是。

第二类规则贯穿奥林匹克运动会的全过程，即参赛者比赛前对宙斯起誓的仪式。仪式活动分为几部分。首先，运动员以及他们的父母、兄弟和教练宣誓在比赛中不做有损奥林匹亚的事情。然后，运动员宣誓自己已经训练了10个月，古奥运会规则规定运动员只有经过10个月以上的训练才可以参加比赛。最后，裁判宣誓他们能公正裁决、不收受贿赂，并保守做决定的信息秘密。有了规则还要举行宣誓的仪式，原因应该是仪式中所宣誓的内容都是仅凭规则难以察觉的方面。可见，古希腊人认为仅凭规则不足以保证行为的公正，而人内在对于神灵的信仰是宣誓起约束作用的基础。尽管赛前起誓的规则也不能绝对保证贿赂行为不会发生，但直到公元前 388 年第 98 届奥林匹克运动会之前，都没有发生过贿赂行为。为获胜者塑造的宙斯青铜雕像上镌刻着道德格言：奥林匹亚的获胜不是靠金钱而是敏捷的手脚和强壮的身体。一直到公元前 4 世纪，宗教信仰对比赛中正确的行为的确起到了约束作用。

第三类规则是有关参赛资格的规定。运动员必须是没有道德污点的希腊血统的公民，奴隶、战俘和异族人都不得参加比赛。希腊人非常清楚自己的种族是少数人种，他们的城邦分布广泛，而且常年征战，前去参与竞争的旅途面临着很大的风险，因此，每次赛会庆典前，由传令官宣告竞赛开始举行，并要求所有的人保障参赛者和观众的安全。他宣称，如果不遵守此约定的城邦和个人将会触怒主宰众生的神。这使古希腊城邦在赛会举行时迎来短暂的和平。公元前 420 年，古希腊最强大的城邦斯巴达，因违反了休战协定并且拒绝赔偿，而被驱逐出了奥运会及其之前的宗教庆典活动。其他城邦因为害怕斯巴达报复，都为此做好了战争的准备，然而斯巴达不知是出于宗教还是政治的考虑，没有采取报复行动。斯巴达人在自己的城邦举行了祭奠宙斯神的仪式，可见规则的约束还是强有力的。

古希腊运动会中的规则与希腊生活中的公平正义理念相关。竞赛中的官员被称为 hellanodikai，其词根 dike 包含风俗、法律和合法审判的语义。可见，人们期望奥林匹克运动会的规则应该尽可能体现公平。希罗多德的《历史》一书中记录道，公元前 6 世纪有一个使者从伊利斯（希腊伯罗奔尼撒半岛首府）来到埃及，想向智慧的埃及人询问他们的奥林匹克组织安排是不是最好和最公平的设计，希望能得到他们一些好的建议。当使者到达埃及并向国王讲述了他们的请求，国王召集了全埃及的智者召开会议，会议上使者详细讲述了所有的比赛规则和相关安排，并说明希望埃及人能帮助他们提高比赛的公平性。埃及智者考虑了一会后询问道：“他们是否允许自己城邦的公民参加竞赛？”伊利斯的使者回道：“竞赛对所有的希腊人都开放。不管他是伊利斯人还是其他城邦的公民。”埃及人回道:“如果是这样,他们已经远离了公正,除非他们喜欢自己的公民被外国人不公平地对待,否则是不可能保持公正的。如果真的希望维持竞赛的公正,应该禁止其他城邦公民参加比赛,并且不允许伊利斯之外的城邦参赛。”①这就是埃及智者给伊利斯人的建议。希罗多德所记录的历史事件表明,古希腊竞技体育的规则是建立在公正基础之上的。

古希腊体育中的公平规则是如何成为古希腊人日常生活中好的行为的评价准则的?在被古希腊人视为重要的众多价值准则中,有三个特别明显地体现为对体育中好的行为的评价。

第一个价值准则是热爱荣誉。爱荣誉的价值主要体现在政治生活中。古希腊城邦生活中的很多的公共设施都是依靠个人的捐赠建造的,因而人们期望富有的公民能够为公共事业贡献一些个人财产。富人们的捐赠尽管不是完全意义上的自愿行为,但是社会对这类行为的荣誉回馈,的确激发了很多人捐献个人财产建设公共设施,而且毫无疑问,捐赠者也获得了一种荣誉感,很为自己的行为而自豪。一些当时的法庭发言记录能很好地表明这一点:“我很高兴能为公共服务作出贡献”“他的父亲践行了所有的公共服务请求,这些都不是基于法律的义务,而是他自己不计辛劳的付出”“在和平时期我们的财产很丰厚,当战争发生时我们把财产全部花费在了公共防御设施上”。②这种对荣誉的热爱延伸到了竞技体育中,艾西拜亚迪兹夸耀自己在奥林匹克运动会上代表雅典城参与了七次四轮马车赛,并且他们的队伍取得了第一、第二和第四的成绩,他自豪地说:“之前从来没有任何一个城邦的公民参加过这么多次马车赛,这样的壮举在社会中被视为真正的荣誉,男人们也因此会获得权力。”③当奥林匹克运动会上的获胜者返回家乡时,他们的确会收获极大的荣誉和物质奖励。

---

① Herodotus, History[M]. trans. George Rawlinson. Everyman edition J. M. Dent, London, 1933:11160.

② Lysias, XXI 16; Isocrates, VII 38; Lysias, XXVI 22. in K. J. Dover, Greek Popular Morality in the Time of Plato and Aristotle[C]. Oxford, 1974:176.

③ Thucydides.[M]. VI, 16.

第二个价值准则是追求胜利，这个价值准则与热爱荣誉的价值是互相联系的。在古希腊，对荣誉的热爱和对获胜的追求经常交织在一起，古希腊的传统英雄人物赫拉克勒斯，就是集胜利和荣誉于一身的英雄。“他是人类利益的集大成者，他致力于一生不懈地追求胜利和荣誉。”在品达的诗句中这两个品质都受到了赞美，他在《奥林匹克胜利者的荣誉》一文中写道：“奥林匹克的获胜者获得的赞美是给予他们的荣誉，胜利的英雄因作为拳击手的勇猛而拥有名誉。市民眼中满是对他的尊重和崇敬。他取得了获取荣誉的捷径。”①可见，当时胜利者的品行与胜利本身同等重要，胜利者受到尊重和赞美不仅是因为取得了竞赛的胜利，也是因为他在竞赛中表现出的让人推崇的品格。然而失败者往往不会令人同情，品达的作品极少提到失败者，只是把他们描绘为羞耻地偷偷溜回家，甚至他们的母亲也不会欢迎他们的归来。

第三个价值是公正。在柏拉图的《理想国》中，正义、公平和诚实代表着一个语义，即“公正”。公正是法律和宪法制定所依据的基本原则。如果制定了恶法，也应该被遵守，因为恶法亦法。狄摩西尼写道：“当人们在制定法律时，应该审慎考虑制定何种法律，法律一旦被颁布实施，就应该被遵守。”②尊重法律在古希腊已是一个普遍的原则，然而法律的惩罚性的约束作用并不涉及奥林匹克运动会，直到公元前 4 世纪，竞技体育才认可了这一价值原则。在古希腊，违反法律是不可饶恕的，而受到不公正的对待而采取的报复行为却是可被接受的。因此，在古希腊的竞技体育中，如果一方首先使用了违规的训练手段，那么他的竞争者也可以采取这种手法。古代奥运会在维护公平竞争方面可谓不遗余力，如在第 53 届古奥运会的混斗比赛中，费格里亚的阿尔冶霍翁被对手非法致死，裁判官将荣冠戴在其头上，并在奥林匹亚建立其铜像以示纪念。

雅典的著名数学家毕达哥拉斯，曾经对于体育中的公正行为有过一段精彩的论述：“选手们在比赛中应该勇于竞争而不仅是为了赢得比赛。

① Pindar, Olympian Ode[M]. VII 85 - 90. trans. Sir J. Sandys. Loeb Classical Library, London, 1915.

② Demosthenes.[M]. XXI, 34.

过分注重输赢会使选手变得狭隘,引发对他人的嫉妒。就像生活中由于热衷于权势,而导致强烈的对名利的欲望。”①当顾拜旦发起现代奥林匹克运动时说,在奥林匹克运动中,重要的是参与比赛而非赢得比赛。其实这一理念早在 2 500 年前就已经被雅典的毕达哥拉斯更完整地表述过。柏拉图认为公正关系到社会的稳定和幸福,他致力于证明公正比不公正要好,对于公平和不公平进行了严谨而周密的讨论,尽管他的理论并没有在古希腊得以实现,但是对公正的追求正反映了人类的精神本质对于社会的预想和期望。古希腊现实社会中的法律和体育中的规则都体现了对公正的追求,尽管存在良法和恶法,存在遵守规则与违背规则,但是公正的理念却在希腊人的生活中不断被践行。

亚里士多德提出过相似的理论:“政治的公正部分是自然的,部分是约定的,自然的公正到处都有同样的效力,约定的内容需要法律的确认才能产生效力。”②“与此相似,单纯人为约定的而非自然给定的公正规则也并非到处相同。因为政体是不同的,但无论在什么地方都只有唯一的一种出于自然的政体形式是最好的。”③在不同的国家、不同的社会中,公平或公正也许与约定和习俗相关,但是亚里士多德认为,没有国家是理想的,每一个国家最多只能接近于一个理想的国家。依据亚里士多德的理论,竞技体育中的公平竞赛应与传统习俗相关,各个地方的规则也可能会有不同,但是体育中的公平竞赛的理念却总是自然公正的化身。

亚里士多德和柏拉图都认为运动员的道德品格比他们身体的强壮对社会有更积极的意义,尽管通过体育的身体训练可以增强人们的体质,但是体育对于社会更大的影响应该是对于人的品格的培育和行为的塑造。在柏拉图的《理想国》中,他所构想的理想的教育应该包括对于人的身心的全面教育,他说:“似乎有两种技术——音乐和体育——服务于人的两部分——爱智和激情部分,这不是为了心灵和身体(虽然顺便也

---

① Porph. Vit. Pyth, 15. in C. M. Bowra, Problems in Greek Poetry[M]. Oxford: 1953.

② 亚里士多德.尼各马可伦理学[M].邓安庆,译.北京:人民出版社,2010:1134b20.

③ 亚里士多德.尼各马可伦理学[M].邓安庆,译.北京:人民出版社,2010:1135a5.

为了心灵和身体），而是为了使爱智和激情两部分张弛得宜，配合适当，达到和谐。”①他认为，通过体操教育可以达到训练身体的目的，通过音乐训练可以丰富人的心灵。而且他进一步分析身体与心灵的关系，认为身体的训练并不仅仅是为了身体的强壮，其最终的目的是促进心灵和品格的发展。他说：“因为我觉得凭一个好的身体，不一定就能够造就好的心灵和品格。相反，有了好的心灵和品格，就能使天赋的体质达到最好。”②

亚里士多德对于身体教育的社会目标持有相同的观点：“健康的身体习惯，因为健康和养育后代的原因，不仅是想获得运动员般的身体条件还是有病的不健康的身体，而是介于两种情况之间的体质。通过训练可以获得良好的体质，身体的训练不是猛烈的锻炼，也不是训练成运动员，只是为了生活中能自由地行动，这样的体质妇女和男人同样应该具备。”③可见，对体育的教育价值的评判标准是其社会效用。古希腊时期最重要的三种品质“节制”“勇敢”和“公正”是古希腊竞技体育规则制定的基础，也是古希腊竞技实践中要实现的社会目标，即对人的品格的塑造。在古希腊的教育中，体育是和音乐并列的道德教育的手段，音乐可以陶冶人的情操，体育可以培养人的勇敢品格，对体育的这个认识是希腊体育留给后代的智慧之光。

体育理论界一般认为，古希腊体育的社会作用在于它的军事价值。因为古希腊城邦分立、战乱频繁，城邦之间的纷争往往导致凶残的战斗，需要通过体育培养体格强壮、勇敢善战的作战勇士。部分学者因此认为希腊体育是建立在尚战精神和尊崇荣誉的传统之上的，而不是公平精神。然而，更加令人惊讶的是，在公元前 6—前 4 世纪广泛开展的希腊竞技体育中，也很少有暴力事件发生的记录。尽管古希腊的竞技运动会也充满着激烈的竞争，但是却没有充斥粗鲁和极端的暴力，甚至极少出现战争倾向。即使在可能出现暴力事件的赛马和拳击竞赛中，也几乎没有

---

① 柏拉图.理想国[M].郭斌和，张得明，译.北京：商务印书馆，1986：125，136.

② 柏拉图.理想国[M].郭斌和，张得明，译.北京：商务印书馆，1986：111.

③ 亚里士多德.亚里士多德全集（第 8 卷）[M].北京：人民大学出版社，1994：273—275.

暴力行为,因而很难断定希腊体育是建立在崇尚战斗之勇的精神之上的。在公元前4世纪,人们已经开始思考竞技体育的社会价值,希腊悲剧诗人欧里庇得斯曾追问:“摔跤运动员的好处是什么?快跑运动员、铁饼运动员或者拳击手的好处又是什么?赢得比赛的桂冠是否可以保卫他生长的城邦?”欧里庇得斯的问题不仅认为体育不具有军事的功用,而且质疑运动员享受社会极高荣誉的道德基础。“他们既不学习如何过好的生活,他们也不可能这么做。”他认为应该对智慧和善而不是对体育场中的获胜者进行嘉奖。①与品达同时期的诗人色诺芬对于运动员的勇敢的道德和社会基础更是提出了尖锐的讨论,他说:“如果一个人在奥林匹克盛会中赢得了赛跑、摔跤或者拳击比赛的冠军,就会成为受同胞瞩目的光荣的人物,会在体育场馆里获得一个荣誉的座椅,获得公共的食物供养,还会被赠与珠宝等礼品,尽管他获得了这一切,他就比我更有价值吗?人的智力比人的或马的体力更具有价值,给予体力高于智力的荣誉是非理性的习俗,也是不正确的。”②这段文字中最突出的内容是提出了智力的价值,色诺芬批判给予运动员金钱的奖励和丰厚的生活供给,他认为给予体力高于智力的荣誉是不公正的做法。他认为这样会使运动员产生自大或骄傲的情绪,从而无视自己的社会和道德义务。

公元前6—前4世纪对于体育的社会价值的讨论,引发了后续几个世纪对于影响体育本质的因素的探讨。在公元前3世纪罗马征服了希腊之后,竞技体育中出现了职业运动员,罗马竞技场中的人与野兽之间的残忍的竞赛成为竞技体育的职业性表演,他们的职业就是为观众提供娱乐。古罗马人一直质疑希腊式的体育锻炼,强调针对军事目的的身体训练。在古罗马,骑马、射箭、击剑、角力等体育活动都成了军事训练的手段,对罗马人而言,锻炼只是为了战斗,竞技只是为了娱乐,骄奢淫逸的生活使罗马青年意志消沉、道德败坏。古罗马角斗场上的竞赛也沦为暴力的竞争,曾经鼓舞了古代奥林匹克运动开展的伦理价值也逐渐消逝。

① Cincinnati. Sources for the History of Greek Athletics[M]. 1955:116.

② Xenophanes.frag. 2[M]. in R. S. Robinson, op.cit., 91.

二、西方中世纪的骑士体育与骑士精神

西方的中世纪是禁欲主义盛行的黑暗时期，马克思曾评价说："中世纪是从粗野的原始状态发展而来的。它把古代文明、古代哲学、政治和法律一扫而光，以便一切从头做起。它们从没落的古代世界承受下来的唯一事物就是基督教和一些残破不全而且失掉文明的城市。"①西方中世纪文化的中心是基督教，社会的统治阶级是教会。基督教文化的显著特点是强调灵肉的对立，轻视肉体，重视精神，认为肉体只是灵魂的监狱，肉体欲望是精神提升的障碍，基督教义要求基督徒应避免肉体的享乐和诱惑。在这种文化的影响下，身体运动一定是受到压制的。教会垄断了学校的教育权，身体运动不再是学校的教育内容。在生活中，教会禁止贫民和贵族从事游戏和娱乐活动，违者将会受到惩罚。在中世纪的市民生活中，"锻炼身体的习惯，对裸体的爱好一一消失。身体不再暴露而用复杂的衣着隐蔽，加上绣件，红布，东方式的华丽的装饰。社会重视的不是技击手和青少年了，而是太监、书记、妇女、僧侣；禁欲主义开始传布，跟着来的是消极的幻想、空洞的争论。关于人体的知识与研究逐渐被禁止，人体看不见了"。②在这样的社会氛围中，体育还能存在并发展吗？然而，非常奇特的是，中世纪统治需要的骑士制度催生了骑士体育，并形成了骑士精神，这对后来的奥运复兴和文艺复兴都产生了深远的影响。现代奥林匹克之父顾拜旦曾说："在许多人的心目中，中世纪是禁欲主义潮流占优势的历史时期。这种观点用以看待封建社会之前的历史时期，较之看待封建时期更为真实些。无论如何，在封建社会中心，我们看到一个界限明确的奥林匹克再生物——骑士制度，我犹豫了很长时期才宣布这种亲属关系。"③西方中世纪并不只是黑暗和野蛮，它的骑士体育和骑

① 马克思恩格斯全集(第七卷)[M].北京：人民出版社，1965：40.

② 丹纳.艺术哲学[M].傅雷，译.桂林：广西师范大学出版社，2000：15.

③ 顾拜旦.奥林匹克理想——顾拜旦文选[M].詹汝宗，等，译.北京：奥林匹克出版社，1993：120.

士精神是留给后世的一笔无法抹去的遗产。

骑士体育的形成和发展与中世纪的骑士制度和基督文化之间有着很深的关联。中世纪的统治中心是基督教会，教会由教士和骑士组成。骑士们既要保卫家园又要替领主征战，因此他们既要有强健的体魄、高超的武技，又要有勇敢、忠诚的品格。骑士教育是中世纪教育的主要内容，包括宗教和道德教育、文化学习和身体教育。

骑士教育一般分为幼童、侍童、扈从三个阶段，幼童教育阶段是在7—8岁之前，主要在家庭进行，主要学习宗教知识和游戏性身体活动。这一个阶段幼童一般要了解一些《圣经》的故事，圣徒的经历，查理大帝以及其他骑士的英勇故事，并从小被告诫要信仰上帝，诚实礼貌，坚强勇敢。游戏性的体育活动主要有板羽球、毽球、滚木球、跷跷板、踩高跷、户外奔跑、翻跟头等，父辈也会把幼童放在马背上，让他们了解骑马的感觉。此外还有和同龄伙伴们玩象棋、掷子之类的游戏。①侍童阶段是从7—14岁，主要在领主家进行，由贵族妇女教给他们礼仪，学习文化，侍奉领主的生活起居，培养对领主的忠诚。身体教育方面则是学习跑步、角力、拳斗、射箭、使用棍棒和大刀、投掷重物，在练武场上模拟战争中的厮杀。14—15岁的少年经过一定的仪式后就成了骑士扈从，主要学习"骑士七技"，即骑马、游泳、打猎、击剑、投枪、游戏（弈棋及球戏等）和吟诗。骑士们需要用很多时间来训练武技，并参加骑士比武大会来进行实战训练。中世纪尽管没有公开的体育竞赛活动，但骑士比武非常盛行，"君士坦丁堡的赛马场，是各平民组织的竞技比赛中心"。②骑士体育就伴随着骑士的培养而产生，西方现代体育的竞赛项目，如马术和击剑，都是源自骑士体育。中世纪之后还出现了骑士学校，其中骑士体育的内容经改造成为18世纪学校体育的主要内容。

中世纪留给后世的不仅有骑士体育，还有骑士精神。骑士体育最初是出于军事的需要而产生的，但随着基督教的影响，骑士不仅需要有高超的武技，还要虔敬上帝、信仰基督、忠诚领主、行为符合礼仪。英国学

① 陈志强.城堡·骑士·贵族[M].昆明：云南人民出版社，2002：114.

② 德尼兹·加亚尔，等.欧洲史[M].蔡鸿宾，桂裕芳，译.海口：海南出版社，2000：153.

者克里斯托弗·道森对此指出:“通过一系列的反对异教徒战争,基督教向武士文化的野蛮风尚中注入了一种新的精神因素。为信仰而战死的骑士就不只是一位英雄,他还是一位殉道者。以这种方式,骑士脱离了其蛮族和异教背景,而被整合入基督教文化的社会结构中。”①骑士体育不再仅是训练骑士身体技能和服务于军事的需要,也成为培养骑士精神的重要途径。西方中世纪的骑士精神意味着品格高贵、举止优雅,既要尚武,还要拥有礼仪和风度,勇敢、诚实、尊重女性、热爱荣誉等都是成为一名真正骑士的必备品格。骑士体育既是强身健体、训练技能的手段,也是勇敢、忠诚、荣誉、尊重品格的实践。在这个“历史上最蛮横,最粗野的时代之一”,它“以一种伟大的道德抱负去激发人们,经常在他们眼前高举起一个无限优于人类现实的典型,并激励人们去复制它”。尽管骑士精神高举的道德抱负在当时的现实生活中不一定能完全实践,但是骑士体育中身体训练与品格培养并重的实践模式,却比希腊体育留给后世西方体育的影响更为直接。

三、英国的竞技运动与基督教绅士品格

英国竞技运动产生于英国的“绅士体育”。洛克(1632—1704 年)在 1693 年发表的著作《教育漫话》中提出了英国绅士教育的蓝图,他认为教育的目的是培养绅士,英国绅士的基本特征是善于处理自己的事物,赚取财物、敛取资本,从而使自己的幸福;具有德行与才干,并且有“勇敢精神”,在战时能拿起武器,决战疆场;要懂得“礼仪”,具有“优雅的风度”。②他的绅士教育包括智育、德育、体育三育,其中体育占据教育的第一位,因为体育锻炼可以使人们的身体健康,而好的身体是生活中一切追求的前提。“健康之精神寓于健康之身体,这是对于人世幸福一种简短而充

① 克里斯托弗·道森.宗教与西方文化的兴起[M].长川某,译.成都:四川人民出版社,1989:164—166.

② 谭华.体育史[M].北京:高等教育出版社,2010:129.

分的描绘”,①“人们要能工作,要有幸福,必须先有健康;人们要能忍受劳苦,要能出人头地,也必须先有强健的身体,身体强健的主要标准在能忍耐劳苦”。②他还认为,绅士最重要的德性,如勇敢、礼仪,也需要通过身体教育来培养。

继洛克提出绅士教育之后,体育的教育价值被广泛重视。在1839年,英国政府开始投入公共资金支持教育,并且成立了项目委员会。该项目委员会对体育教育对于道德的影响非常关注,当时的一份会议记录显示:“孩子们在操场上进行身体训练,不仅可以有效地发展肌肉力量,而且能使他们有充沛的精力和体力去学习。孩子们体育锻炼时的道德行为受到鼓励,这延伸了课堂道德教育的影响。”③在19世纪早期,英国学校教育对于体育和道德教育关系的认识程度都有了提高。

真正把体育作为重要的教育的手段并付诸实践的是被誉为“现代学校体育之父”的托马斯・阿诺德(1795—1842年)。法国体育学者皮埃尔・瑟琳认为:“阿诺德在学校教育中推广竞技运动的主要目的是培养品德,从那时起英国人就把勇敢、坚毅正直和严格遵守规则看作是体育运动所培养的社会美德,体育运动在健身方面的作用当然重要,但只是次要考虑。”④英国体育学者安德鲁斯也指出:“尽管阿诺德的竞技运动实践为现代奥林匹克运动的形成有很大的示范作用,但是阿诺德本人感兴趣的是通过竞技运动进行的品格教育,而不是竞技本身。”⑤

1827年,托马斯・阿诺德接受了英国拉格比公学的领导工作,他在日记中记录了当时这所英国公立的寄宿制学校学生的道德状况:“培养未来一代的学校,已经深受不良道德的影响。这里可以见到:1.各种犯罪

① 洛克.教育漫话[M].傅仁敢,译.北京:人民教育出版社,1979:51.

② 洛克.教育漫话[M].傅仁敢,译.北京:人民教育出版社,1979:4—5.

③ Minutes of the Committee of Council on Education 1839 - 40, p.71, in P. C. Mclntosh, Physical Education in England since 1800[C]. Bell & Sons, London, 1952, 1968:88.

④ 皮埃尔・瑟琳.运动实践与体育[A].见:联合国教科文组织编.国际社会科学杂志专辑[C].1984(1).

⑤ 安德鲁斯.体育与奥林匹克体制[A].见:体育方法学参考文集[M].长春:东北师范大学出版社,1984.

活动和酗酒成风;2.说谎成性;3.以大欺小;4.学生目无组织纪律;5.不守校规;6.懒惰成性;7.相互勾结破坏纪律。多数人道德堕落,娇气十足,身体虚弱,他们除自己花哨的外形外,其他什么都不关心。"①如何教育这些学生遵守校纪,成了摆在阿诺德面前的一大难题。在学生们的板球和其他球类体育运动中,他发现那些在运动场上表现出色的学生在场外的平时生活中同样有影响力。各个运动队已形成一种特殊的社会小团体,团队成员之间都遵循着比赛所确立的"诚实游戏"规则。因此阿诺德确立了他的教育观点:通过"竞技运动自治"的教育模式培养"基督教绅士","一个真正的英国绅士——笃信基督,堂堂正正并且思想开明,是人类之楷模,比任何国家培养出来的人才都要优秀"。②

他把组织比赛的工作交给受到学生推崇的运动场上的出色人物,而教师制定规则,并对比赛进行监督,避免比赛中的意外伤害。在生活中,他仍然让这些优秀学生参与学生日常问题的管理,但是不允许他们过于专横跋扈。他采用了顺应学生习惯的体育教育模式,对于学生进行了道德培育,因为他认为体育可以培养学生的基督徒品格:"人们通常认为,基督徒所需的品格都能通过参加一定团队体育获得。这种团队体育能够培养人的各种精神品质:运动员的精神、领导才能、合作精神、勇于接受失败和正确对待成功的品质,还有最起码的运动职业道德。"③阿诺德在通过体育培养"基督教绅士"的过程中,不仅注重体育对于品格的正面塑造,而且意识到竞技体育中的失败也具有道德教育意义。这是对体育的教育价值的认识的进步。

正是通过体育教育,阿诺德培养了学生慷慨、正义、尊重规则的道德品质。体育运动不仅促进了学生的身体健康,也提高了他们的道德水平。通过运动场上的体育运动,学生们获得了书本上学不到的美德,这

---

① Michael McCrum. Thomas Arnold, Head Master: A Reassessment[M]. Oxford University Press, 1989:104.

② Eminent Victorians. Cardinal Munning, Florence Nightingale[M]. Dr: Arnold, General Gordon, 199.

③ Michael McCrum. Thomas Arnold, Head Master: A Reassessment[M]. Oxford University Press, 1989:104.

些品格的养成使他们在生活中也能获得更大的成功。阿诺德的学生托马斯·修斯在他的著作《汤姆·布朗德学龄时代》中,记录了体育课程对于他们这些"青年基督教大力士"的改变,他们不再只是肌肉强壮的基督教青年,他们认识到了身体强壮的道德意义,只有依照道德的方式使用强壮的身体才是高雅的。"不再粗野地依照激情放任自己的行为,沿袭了传统的骑士精神,锻炼身体的目的是为了保护弱者和促进正义。"①

阿诺德在拉格比公校工作的14年间,成功地将"青年基督教大力士"培养成"基督教绅士",这种"竞技运动自治"的道德教育模式,成了全国教育界模仿的对象。体育对道德教育的影响受到了认可:"在竞技比赛中你可以学会一些使你勇敢和愉快地承担生活责任的品质,比赛中,对竞赛规则的遵守、不到最后一分钟决不放弃的坚持、能接受失败但又不放弃争取胜利的拼搏,在运动场的竞赛中,你能获得生活中需要的优秀的品格。"②

当时的一些公立学校鼓励运动,不仅显示了对团队运动的偏好,而且体现了其作为品格教育手段的作用。如今很少有人注意英国学校体育对这一设想的强烈信心。这类品格设想是以强壮的基督教绅士的理念为基础,这一理念顺应了当时的宗教信仰和帝国主义的需要。"基督徒品格的形成"被这些因素调和,帝国的扩张需要"自信的产品、强壮的士兵、管理者、传教士"这些能经受得住身体和精神的严格考验的人。

在这个时期,团队运动被视为培育勇敢、忠诚和合作的品质的重要手段。学校和其他校外人士都深信不疑,体育和品格发展之间具有关联。他们认为,体育不仅有助于培养勇敢和耐力,更能磨炼生活中男人闯世界需要的所有品质:自控、公正、荣誉、尊重和关心他人。英国公立学校的学生热爱体育锻炼,正是体育锤炼了他们作为英国绅士的品格。牛津大学的塞尔温(Selwyn)认为基督徒的品质具有非常明显的体力要求:板球运动或划船不仅是娱乐,更为将来培育了更高标准的男人,身体锻炼是道德培育的一部分,这些品质是培养优秀男人所必需的。

---

① T.Hughes. Tom Brown at Oxford[M]. Macmillan, London, 1861, 1892:99.

② F. W. Farrar. In the Days of thy Youth[A]. London, 1889:373. in B. Simon and I. Bradley. The Victorian Public School[C]. London, 1975:148.

这些公众的信念当时只限于英格兰，到了20世纪传播至世界其他地方。在美国，赫西(Hussey)在《运动员的品格教育》一文中写道："竞技体育为品格的发展提供了极大的机会，在正确的引领下，运动员在体育运动中会获得道德提升。如果缺少对重要品格的有意识塑造，运动员即使具备了运动技能，其道德素养依然是脆弱的。"①

19世纪下半叶，英国竞技运动在欧美各国广为流行，原因是多方面的，其中一个重要的原因和英国竞技运动所采用的游戏性、自由竞争性的模式有关。当时正处于西方资本主义的大发展时期，工商业的繁荣促进了自由贸易市场的发展和激烈竞争，英国竞技运动中所强调的公平竞争精神恰好符合市场竞争的社会需要。随着资本主义的经济大发展，人们有了更多娱乐的精神需求，英国竞技运动满足了人们的这种需要。这些促进了欧美各国竞技运动大发展的因素，也直接影响了现代奥林匹克运动的诞生。

四、德国体操与道德教育

欧洲大陆的体操运动主要发展于德国和瑞典，德国体操强调团队精神和纪律意识，瑞典体操更注重符合人体科学的训练。我们主要探讨德国体操。欧洲大陆的体育与英国体育的教育目标有明显的不同，这和两者之间不同的思维模式有关。当代自由主义思想家哈耶克认为："欧陆的唯理主义传统一般都假定，人生来就有智识和道德的秉赋，这使人能够通过审慎的思考而构建文明。而英式的经验主义则相反，认为文明是经由不断试错、日益积累而艰难获得的，或者说它是经验的总合。"②因此，出现了欧洲大陆的"体操"体育和英国的"竞技"体育之分。欧洲大陆唯理主义认为，"单个个人都倾向于理性行动而且都生而具有智识和善"，③这点非常明显地体现在了法国学者卢梭的思想里，卢梭的体育思

① Hussey, M.M. Character Education in Atheletics[J]. The Amenrican Education Review, 1938:578-580.

②③ 哈耶克.自由秩序原理[M].邓正来，译.北京：三联书店，1997:68.

想又极大地影响了德国博爱派体育教育家。

1762年卢梭(1712—1778年)在《爱弥儿》这本著作中提出了他的自然教育的思想。卢梭特别指出了身体教育与道德教育的关联:“所有的恶行都是来自身体的软弱,儿童的一味顽皮,就是因为身体的软弱,只有使他的身体强壮,他的习惯就会趋于善良。”①“身体的训练作为教育的重要部分,不仅使孩子们保持健康和强壮,更重要的是对道德发展的影响,这点通常容易被忽略,而总是寻求一些道德的训令对孩子们进行道德教育。”②

德国的教育家古茨姆茨(1759—1839年)深受卢梭的自然教育思想的影响,在德国的博爱学校最先开始体操与道德教育的实践。古茨姆茨在其著作《青年体操》(1800)中阐述了身体教育与道德发展的关系,他认为身体是人的根本,因为完美的道德往往是强健身体的产物。“体操训练不仅增强了我们的身体能力,而且可以教育世界上的年轻人形成完美的道德。”③他主张采用自然的教育方法,即适合儿童、学生发展的方法和尊重学生自觉性的方法。他建立了完整的体育课程体系,主张按照运动类型对体操教育进行分类是最自然的教法,依照这种方法他把体操分为三类:基本运动、手工劳动和青少年游戏。对于把手工劳动也归类于体操,他提出的看法是:“任何手工劳动虽然都有锻炼身体的作用,然而劳动并不因此同体操等值,因为劳动的客体与劳动者本人无关,而体操则针对体操者本人。人们从事这一活动不是为了庸俗的消遣,而是为了增进自己的健康”,“经过合理安排的劳动在某种程度上也可改善身体的状况,它也正因如此而成为体操的一个组成部分”。④他使学校体育彻底改变了以前的贵族性质,提高了大工业时代劳动者的身体素质,而且正像

① 卢梭.爱弥儿[M].李平沤,译.北京:商务印书馆,2012:153.

② Procopius. History of the Gothic War[M]. Quoted by Neuendorff, op.cit., vol.I, 21.

③ Klemens C. Wildt. Leibesübungen im deutschen Mittelalter[M]. Limpert Verlag, Frankfurt am Main, 1957:20.

④ H.托罗波夫.为普鲁士侵略者服务的体操.体育史论文集(俄文版)[M].1947:177—178.

他所认为的那样，体操不仅具有改善体质的生理作用，还具有道德教育的作用。

古茨姆茨的体育思想对19世纪欧洲各国产生了广泛影响，医生托马斯·霍其金记录了当时(1820—1830年)广泛开展体操运动的工业城镇的情况：“这种锻炼不仅非常有益于身体健康，而且对于尊重意识和道德情感有非常重要的影响，(我们)发现，通过体操锻炼，许多年轻人的身体更加强壮、灵活，并且提高了他们的智力和道德品质。”①他的实践为德国乃至欧洲大陆体操体系奠定了基础，因此他享有“近代体育之父”的称号。

对德国体操运动发展影响重大的另一位是弗里德里克·杨(1778—1852年)。当时的德国正处于19世纪初反对拿破仑战争和德意志民族主义兴起的政治环境中。1804年，拿破仑率领法国大军横扫德意志联邦诸国，在战争中饱受屈辱的德国人发起了民族主义的热潮，杨的体操就是在这种历史环境中诞生的。德法之间的战争激发了他强烈的民族主义情感，1816年，他和助手合著了《德意志体操术》一书，全面阐发了他的体操体系。他不仅把反法斗争纪念日定为体操日，还把有关体操的希腊术语一律改为德文，意欲唤醒民众的体育参与意识，并期盼以此培植民族情感、团结意识和勇敢精神，从而增强民族身体素质，强国强种。②通过分析拿破仑的军事艺术和德军失败的经验教训，他认为体操的队列训练和器械操练，能提高部队协同作战的能力。团队训练和器械练习成为杨氏体操的核心，通过“在有管制的团体中进行集体的训练”，可以培养团队精神和纪律意识。1811年，杨在柏林开设了体操练习场，他的体操练习场对所有市民都开放，这使体操运动由学校教育被推广成了全社会的实践。每逢反对拿破仑的战争纪念日，还会举行大规模的群众会操，以培养民众的团结意识和爱国主义精神。德国体操带有强烈的军国主义色彩，这一定程度上也来源于普鲁士的国家至上、民族主义的

① See Sir A. W. Ward. The Peace of Westphalia[A]. In the Cambridge Modern History[C]. Vol.4, 417 - 425.

② 谭华.体育史[M].北京：高等教育出版社，2010：137—138.

传统。这种影响在一战前的德国和纳粹德国更是达到了顶峰，1889年，德皇威廉二世颁布教育法令，把“德意志精神和沙文主义、军国主义的教育”①作为学校教育的宗旨。希特勒统治下的纳粹德国更是把体操训练当成培养种族意识和战争需要的工具。体育成了为军国主义服务的工具。

第二节　春秋时期与中国近代(1840—1937年)的体育

一、孔子的体育思想与伦理教育实践

孔子是中国春秋时期伟大的思想家和教育家，他是儒家学说的创始人。自汉武帝“罢黜百家、独尊儒术”以后，儒家思想成了中国古代统治阶级推崇的正统学派，孔子的思想对后世影响甚为深远，而体育在他的教育思想占据了一席之地。

(一) 孔子体育思想形成的历史背景

在探讨孔子的体育思想与教育实践时，我们面临的第一个问题就是：在孔子所处的春秋时期是否存在“体育”？“体育”一词是近代由日本引入我国的，我国古代的确不存在“体育”一词，也没有相近的运动概念。但是据史料记载，春秋时期我国已经存在很多类似于今天体育的身体活动，例如射箭、游泳、举石、角抵和蹴鞠等。这些活动在中国古人的生活中属于游戏范畴，并没有专门的体育活动的概念。本节在讨论中借用了后来的“体育”概念，至于所代表的具体内容还是依据当时体育活动的现实分析。

按照童书业先生的考证，春秋时期的学校教育大致分为大学、小学两种，教育的课程大致分为文、武两项，文的教育科目是诗、书、礼、乐以及其他的古典等，武的教育科目有射、御、技击等项，“他们也像现在的体育家们一般，整天裸露着臂膀练习射箭、御车和干戈等的使用。武的教育是他们所最注重的。学校的‘校’字似乎就从比较武艺的意义出来”。②

① 曹孚.外国教育史[M].北京：人民教育出版社，1982：315.

② 童书业.春秋史(校订本)[M].童教英，校订.北京：中华书局，2006：117.

这一时期所重视的这个“武”，有很大一部分都可以被看作“体育活动”。孟子曰：“设为庠、序、学、校以教之。……序者，射也。”古礼规定，男子必须受射的教育，射箭被认为是一个男子一定要学会的本领。射箭又是我国古代最主要的一项体育运动，《礼记・射义》说：“古者，天子以射选诸侯、卿、大夫、士大夫。射者，男子之事也，因而饰之以礼乐也。”顾颉刚在《史林杂识初编》中也说：“吾国古代之士，皆武士也。……学者即射，学宫即司射之地耳。”周文王对被封为鲁公的伯禽曾经说过：“夫有文无武，无以威下；有武无文，无畏不亲；文武俱行，威德乃成。”①当时，一年之中基本上是三时务农，一时讲武。《礼记・月令》记载：“孟冬之月……天子乃命将帅讲武，习射、御、角力。”西周时，男人自童年即普遍习射。《礼记・内则》写道：“十有三年学乐，诵诗，舞勺，成童舞象，学射御。”那时，射箭技术的高低成了男子本领大小的象征。《管子》《孙子》等书还把游泳列为军事训练的重要内容。不仅如此，早在周朝，体育就已被列为教育的科目之一，《周礼・地官・保氏》记载：“保氏掌谏王恶，而养国子以道，乃教之六艺。一曰五礼、二曰六乐、三曰五射、四曰五驭、五曰六书、六曰九数。”这里的“射”“驭”可以说是体育项目。

孔子的祖先殷人有尚武之风。孔子的父亲叔梁是鲁国的武士。在这样的家风影响下，孔子本人不但博学于文，也精通射御之术。《论语・子罕》中记载孔子说：“吾何执？执御乎？执射乎？吾执御矣。”②孔子自谦自己擅长驾驶马车。《礼记・射义》记载：“孔子射于矍相之圃，盖观者如堵墙。”③可见，孔子的射箭技术也非常精湛。孔子身材高大且强壮，《吕氏春秋・慎大》记载：“孔子之劲，举国门之关。”④《淮南子・主术训》中说：“孔子之通，智过于苌宏，勇服于孟贲，足蹑郊兔，力招城关，能亦多矣。”⑤这反映了孔子力气之大，速度之快，身体之捷。身体强壮的孔子在习武与健身中，对于由原始的部落冲突和生活习惯演化而来的竞技性体

---

① 顾颉刚.史林杂识初编[M].中华书局，1963：85.

② 论语・子罕.

③ 礼记・射义.

④ 吕氏春秋・慎大.

⑤ 淮南子・主术训.

育娱乐活动，给予了高度关注，也形成了对于射、御等体育类活动与人之“德”的认识。孔子的体育思想是与当时的社会教育环境以及他本人对于体育的爱好联系在一起的。

（二）孔子“成人”教育观中的体育主张

春秋末期，孔子对西周以来的社会观念进行了深入的思考，创立了儒学。齐景公时期，孔子就把儒学的思想观念传到了齐国。孔子在实施“六艺”教育的同时，在更高的层面上提出了“成人”教育的观念。据《论语》的记载，孔子的“成人”教育的主张原本是这样提出来的：“子路问成人。子曰：若臧武仲之知，公绰之不欲，卞庄子之勇，冉求之艺，文之以礼乐，亦可以为成人矣。”①按照孔子的观点，一个人如果具备了臧武仲等人物所具有的“知”（智慧）、“不欲”（仁德）、“勇”（勇力）和“艺”（多才多艺）四个方面的本领，然后经过礼乐道德的自身修养和外部教化之后，达到了相应的外显礼仪标准，这样的人就可以称之为“成人”了。可见，孔子心目中的“成人”，乃是人格和能力素质各方面的发展都十分完美的人，也可以说是德、智、体全面发展的“全人”或君子。

在他的“成人”教育内容中，“体育”是必备的一种素质。孔子认为，知识、技能或者道德单方面的水平再高，都不能算作“成人”。在孔子的心目中，体育技能同礼乐修养一样，都是一种必备的素质，决然不可顾此失彼，偏执一端。

他把体育和德育、智育一样，列为培养人才的重要内容之一，并对体育和德育、智育之间的关系做了初步的阐述。孔子说：“君子道者三，我无能焉。仁者不优，知者不惑，勇者不惧”，②这说明在他看来，培养人才要注意仁、知、勇三个方面。其中，“仁”是道德修养方面的要求，属于德育的范围；“知”是文化方面的要求，属于智育的范围；至于“勇”，则基本上属于体育的范围。

孔子不仅把知、仁、勇并列为君子之道，而且还说明了这三者的关系。他主张以德育指导智育和体育。他把德育放在第一位，把智育放在

①② 论语·宪问.

第二位。《论语·学而》写道:“弟子入则孝,出则弟,谨而信,泛爱众,而亲仁。行有余力,则以学文。”至于体育,则必须以德育、智育为前提。“勇而无礼则乱”“君子有勇而无义为乱,小人有勇而无义为盗”“仁者必有勇,勇者不必有仁”等,都说明“勇”不能脱离“礼”“义”“仁”,也就是说,体育不能脱离德育。“好勇不好学,其蔽也乱”,则说明了体育必须和智育、德育联系起来。

孔子这种着眼于培养全面发展人才的体育观念,实际上是将社会的改良与国家的稳定依托于人的素质全面提高之上,使人的自身素质建设和社会发展进步的基本需要形成高度的一致性。

(三)孔子通过体育的伦理教育实践

“六艺”教育是孔子培养“成人”的主要方式,内容包括礼、乐、射、御、书、数,其中的“射”“御”类似于今日的体育类活动。在孔子的学校里虽然没有专门的身体锻炼课程,但是课余时间的体育类活动却是以多种形式在进行。孔子在教学之余,常会带着他的学生去钓鱼、弋射、登山、演习射礼、野游等。儒家的学校当时没有固定的校址,孔子带领他的学生周游列国,边讲课边实践,在长时间的旅行教育中,锻炼了学生徒步行军和驭车的技能。因此,他的学生大多具有强壮身体,拥有一技之长。孔子非常注重从一切生活处事中对弟子进行“礼”的教育。

在传授礼乐知识的同时,孔子也经常和学生讨论这些知识和体育之间的关系。《论语》中记载,有一次孔子带领弟子练习射箭,有的弟子力气小,未射穿箭靶。孔子说:“射不主皮,为力不同科,古之道也。”①他认为参加射箭比赛,同样的距离,有的人射出的箭还达不到靶子上,这是因为各人的力量大小不同,能不能射中箭靶并不是最重要的,而是通过“射”来锻炼身体,交流技艺,完成礼仪规定的要求。《礼记·射义》中就说:“射者,进退周还必中礼,内志正,外体直,然后持弓矢审固。持弓矢审固,然后可以言中。”②射箭首先要遵从礼仪的规定进出场地,以培养人的规范行为,然后,要有正确的比赛态度,心态必须要平和,身体姿势才

① 论语·八佾.
② 礼记·射义.

能够端正，符合射箭动作要求，这样，射出的箭才有可能射中靶子。射箭比赛遵照“礼”的规定行事的过程，就是培养人的行为符合伦理规范的教育实践。

“礼”囊括了封建社会中贵族的道德修养、文明礼仪，是一个人行为处事的基本准则。《周礼》中所教之“礼”谓“五礼”，包括“吉、凶、军、宾、嘉”五种适用于当时社会生活中方方面面的行为处事的礼仪。“五礼”的内容非常复杂，如果不经过专门的教育与训练，无法全面掌握。而且“礼”的教育的根本目的，是对人进行伦理道德的教育。

“射礼”是属于“五礼”中的“嘉礼”，是古代贵族青年教育中的必修内容。天子和诸侯所参加“射礼”活动是非常隆重的，既有乐队也有舞师，“射者以音乐为节，进退周还，张弓搭矢都要与音乐同拍，做到‘射节与乐声和如一’。在射箭完毕后，要在舞师的带领下跳‘弓矢舞’”。①“射礼”要求参加者的行为符合宗法等级，如臣与君同射时，是不能与君同立的。等级森严的古代社会非常强调人的社会阶层意识，这在一定程度上限制了体育类活动发展成竞技体育运动。古希腊的大型体育赛会在中国的古代从未形成过，这与中国古代的仁爱思想所强调的差等之爱的意识有关，“君臣、父子、夫妇”之间的地位都体现在社会礼教中。

孔子把射御类身体活动与人的品格修养联系了起来，他说：“射者，仁之道也。”②他认为射箭类的身体活动实践就是“修仁”的教育，“仁”就是孔子所相信的人类之“德”所是或应所是之物。在孔子的理论中，人的“德”被称为“仁”，一个有德之人就是一个仁者，人的“道”“德”与“仁”是须臾不可分离的。因此孔子说：“志于道，据于德，依于仁。”③“仁”是孔子伦理学中最重要也是最难理解的一个概念。在孔子提出他的“仁”的理念之前，“仁”就出现在了古代文本之中。在《诗经》中，一个猎手被称赞“洵美且仁”“洵美且好”“洵美且异”“洵美且武”。林毓生认为，“仁”的原始含义是“男人的”“男子气概的”或“阳刚的”，指的是男人的

① 杨向东，张雪梅.中国古代思想史[M].北京：首都师范大学出版社，2008：17.
② 礼记·射义.
③ 论语·述而.

一种特殊品质。葛瑞涵持有不同观点，他认为“仁”是“周代贵族集团常用来把他们自己与庶民区别开来”的术语，它“如英语中的‘高贵的’一词，涵括全部有教养的人所独有的优秀品质”。《论语》里，孔子的“仁”有时是作为一种全德的“仁”，有时是作为一种特殊德性的“仁”。作为特殊德性的“仁”可以被认为独立于“智”和“勇”。《论语》中更多的是关于全德的“仁”的使用，“仁”包括了智、勇、孝、忠等所有德性。陈荣捷认为：“除少数一些地方，孔子基本上将‘仁’视为全部而非特殊德性。”作为全德的“仁”使“仁”的含义发展为“使一个人真正成其为人的品质”。孔子的教育目标是培养“君子”，而成为君子的途径就是“修仁”。当被问到什么样的人可以称为“君子”时，孔子回答说：“若臧武仲之知，公绰之不欲，卞庄子之勇，冉求之艺，文之以礼乐，亦可以为成人矣”，①“君子”是知识、品德、身体、技艺全面发展的人，而且还要有符合礼的恰当的行为举止。

体育展现的自由竞争精神在中国古代体育类活动中是难觅踪影的。但是在古代的射御类体育活动中也会有结果的输赢，古人对此是如何看待的？孔子也承认举行的“射”活动中存在竞争，但是他又强调“君子”的品格要体现出不与人争的修养，这两者之间不存在矛盾吗？孔子的解释是：“君子无所争，必也射乎！揖让而升，下而饮。其争也君子。”②在“射”的竞争活动中，只要按照“礼”来完成“射”的活动，就能体现和提升人的品格修养，竞争的活动也因为有了“礼”的参与而符合“君子”的修为。孔子的学生孟子也认为，体育活动重在参与的过程，结果的成败无关紧要。他说：“有人于此，力不能胜一匹雏，则为无力人矣；今曰举百钧，则为有力人矣。然则举乌获之任，是亦为乌获而已矣。夫人岂以不胜为患哉？”③孟子的意思是：力气小到不能举起一只小鸡的人，和力气大到能举三千斤的人，例如力士乌获，他们都是人，谁会因为你力气小就责怪你哪？孟子所强调的“人”的共同基础，并不仅代表生物意义上的人，而是

---

① 论语·宪问.

② 论语·八佾.

③ 孟子·告子下.

体现了儒家一贯的对“人”的理解。孟子认为，“仁也者，人也。”①这句话的字面意思是：“成为‘仁’才是做人”，也就是说，儒家思想强调，只有“仁”才是一个人真正之为人的品质。因此，在这种思想的影响下，古人对于体育类活动并不看重竞争的输赢，只是参与。“驰者不贪最先，不恐独后。缓急调乎手，御心调乎马，虽不能必先载，马力必尽矣。”②赛车的参加者不争当最先，也不以落伍到最后为羞耻，只要能竭尽自己的力量，发挥尽马匹的能力，就算是完成任务了。“射礼”活动的主要目的也不是强身健体、交流技艺，而“是以诸侯君臣尽志于射，以习礼乐”。③这说明中国古代对体育竞赛的态度就是“重在参与，不计输赢”。

从形式层面上来看，孔子在“六艺”教育中强调的是体育娱乐活动的实用性，乐、射、御都是为实行“礼”而服务的具体工具。从精神层面上来看，孔子把“勇”的活动充进了“仁”的思想内涵：“射不主皮，为力不同科”。射箭时中的与否并不是最重要的，重要的是心中要有“仁”：“君子无所争，必也射呼！”“勇”主要是指勇敢的思想，但也包括了勇敢的行动和技能。在《论语》中，孔子讲仁、义、礼、知的篇幅很多，但也有九处讲到勇，即所谓“勇者不惧”“仁者必有勇”之说。要做到这一点，就必须具备健壮的身体，掌握当时所盛行的射、御等体育运动的技能，可见把“勇”列为体育的范畴是毋庸置疑的。据《史记》记载，子路“性鄙，好勇力，志伉直”，且敢于“陵暴孔子”，经过孔子的教育，后来才成了孔子的得意门生。孔子在回答子路“君子尚勇乎”的问题时，就这样直白地告诫他：“义之为上。君子有勇而无义为乱，小人有勇而无义为盗。”④孔子所提倡的“勇”并不是那种鲁莽之勇，而是智谋之勇：“暴虎冯河，死而无悔者，吾不与也。必也临事而惧，好谋而成者也。”⑤

“仁”虽然是至高无上的，但仅仅具备“仁”的品质还不够，还要讲求

① 孟子·尽心下.
② 淮南子·诠言训.
③ 礼记·射义.
④ 论语·阳货.
⑤ 论语·述而.

"义"。在竞技性的体育娱乐活动中，达到"仁"的境界的人，并不一定都能够懂得"义"，因而孔子公开宣称："好勇疾贫，乱也。人而不仁，疾之已甚，乱也。"①简而言之，孔子认为，争夺胜负要有一个过程，在这个过程中，既要有"仁"，也要讲"义"，至于胜负，则不是第一位的。这是儒学尚中贵和、共性至上文化内涵的一种具体体现。儒家在社会人际关系的处理上执着追求"和"，孔子说："礼之用，和为贵"，②又说："君子和而不同，小人同而不和"。③这种追求"和"的思想意识反映在体育娱乐活动中，自然也就形成了"揖让而升，下而饮。其争也君子"的以"友谊第一"为基本特征的体育参与精神。

孔子通过体育活动实践他的伦理教育思想，并由射箭这一影响巨大的体育活动推及其他的社会性体育竞技娱乐活动，孔子的体育伦理教育实践对现代的体育教育极具实践意义上的参照价值。"友谊第一，比赛第二"的中华体育精神的源头正来自孔子的体育思想，孔子通过体育活动开展的伦理教育，传承了周代的礼仪制度，这是孔子的伟大教育实践。孔子所提出的"成人"教育思想强调仁、知、勇三方面的全面发展，尤其注重通过体育活动开展有关"仁"的伦理教育。孔子的体育教育理念和实践对于今日体育教育的开展都是极有启示的。

二、西方体育传入中国早期的思想认识

1840 年鸦片战争之后，西方列强给中国带来屈辱和痛苦的同时，也使国人看到了一个和我们不同的世界，一些有识之士开始认识到为求富强必须"师夷长技以制夷"，开展洋务运动，学习西方的先进技术，包括科学技术、军事技术。1862 年以后，洋务派创办了一批新式学堂，除开设西方科学技术、文化课程外，体育作为"西艺"也成为学校开设的课程之一。据当时就读于北洋水师学堂的学生回忆，当时的体育课程"有击剑、刺

① 论语·泰伯.
② 论语·学而.
③ 论语·子路.

棍、木棒、拳击、哑铃、足球、跳栏比赛、算术比赛、三足竞走、羹匙托物竞走、跳远、跳高、爬桅等项，此外还有游泳、滑冰、平台、木马、单双杠，及爬山运动等，只是还没有篮球、网球等活动。上体育课时一班大约有 30 人左右，一般全是头三班全体出操。我们那时所学的体操最初为德国操，主要演习方城操及军事操，后来到了戊戌年间(1898 年)就改为英国操了。那时由海军调到一个船长叫曹嘉祥的和两个炮手来当我们的教练，另外还有一个英国人教我们体育。……"①洋务运动中，士大夫们在学习西方军事技术的同时，也意识到必须学习西方军队的操练技术。"西式兵操"作为提高战斗力的军事训练手段也被引入中国，尽管洋务运动为西方近代体育在中国的传播奠定了基础，但是这个时期所开展的西方体育只有形似而无神似，西方体育中所蕴含的体育伦理文化并没有被认知，这预示了中国体育在开展之初就存在理论的匮乏。

1895 年，甲午战争中装备精良的北洋水师败给日本后，中国人感受到了比鸦片战争失败更大的耻辱。士大夫们意识到仅靠学习西方的富强技术还是不够的，还改变了对邻国日本的看法。士大夫开始东游考察日本强盛的原因，去日本考察的教育界人士注意到日本的学校体操运动盛行。当时日本引进的西方体育的内容，主要是德式的体操。黄遵宪谈到日本兵制时曾说："日人之陆军也，取法于法与德。"②德国体操尤其是兵士体操带有的军国主义色彩尤其适合日本军国主义的需要。考察者认为日本在非军事的普通学校大力提倡体操，是日本兵强国胜的根本。沈翊清在他的《东游日记》中记载：

> 文部各学校与陆军学校不同，然师范学校、女子各学校均有体操，高等师范且习枪法，可见国家尚武，故风气为之一变。□□之野人曰赳赳武夫，公侯干城，即此意也。其柔道法即满州之手搏，以练

① 王恩溥.谈谈六十三年前的体育活动[A].见：中国体育史参考资料(第三辑)[C].北京：人民体育出版社，1958：121—122.

② 黄遵宪.日本杂事诗[A].见：钟叔河.走向世界丛书·日本杂事诗[M].长沙：岳麓书社，1985：652.

筋力。所唱歌阕古名人辫庆所制，为军中进兵阕，亦虽在文事，不忘武备之旨。①

士人孙诒让在为沈翊清的《东游日记》所作的序言中说：

百年以来，西国骤强，日本亦奋于东，其学堂之盛与兵力之强适相应。而吾国以不识字之将，率顽犷窳拙之卒以应之，宜不相当也。自甲午款议成后，深识之士始知兴学为自强之基，中外学堂林立，而论者不察，犹或斥为西法、新法，不知以学校治军本于周礼，乃中国两千年之古法也。②

士大夫们对于西方体育的认识从强身健体的“西艺”转向西方体育的教育价值。张之洞(1837—1909年)是晚清教育改革的关键人物，也是中国现代教育制度的奠基人。他较早提出德、智、体全面发展的教育目标，他的这个教育理念来源于日本，日本教育领域里开展的德式体操，尤其符合他想通过教育来实现的强国的梦想。他说：“考日本教育，总义以德育、智育、体育为三大端，洵可谓体用兼赅，先后有序。”③有人对《学务纲要》中规定“各学堂一体练习兵士体操以肆武事”产生异议时，张之洞专函回复称：“学堂兵操万不可少……此乃环球各国办学者第一注意之事，在中国今日学堂，尤为自强要端，似不宜删除也。”④他在多项教育法规中明文规定各种教科书“必寓军国主义”，“稍长者以兵式体操严整其纪律……以造成完全之人格”。⑤可见，当时已经有人认识到了西式体育

---

① 沈翊清.东游日记[A].见：吕长顺等编.晚清中国人日本考察记集成·教育考察记[C].杭州：杭州大学出版社，1999：143.

② 沈翊清.东游日记[A].见：吕长顺等编.晚清中国人日本考察记集成·教育考察记[C].杭州：杭州大学出版社，1999：124.

③ 张之洞.筹定学堂规模次第兴办折[A].1902.见：张文襄公全集(第五十七卷)[C].石家庄：河北人民出版社，2003.

④ 何晓明.张之洞之教育思想论.社会科学研究，1995(3).

⑤ 学部奏宣示教育宗旨折[A].1906.见：张文襄公全集(第五十七卷)[C].石家庄：河北人民出版社，2003.

的人格养成的教育价值，他们希望国人改变对于身体活动的轻视，通过推广兵式体操来实现强国的梦想。

随着西式体育在学校的开展，一些有识之士也逐渐认识到了体育与品格教育之间的关系：

> 夫达德有三，勇居其一。夫子能夺国门之杓，虽不以力闻，然及门中如子羽伐蛟，季路戮鳣，冉有用矛，樊迟逾沟，以及颜高至弓六钧，梁孺之车五乘，皆不愧明堂高远。顾平时深讳不语者，盖力学之道，会其通则可语性命之精；得其偏，则或流血气之暴。善乎管敬仲《内业》之言，曰："人能正静，皮肤宽裕，耳聪目明，筋肋（信）而骨强，乃能戴大园，而履大方，鉴于大清，视于大明，敬慎无忒，日新其得，偏知天下，穷于四极"。吾师乎！吾师乎！谓非天下材吾不信也，知斯义者，始可以语学堂之体操。①

何炯在这段文字中表达了西式体操可以培养人的"勇"的品格。另一位教育者王维泰在其《体操说》（1897）一文的开篇就阐明："体操实非西法，乃我中古习舞之遗意，而教子弟礼让之大本也。古者六艺，并习射御，所以娴揖让进退也。"②他从我国传统文化的视角，认为体操在教育中具有和中国古代"射御"一样的"礼"的教育价值：

> 弟子终日伏案，心瘁力疲，稍一放纵，辄思偃息，殊非行健不息之意，此时体操，则筋脉流动，气血条达，可以振作其精神，而免疾病，其利一也；弟子为馆束缚，劳苦厌倦，甫经闲散，踊跃超距，情不自已，为师者弈未便再加拘禁，此时体操，藉得将顺其意，匡救其恶，师若弟有亲爱之情，无扦格之苦，其利二也；子弟群居杂处，良楛不

---

① 何炯.中西体操比较说[A].利济学堂报(第三册).光绪二十三年.见：国家体委体育文史工作委员主编.中国近代体育文选[C].北京：人民体育出版社，1992：2.

② 王维泰.体操说[A].知新报(第二十九册).光绪二十三年八月初一.见：国家体委体育文史工作委员主编.中国近代体育文选[C].北京：人民体育出版社，1992：3.

> 齐，范以规矩，约束难周，示以威仪，从违不一，此时体操，则易于指挥，寓武备与文教之中，化气质于形骸之表，其利三也；且必执戎器，衣戎服，使心思有所拘，手足有所寄，而后不以儿戏为事，即平时行动举止，亦有所遵循，不敢纵肆自放于礼法之外，其利四也；且必严号令，定赏罚，使耳目有所注，功过有所分，而后渐知长幼有序，不以角力竞争为雄，心平则气和，法行则礼立，其利五也。……或者曰：弟子奔走呼叱，近于贱。不知天潢贵胄，不废骑射，泰西皇子，亦隶戎行，一人习之一身强，数人习之一家强，千万人习之则一国强，将来学有成效，方且贵之重之，庸何贱？然则今日所谓体操者，乃尚文非尚武，乃教让非教争，乃我中学六艺之纲领，经曲之权舆也。①

他认为开展体操的教育实践可以促进师生之爱、纪律约束、长幼尊卑的礼仪教育，一定程度上，他也并没有摆脱传统文化中不提倡竞争影响，依然强调体操“乃教让非教争”的性质。

三、军国时期体育与“尚武精神”的塑造

20 世纪初的近代中国是军国民思潮发展的时期，军国民思潮从兴起到衰落跨越了从清末到民初的两个历史时期。1906 年以前，军国民思潮主要兴起在民间，以 1903 年留日学生在据俄运动中成立的“军国民教育会”为发端。1906 年清政府奏定教育宗旨，把军国民教育列为学校教育的重要内容，在社会上初步掀起了军国民思潮。1914 年，第一次世界大战爆发，西方列强的军国主义思想盛行，处于被瓜分处境的中国军国民思潮再次兴起。1919 年，一战中奉行军国主义的德国战败，国内军国民思潮走也向衰落。在军国民思潮发展的这几个阶段，西方体育被大力提倡并广泛发展，究其原因主要是与军国民思潮中宣传的救国图存的“尚武精神”有关。

---

① 王维泰.体操说[A].知新报(第二十九册).光绪二十三年八月初一.见：国家体委体育文史工作委员主编.中国近代体育文选[C].北京：人民体育出版社，1992：3.

严复是中国近代史上第一个主张用教育来鼓舞民众“尚武”的人，1895年，他提出通过教育来“鼓民力、开民智、新民德”的社会进化论思想。他翻译的《天演论》在社会中传播了达尔文的“适者生存”竞争理论，他通过社会进化思想，阐发了他的“教育救国”的理念。严复分析西方国家强盛的原因时说：

> 盖生民之大要三，而强弱存亡莫不视此：一曰血气体力之强，二曰聪明智虑之强，三曰德行仁义之强，是以西洋观化言治之家，莫不以民力、民智、民德三者断民种之高下，未有三者备而生民不优，亦未有三者备而国威不奋者也。①

严复认为近代中国比西方落后，原因是人民的“体力”“精神”和“道德”三个方面都非常落后，而教育落后是导致近代中国落后的根本原因。他认为中国走向富强的根本之路在于通过教育提高国民素质，培养体育、智育和德育全面发展的人。他在论述三者的关系时，首先强调的是体育，然后才是德育和智育。严复重视体育，是因为他深受达尔文的生物进化论“物竞天择，优胜劣汰，弱肉强食，适者生存”理论的影响。他认为国力强盛和国民的体质有很大关系，他还仔细考察中西方历史上强盛的时期，认为中国强盛的希望在于鼓民力，希望国民能够摆脱传统轻视体力的看法，通过体育来实现身体的强健。严复这样说道：

> 今者论一国富强之效，而以其民之手足体力为之基，……西洋言治之家，莫不以此为最急。历考中西史传所垂，以至今世五洲五六十国之间，贫富弱强之异，莫不于此焉肇分。周之希腊，汉之罗马，唐之突厥，晚近之峨特一种，莫不以壮俊长大、耐苦善战，称雄一世。②

自严复提出“自强保种”后，尚武思潮就开始流行。哲学家李泽厚对

①② 严复.原强修订稿.严复集(第一册)[M].北京：中华书局，1986：27.

当时“尚武思潮”的涌起做了如下背景总结：

> 人们通过读《天演论》，获得了一种观察一切事物和指导自己如何生活、行动和斗争的观点、方法和态度，《天演论》给人们带来了一种对自然、生物、人类、社会以及个人等万事万物的总观点总态度，亦即新的资产阶级世界观和人生态度。晚清末年以来，中国封建社会和封建家庭加速度的瓦解崩溃，一批又一批，一代又一代的不同于封建士大夫式的新式青年学生和知识分子在迅速涌现，严复介绍过来的这种斗争、进化、自强、自主的资产阶级世界观，正好符合他们踢开封建羁绊，蔑视传统权威，锻炼身体与自然斗争（封建社会是根本不讲体育的）走进人生战场，依靠自己力量去闯出道路来的需要。①

严复算得上中国近代史上力图通过体育实现强国梦的第一人。在当时“尚武思潮”的影响下，一批批知识青年摆脱了封建传统的束缚，开始走向社会改革之路，这其中，体育成了和旧礼教斗争的标志，人们希望通过身体的解放来实现思想的解放。

戊戌变法失败后，梁启超分析变法失败的原因，发表了多篇讨论“国民性”的文章，努力唤醒国人的现代国家和国民意识。1903 年，梁启超发表其《新民说》之一《论尚武》，开宗明义阐明了“尚武精神”和国家强盛之间的关系：

> 然柔弱之文明，卒不能抵野蛮之武力。然则尚武者，国民之元气，国家所恃以成立，文明所赖以维持也。俾斯麦之言曰：天下所可恃者，非公法，黑铁而已，赤血而已，宁独公法之无所恃，立国者苟无尚武之民，铁血之主义，则虽有文明，虽有智识，虽有民众，虽有广土，必无以自立于竞争激烈之舞台。②

---

① 李泽厚.中国近代思想史论[M].上海：三联书店，2008.

② 梁启超.新民说.论尚武[A].见：梁启超全集（第三卷）[C].北京：北京出版社，1999：709.

梁启超接着又指出，中国古代存在“重文轻武”之传统，造成了国人“奄奄如病夫，冉冉如弱女，温温如菩萨，戢戢如驯羊”①的现状。他认为国人只有摆脱“病夫”之陋习，国家才能摆脱亡国之命运，才能与西方列强抗衡。因此，他感叹在优胜劣败的人类发展竞争中国人对身体强健的淡漠，呼吁国人通过体育锻炼筋骨，练习武力。他大声疾呼：“呜呼，生存竞争，优胜劣败，吾望我同胞练其筋骨，习于勇力，无奄然颓惫以坐废也!”他引用了严复的“弱肉强食，优胜劣汰”的社会达尔文竞争观，提出了强健国民体魄是增强国家竞争力的重要方面。陈天华在《国民必读》中也认为，人人有尚武精神，人人有当兵体格，否则中国没有希望。“尚武精神”的弘扬，在社会中掀起了对体育的新认识，体育初传入时，国人仅把体育视为强健体力的西艺，“尚武精神”的弘扬使人们对西式体育有了精神层面的认识。主张用体育来培育“尚武精神”的知识分子们认为，西方体育中展现的“勇敢”“守纪”是使他们能够征服世界的内在道德的力量。近代国人想通过体育把中国的忠义、仁爱、谦让等道德观也融入国民教育，于是开启了近代国人对于西式体育与“强种强国”之间的认识和再造。

在军国民时期的学校体育中，军事体操是主流，这期间颁布的几部教育法规都规定了学校要开设体育课程，所确立的课程目标除了身体素质之外，还明确写到了希望通过体育培养学生道德的目标，如 1912 年颁布的“壬子癸丑学制”，规定了各类学校都要开设体操课，各级学校体操课的“要旨”大体都规定“使身体各部分平均发育，强健体质，活泼精神，兼养成守纪律尚协同的习惯”。②民国初年，学校体育中军国民教育思想的影响还是非常突出，教育内容仍以“兵式体操”为主。这与 1912 年教育部颁布的教育宗旨“注重道德教育，以实利教育、军国民教育辅之，更以美感教育完成其道德”③是相吻合的，也与蔡元培的教育思想是分不开的。

---

① 梁启超.新民说.论尚武[A].见：梁启超全集(第三卷)[C].北京：北京出版社，1999：711.

②③ 谷世权.中国体育史[M].北京：北京体育学院出版社，1979：210.

蔡元培(1868—1940年)是近代著名教育家,曾赴德留学。民国成立后,曾历任教育总长(1912年)、北大校长(1917年)等职,他吸收了西方的全面教育思想,提出了"五育说":军国民教育、实利教育、德育、美育、世界观教育。他认为,从教育界来划分,"军国民教育为体育";他以"外抗强权、内抑军阀"为目标,强调体育的军国民主义教育作用。他认为养成完全之人格,必须体、智、德、美四育并重。谈到四者之间的关系时,他说:

> 凡德道以修己为本,而修己之道,又以体育为本,非特忠孝也。一切道德,殆皆非羸弱之人所能实行者。苟欲实践道德,宣力国家,以尽人生之天职,其必自体育始矣。且体育与智育之关系,尤为密切。西哲有言:康强之精神,必寓于康强之身体。不我欺也。①

袁世凯篡夺民国临时大总统之位后,为了复辟封建帝制,推翻了民国临时政府颁布的教育宗旨,重新提出了七项教育要旨:"爱国、尚武、崇实、法孔孟、戒贪争、戒躁进",②学校体育中军国民教育更是突出。1915年,全国教育联合会制定了《军国民教育实施方案》,提出"小学校学生宜注重作战之游戏""中等学校以上注重兵式体操,最后学年宜实行射击""管理用军事规则""师范学校及各级中等学校之体操学科时间内,宜于最后学年加授军事大要"。③但是,袁世凯提出"尚武"的出发点与蔡元培的完全不同,他并非为了抵抗外国侵略,而是为了培养忠于"中华民国"的顺民。

20世纪初期,大批体育社团建立,这些社团成立的宗旨就是提倡体育,通过体育来增强人民体质、振奋民族精神。各种地方性体育运动会纷纷举办,还召开了全国运动会。体育运动会的举办宗旨反映了当时期望通过体育强化国民"尚武"意识的目标。1905年四川省首届运动会的

---

① 谭华.体育史[M].北京:高等教育出版社,2010:199.
② 谷世权.中国体育史[M].北京:北京体育学院出版社,1979:211.
③ 谷世权.中国体育史[M].北京:北京体育学院出版社,1979:212.

举办宗旨是“养亲爱之情谊、养协同之习惯、养秩序之动作、养尚武之精神、养公德之习尚、养谦让之性情”,①1910年举行的全国运动会的大会宗旨是“借以提倡体育,振兴尚武精神,以与世界竞争优胜”。②从表面看,军国民时期社会和政府层面提倡的兵式体操,也有道德教育的目的,但是受军国民教育思想“军人之识智、军人之精神、军人之本领”的影响,其旨在塑造的是服从、忠心、守纪的“军人品格”,因其体育教育中“专制的色彩”“机械的服从”和对人的自由个性发展的限制而在后期受到广泛批判。

四、自然体育时期与国民人格教育

民国以后兴起的新文化运动,是中国历史上空前的思想解放运动,新文化运动以1915年9月创办的《青年》杂志为起点和中心阵地,以“民主与科学”为旗帜,对旧有的制度和文化进行了猛烈的抨击,这直接导致了军国民主义和西式兵操的衰落。近代教育家蒋梦麟在提交给北洋政府教育部的《教育宗旨研究案》中提出:“现在欧战之后,军国民教育不合民本主义,已为世界所公认。我国教育宗旨,亦应顺世界潮流,有所变更。”他主张应该学习英法美的人格教育,舍弃战败国德国的军国主义教育。“欧洲教育可分为两派,曰条顿派,注重军国民主义,德国是也。曰盎格鲁撒逊派,注重人格主义,英国是也。美国教育为人格主义所推衍,故能产生共和精神。法国自共和成立以来,国中主持教育者极力发挥共和精神,国基因以巩固。吾国以共和政体应世界潮流,当采英法美三国之长。”③

兵式体操的道德作用也因此受到了批判和否定:“或谓兵操能使人有服从自治之美德,故学校有兵操,能使全校有一致之精神,颇有教育之价值,此乃似是而非之论也。吾人皆知兵士于长官监视之下,十分服从

① 四川省第一次运动会章程[A].四川学报(第十九册).光绪三十一年.见:成都体育学院体育史研究所编.中国近代体育史资料[C].成都:四川人民出版社,1988:432.

② 谭华.体育史[M].北京:高等教育出版社,2010:268.

③ 朱有瓛.中国近代学制史料(第三辑上册)[M].上海:华东师范大学出版社,1983:106.

有序，一旦失少所畏，则无所不为，且兵操消灭教育家所畏视为重要之自启心，果何教育之价值乎？”①这种观点认为，兵操训练仅仅强调被动地服从规则，并不能培养出自觉遵守规则的道德意识。

兵操旨在培养“军人品格”的教育目标也受到批判，有人说：“兵有兵的‘精神教育’；我说兵的精神教育，也不出做人的范围；能做人的，大概没有不能当兵的，倒是现在当兵的，不见得个个能够做人。”②此种观点批判的是学校开展兵操的军事主义目的，体育被功利化，成为培养“士兵”的手段，而不注重体育对人的全面发展的作用。服务于“军事主义目的”的学校体育对人的精神、对国家不仅不利反而有害：“夫一国之生存，非仅赖兵，实赖其有道德与良好教育之国民也。若兵操者，仅种人心以杀戮之菌耳。吾国年来所受之兵灾，与此空前之欧战，皆此精神之为祟；是将扑灭之不暇，乃从而培植乎？”在这些批判声中，兵士体操走向衰落，很多学校都逐渐减少或取消了兵操课，增加了英美的竞技体育活动。随着英美体育的开展，一种新的体育思想也进入了我国的体育教育中。

1919 年，美国哲学家杜威受邀来华进行了长达两年之久的讲学，杜威的进步主义教育思想是对中国现代教育影响最深的。西方现代体育的代表人物伍德、威廉姆斯等，在杜威教育理论的基础上结合西方自然教育思想，形成了新自然体育思想。威廉姆斯认为：“体育完全不应当是为了健康的目的而组织的。它是一个教育活动。将体育课程说成是‘身体的福利工作’说明，这里缺乏对获得健康以及体育的教育价值的正确评价。”③他反对单纯为了健体开展体育活动，也反对军国主义色彩的体育教育。自然体育思想提倡的是身心一统的教育理念，认为体育真正的教育价值是对人的培养，不仅包括身体更指向精神，只有身心和谐发展的人才是全面发展的人。体育的教育价值体现在通过身体活动来完成培育社会价值的任务：“体育是以身体大肌肉活动和适当的环境为工具，

① 江孝贤.学校应否废止兵操[A].长沙体育周报，46(9).见：国家体委体育文史工作委员主编.中国近代体育文选[C].北京：人民体育出版社，1992：55.

② 黄醒.学校应否废止兵操？[A].长沙体育周报，46 期.见：国家体委体育文史工作委员主编.中国近代体育文选[C].北京：人民体育出版社，1992：48.

③ 马廉祯，耶西・F.威廉姆斯研究[J].体育文化导刊，2007(1)：75—79.

而实现教育目的的一种教育活动”，“我们不是锻炼肌肉以增强他们的力量，而是通过身体的运动来教育人，附带增强他们的肌肉力量，其目的是培养一个社会中的人，而不是他的肌肉”。①

中国近代留美归国的体育教育家吴蕴瑞、袁敦礼、方万邦、马约翰等，留美期间深受美国自然体育思想影响，归国后在中国积极传播自然体育思想。他们的思想极大地影响了五四时期中国学校体育的发展。自然体育思想成了批判军国民教育和兵式体操的主要理论依据。

袁敦礼抨击体育仅服务于身体锻炼的观点，认为“吾人既知身心非二体，则体育之功用仅仅为增加体力，强壮体格，矫正身体缺陷之观念，其不合理已不待言，故不容不将以往各国所提倡之人造动作加以深切之检讨与考虑也”，并认为“身心二分”的认识是导致当时中国体育乱象的主要原因。②

方万邦批评当时体育教育的军事目的，是对人身心和谐发展的极大损害，体育教育应以民族复兴为目的：“就实际上论，目前教育宗旨首在民族复兴，与其体育以军事化为目的，不如以复兴民族为目的，因为复兴民族是需要各个国民有健全的身体，健全的精神和健全的人格，体育就是造就这样的国民的良好工具。”③方万邦认为体育的本质是教育，应该注重体育对学生的“个性培养”，注重通过体育进行“社会化教育”。他说：“培养普遍的态度，这点对于道德行为的训练非常重要，各种运动，尤其在竞赛运动，有极大的价值，例如合作、团结、勇敢、侠义、进取、自治、公正、诚实、毅力、谦逊、互助、忠心、同情等，都是现代中国社会所需要的道德行为标准。”④

---

① J. F. Williams. The Principles of Physical Education[M]. W. B. Saunders Company, 1938:282.

② 袁敦礼.身心关系与体育[A].体育季刊，第一卷第一期.1933(1).见：国家体委体育文史工作委员主编.中国近代体育文选[C].北京：人民体育出版社，1992:208.

③ 方万邦.我国现行体育之十大问题及其解决途径[A].教育杂志，第二十五卷第三号.1935(3).见：国家体委体育文史工作委员主编.中国近代体育文选[C].北京：人民体育出版社，1992:248.

④ 方万邦.我国现行体育之十大问题及其解决途径[A].教育杂志，第二十五卷第三号.1935(3).见：国家体委体育文史工作委员主编.中国近代体育文选[C].北京：人民体育出版社，1992:245，255.

自然体育学派提出的体育的“人格教育”模式，非常符合当时国人心中的中国传统的文教思路。在 20 世纪 20—30 年代的体育实践中，主张体育是教育的自然主义体育思想占据主流。1922 年北洋政府颁布的“壬戌学制”，将学制改为美国式的“六三三”分段的单轨学制（小学 6 年，初中、高中各 3 年），把学校的“体操课”改名为“体育课”，体育课主要以田径、球类、体操、游戏等为主，兵操在学校体育中被废止。“壬戌学制”确立了学校体育的教育目标：“发达儿童身体内外各器官功能，以谋全身适当发展；顺应儿童爱好活动本性，发展其运动技能；培养儿童成为敏捷、勇敢、耐苦、诚实、公正、快乐、守法、合作、互助爱国的公民，以作复兴民族、御侮抗敌的准备。”1928 年南京国民政府颁布“戊辰学制”，之后又进行了 5 次课程标准修订。1929 年的“暂行课程标准”设定体育课的道德教育目标是：小学“培养勇敢、敏捷、忍耐、诚实、公正等个人品德，并牺牲、服务、和谐互助等团体精神”；初中“养成服从、耐劳、自治、勇敢、团结、互助、守纪律诸德行”。1932 年的“正式课程标准”设定体育课的道德教育目标是：小学“培养勇敢、敏捷、忍耐、诚实、公正、快活的个人品德，并牺牲、服务、和谐互助等团体精神”；初中“从团体运动中培养服从、耐劳、自治、勇敢、团结、互助、守纪律及其他公民道德”。1936 年的“修正课程标准”设定体育课的道德教育目标是：小学“培养勇敢、敏捷、忍耐、诚实、公正、快活、牺牲、服务、守法、合作、互助、爱国的公民道德，以作复兴民族御侮抗敌准备”；初中“注重团体运动以培养服从、耐劳、自治、忠勇、合作、守纪律及其他公民道德”。①

1920—1937 年间的学校体育的教育目标都出现了品格教育内容，除了“戊辰学制”时期，蒋介石国民政府强调公民的“服从”“忠勇”的道德，仍带有军国民主义色彩。其他的“勇敢、诚实、公正、合作”的品格都体现了自然体育教育思想的“人格教育”的特点。但是当时学校中真正理解自然体育思想和西方体育传统的体育教师并不多，教师们对于英美体育的教育方式只能从肤浅层面理解“个性教育”，采用了单纯顺应学生“兴

① 苏竞存.中国近代学校体育史[M].北京：人民教育出版社，1994：206.

趣”和“喜好”的“放羊式”教学模式。这不但无法实现体育对于学生的品格养成的作用，还造成了一些负面影响：“现在的学生对于体育课浪漫成性，而施教者也无训练目标。故不但学生浪漫自由成性，即连体育教师的精神，也有多半颓唐不振的。……试观目前学生上体育课如何，衣服不整齐，队伍散乱，喧哗如酒肆，不遵教师命令，甚至视教师不如同学。见教师如不见，藐视礼节，莫为此甚。”①学生自由散漫，无视尊长，学生和老师都没有真正地理解体育中所蕴含的自由精神的真正内涵，这是对西方体育文化传统理解不够产生的负面后果。

20 世纪 20—30 年代也是近代中国竞技体育广泛开展的时期，是时我国多次举办全国运动会，还走出国门参与了远东运动会和奥运会。近代中国竞技运动的发展主要受英美体育的影响。英美竞技的最主要特点是强调规则下的公平竞争。由于近代中国不存在英美体育产生的社会与文化条件，因此对于竞技体育的“公平竞争”也是依照自己的理解来开展的。1932 年中国第一次参加在洛杉矶举行的奥林匹克运动会，尽管只有一名参赛队员刘长春，当时的领队沈嗣良仍发表了热情洋溢的讲话：

> 当第十届世界运动会在洛杉矶举行的时候，会场里破天荒第一遭的忽然发现了大中华民国的国旗，和参加的代表，这是何等足以使全世界注意惊奇而称道的一件事！更是何等足以使国人欣慰自豪而兴奋的一件事！……此次我们孤孤单单地派去了一个大人，无非是要表示我们的精神，而美国和其他参加国所以热烈地欢迎我们这一个孤孤单单的代表，也就是要表示他们重视这精神的意思。况且这番我国的参加，使中华民国的国旗在会场中占着一个地位，确乎鼓起大会无限的精神，同时也使全世界注意到老大的中国，还保存着少年的精神，要在运动界里与列强角逐，绝没有自弃的观念，和

① 程登科.读方万邦先生“我国现行体育十大问题及其解决途径”中所持对体育军事化不切实用的检讨[A].体育季刊，第一卷第三期.1935(7).见：国家体委体育文史工作委员主编.中国近代体育文选[C].北京：人民体育出版社，1992：262—263.

任人宰割的可能。①

这段话体现了近代国人对于竞技体育的认识，他们认为参与奥运会的体育竞争主要是为了展现中国人和国家的形象。在这种目标的指引下，体育易被视为个人获得名利、国家获得国际影响力的工具，这种对于体育竞争的功利主义的认识，并不符合奥运会所弘扬的奥林匹克精神。这种“锦标主义”的体育造成近代中国竞技体育的发展最突出的问题就是，组织者不研究体育的真义，只是用体育来增光添彩，运动员缺乏运动家品格，赛场秩序混乱。《第五届全国运动会总报告》中记录了当时赛场的状况：“选手为争夺锦标，或采取不正当手段，甚至发生斗殴，殊有背竞赛道德……观众不守纪律，几无日不发生纠纷。”②赛场秩序混乱成为近代中国体育赛会司空见惯、屡禁不止的一种现象，究其原因，是对于体育之目的缺乏真正的理解，仅是出于实用主义的目的选择开展西式体育。尽管具有了欧美体育的形式，但是因为缺乏体育精神的内在支撑，近代体育的发展仍然背离了体育的真义。当时有人对近代体育的乱象发出感叹：“陶冶品性，修身人格，欧美体育，莫不以之为首要目的，正与吾国‘揖让而升，下而饮，其争也君子’之义吻合。今也不然，运动场上，无时无争，无处不闹，甚至因运动事故，攻击教员者有之，发生风潮者有之，长此以往，运动非但不足以培养道德，并可以败坏人格。”可见，体育的发展如果偏离了体育的内在目的，就会使体育走上畸形发展的道路。

纵观中西的体育与道德相关联的发展历程，可以看出，今之体育的源头在西方，更确切地说是古希腊，所以要想真正地认识体育精神的源头，“言必称希腊”。黑格尔说“古希腊是人类文明的摇篮”，马克思说“古希腊是人类的童年”，古希腊的大型体育赛会使它的文明通过体育的传播而绵延不绝，体育也因为在那里生成，所以天然地带有了古希腊文化

① 沈嗣良.第十届世界运动会和初次参加的我国[A].体育研究和通讯，第一卷第一期.1933(5).见：成都体育学院体育史研究所编.中国近代体育史资料[C].成都：四川教育出版社，1988：559—560.

② 谷世权.中国体育史[M].北京：北京体育学院出版社，1981：379.

的特质。

1840 年之后，随着西方列强的入侵，中国也在非常被动的状态下接受了西式体育，并自觉或不自觉地以中国人的传统思想来认识和发展体育。中国人的体育观形成的前提，既有传统“重文轻体”思想的影响，也有现实“强种强国”需求的影响。面对完全陌生的西式体育，我们只是在形式上接纳，对于体育的精神则进行了中国式的注解：体育是“国力的象征”、体育是“强种强国的需要”。

在对于国内有关体育与品格教育相关联的发展历史的梳理中，我们发现一个非常突出的问题：在大部分的历史阶段中，体育都被视为可以塑造国民性或陶冶品格的一种途径或工具。这种对于体育与品格发展关系功利性的认识是否正确？对于这个问题，国内理论界尚缺乏深入的理论研究。在这样的功利主义思想下，国内的体育一味地追求奖牌、名次，似乎这些就代表了体育竞争的全部。这不但是对于西方体育传统精神的狭隘认识，而且违背了中国传统体育的精神。今天，体育愈发地蓬勃发展，俨然已经变成了一种全球文化现象。体育本身的意义更需要被正确认知，才有可能保证体育自身的健康发展和人类社会的幸福。对于体育的本质认识，学界已经从很多角度进行了探讨，因为探讨的角度不同，所得出的认识也不同。以上对体育与品格教育的历史关联的追根溯源，显现了一个问题：体育自身的发展历史和教育始终保持着紧密的联系。然而，体育是一种怎样的教育活动，它是如何影响品格发展的？对这一系列问题的讨论一直以来都没有形成共识，这在一定程度上阻碍了体育教育价值的实现，也影响了体育本身的正常发展。

第三章　体育与品格教育关系的理论联系

通过追溯体育与品格教育历史的演进和发展过程，可以发现两者之间的关系紧密。随着体育的发展，体育运动可以塑造品格的看法也已为人所熟悉，然而对于两者关系的争论却从未停止。有观点认为参与体育能培养好的品格，如忠诚、合作、勇气、决心、毅力、自控力等。但是也有观点激烈地批判体育中存在的种种道德堕落的现象，认为体育对于品格教育的影响是消极的。也存在一些犹疑的看法，认为体育中所表现出的一些好的品格的获得并不限于在体育中，有时，体育塑造的这些品格也并不是道德的品质。例如，体育中的不文明行为表面上也展现了一些类似的品质，但是没有人会说这类行为是道德的。面对这些争议，我们真的能说参与体育运动能培养品格吗？体育这种人类实践活动与参与者品格的发展之间存在逻辑关联吗？本章将在德性理论的基础上对体育与品格教育的理论关联做进一步的分析。

第一节　品格发展的理论认识

品格是与美德有关的个人特质，品格内在地与美德紧密相连。品格教育培养人的美德品格，使人既具备美德智慧，又能在实际行动中展现出美德。在积极推动体育中的品格教育开展之前，我们有必要了解品格是如何发展的，对品格发展理论的掌握是有效开展品格教育的基石。

一、品格形成的要素

康德认为，品格的发展不是一个被动的过程，而是一个自主的和有目的的过程。品格体现了人的自我的内在品质，但是这种品质并不是人天生具有的，而是经由习惯养成的道德行为定势，这种定势必须经由不断的实践塑造。在个人的道德实践中，外在的道德规范被主体认知和亲身体验，经由内化的复杂过程，最终形成自觉践行道德的习惯行为。此时，主体达到了一个知、情、意统一的稳定的道德状态，主体内在具备了知善的认知能力、倾善的情感体验和向善的意志，经由外在实践行为表现出的就是德行，内在的德性和外在的德行共同体现了人的品格。

（一）习惯是品格形成的行为要素

亚里士多德把人的德性归属于人的品质而不是性情和能力。他把人的品质又分为好的和恶的，因此他事实上就把品质进行了区分：值得称赞的德性品质和不值得称赞的恶的品质。在对“德性”做出解释时，可以非常清楚地看出，他所说“德性”其实就是品质的一种，他认为德性是实现人的功能和活动的好的品质。①在亚里士多德这里，德性的使用和我们的品格教育中要培养的德性品格是同义的。亚里士多德认为人的德性是经由实践而形成的习惯。德性的积淀就表现为品格。他认为品格一旦形成就具有稳定性，这是习惯使然。经由习惯养成的德性积淀为品格，就成了一个人稳定的个性状态。

（二）实践智慧是品格形成的内在要素

好的品格外在表现出的德性行为，用亚里士多德的描述就是：以恰当的方式、正当的理由处事的智慧。在经由实践培养德性习惯的过程中，“实践智慧”是保证德性品格获得的必需。“实践智慧”使行动者在经由慎思和抉择后，做出正确的“做什么”的决定。J.德里弗对于实践智慧

① 亚里士多德.尼各马可伦理学[M].廖申白，译.北京：商务印书馆，2003：1106a15－22.

与道德德性的关系，认为“道德德性是一个正确的认知，在特定情况下如何正确行为的意识，然后根据的意识去行动。没有这样实践智慧能力的人并不能真正拥有美德——他可能会有一些不完整的品格，或者是‘自然’的美德，而不是一个真正的，严格来说，完美的品德”。①实践智慧是德性品格获得的必要条件，品格是连接行为者与他的行为和态度之间的纽带，实践智慧就蕴含在这种连接中。当身处某种情境中时，没有一种知识能够准确地告诉我们如何行动是正当的，只有实践智慧能指示人们做出正确的行为，因为实践智慧本身就是正确行动的标准。行动者运用实践智慧，觉察到特定情境中相关的道德内容，并根据觉察的知识，出于正当的理由和恰当的方式做出正确的行为，最终体现的就是个人的品格。实践智慧的获得不是简单的理论学习，它既需要向他人学习，也需要自己的思考和理解。实践智慧一旦习得，就成为品格的内在部分，并经由品格外显出来。

（三）道德情感是品格形成的情感要素

品格与行为和性情有关，但由于每种性情和每种行为都伴随着情感，所以品格也与情感有关。由品格引发行动时，会有情感体验。“作为品质的一种表征，我们必须考察与行为连在一起的快乐和痛苦。”②伦理德性与苦乐有关，我们会因快乐而行可耻之事，因痛苦而搁下善事而不做。所以柏拉图才说，我们必须从小就培养起对该享乐的感到快乐，对不该享乐的感到痛苦。如果人追求了不该追求的，回避了不该回避的苦乐，表现出的就是恶的品格；在适当的时间，以适当的方式追求了该追求的，逃避了该逃避的苦乐时，表现出的就是德性品格。所以，亚里士多德认为“德性与苦乐相关；这既是德性形成和发育的原因，也是他毁败的原因”。③具有伦理德性的人，在履行了德性时会有愉快的情感体验，在做了不当的事情时会有不快的情感体验。德性需要特定的行动与特定的情

① Julia Driver. Ethics: The Fundamentals. Blackwell Publishing, 2007:143.转引自：高国希.德性的结构[J].道德与文明，2008(3).

② 亚里士多德.尼各马可伦理学[M].廖申白，译.北京：商务印书馆，2003:1104b5.

③ 亚里士多德.尼各马可伦理学[M].廖申白，译.北京：商务印书馆，2003:1105a15.

感反应，正确的情感体验会促使人做出德性行为。根据亚里士多德的观点，对行动感到非常快乐或满意，是德性所必需的。就连义务论者康德也认识到人们被快乐所驱动时，更易于做出正确的行为。①

亚里士多德认为，德性必须要有选择，而情感不涉及选择，因此，德性不是情感。但是快乐是履行德性的一个副产品，发现是什么引起了一个人的快乐，就可以解释这个人的品格。亚里士多德的德性伦理学将快乐和德性联系了起来，认为“德性无论在哪里都是与苦乐相关的最佳行为品质，恶则相反”。②这也就意味着，人的德性品质拥有特定的情感倾向，特定的情感和行为倾向是行动者做出德性行为的前提。这里的特定指的是不要过度和不及，是一种中庸的状态。例如，通过节制感官享乐，我们变得节制了，而我们变得节制了，我们就最有力量保持快乐。为什么节制享乐的内心欲望，我们还会感到快乐？亚里士多德的回答是，这符合人们追求的本性：“有三类东西是我们自愿追求的，善、有益的东西和令人快适的东西”，而且他认为对于这些追求对象，只有具有德性的人才能命中正确的东西，而没有德性的人则不能。由此可见，具有德性品格的人能以正当的方式感受苦乐，因此他就能追求最能给人带来情感满足的、值得追求的对象，这种追求行为无疑能带来快乐，甚至虽苦尤乐。品格不仅与做出正确的行动有关，也与行动者拥有的正确的情感有关。

（四）道德判断是品格形成的理智要素

品格是为某些理由而行动的性情、禀性，品格需要正确的情感，也需要理智能力，将品格与正确的感知连接起来。因而品格是通过行动者的实践理性而起作用的。哲学界认为，理性就是人类的决定能力，它由做出选择而形成，并在做出未来的选择中运用。品格就是性情气质和实践理性积淀而成的一种稳定的个性。亚里士多德把德性分为理智德性和伦理德性，理智德性本身就显示了人类卓越的理性活动，亚里士多德认

---

① Alasdair MacIntyre. After Virtue[M]. Indiana：Notre Dame University Press, 1981：149.

② 亚里士多德.尼各马可伦理学[M].廖申白，译.北京：商务印书馆，2003：1104b25.

为品质是关联人的行为举止正当或不正当的东西。既然他认为人的灵魂现象由性情、能力和品格构成，凭什么就认定是品质决定并影响了人的行为表现？亚里士多德进一步分析道："性情非德也非恶，首先，我们不是因为性情被称作好人或坏人。……其次，我们发怒或陷于恐惧不是出于自己事先的决断，反之道德行为是自我决断的行为，或者至少是与这种行为不可分的行为。"①

(五) 道德意志是品格形成的意志要素

品格是在对现实生活体认的基础上做出的主动抉择，体现的是人对于善的坚定追求。正如康德所认为的，德性体现的是人的道德力量。人作为一种自然存在物，天然地具有动物的倾向，我们需要时刻与自然的冲动做斗争，品格的培养就显得非常必须。人的品格体现了人的人格，体现了人对自己的理性约束。品格形成的过程绝不是轻松的，真正的品格需要人为了正当的理由做正当的事，内心也没有不情愿的反抗。康德描述了人完成这一过程的艰难，他认为品格的形成不是一蹴而就的，而是需要持续和长期的自我塑造，以坚定地追求理性和道德原则为目标。他对"拥有品格"这样描绘：依据原则、有规律的行动。他认为品格特质与其他特质的区别是，前者是个人决定显示的一些行为，后者有时是社会压力或强烈的诱惑驱使他做出的行为。拥有品格的个人能依照自己的意志一直做自己认为对的事，即使面临困难或受到其他因素的影响。按照康德的观点，"品格不仅描绘了人，而且道德上颂扬了人。人因为拥有了道德而变得更好，重要的是，关心自己的道德发展"。②

面对生活中无处不在的考验、诱惑和艰难，仅有对道德原则的认识是起不到约束作用的，道德认知也不会自觉自愿地转化为行为。人必须意识到，德性是人之为人的基础，如果缺乏了德性，人和禽兽几乎没有分别，是品格提升了人的尊严。在中国古人看来，"仁义"的道德品格是人与禽兽的关键界分。人持有了德性并且能在适当的时候做出德性的行为，这个过程既需要实践智慧、情感、理智能力，也需要下定决心的意志。

---

① 高国希.现代性与公民品德[J].上海财经大学学报，2013(3).

② 康德.康德著作全集(第7卷)[M].北京：中国人民大学出版社，2008：320.

德性(virtus)拉丁文的本义就包含勇气、力量和坚定不移的意思。

从以上对于品格形成的要素分析,我们可以看出,品格是知、情、意的完整统一体。品格不能被定义为“行动履行的清单,与个人行为相关的道德原则描述”,品格是和人的德性相关的品质。具有德性品格的人能依据理智做出独立的选择和判断,具有意志力,并能依据情境的需要将想法付诸实践。具有德性品格的人能依据理性的和适当情感的道德原则做出判断,他们尊重并平等地关心他人,必要时,以勇敢的、负责的和恰当的方式行事,表现出相应的德行,这些德行都显示了个人的公正、尊重、诚实、勇敢的品格。

二、品格发展的动态过程

品格的形成和发展是一个长期而复杂的过程,既不是个体被动、单向性接受外界影响和灌输的结果,也非脱离外部环境影响的个人自成,而是在个体与外部环境相互作用的过程中实现的。品格教育的关键在于提高个体的道德认知水平、健全个体的道德情感和道德意志、培育良好的道德行为习惯。品格教育的主要内容包括从知、情、意三个层面培养人内在的美德,即培育人的道德认知、道德情感和道德意志,并通过外在情境塑造人的外在德行。

(一) 德性体系的知、情、意结构关系

品格的内在表现是德性,德性的形成包括道德认知、道德情感和道德意志三个层次的过程。德性的整体性表现为主体对于善的认知、对善的正向情感和行善行的意愿,亚里士多德认为“人的善就是灵魂合乎德性的活动”。①道德认知是个体对于善的理解和认识,道德情感是个体对善的内心感受,道德意志是个体向善的精神力量。道德认知是道德情感和道德意志产生的必要条件,道德情感是道德认知和道德意志的内部动力。没有认知就不可能有道德情感和道德意志,没有切身的道德体验所

① 亚里士多德.尼各马可伦理学[M].邓安庆,译.北京:人民出版社,2010:1098a15.

带来的道德情感，个体的道德认知也许只能停留在字面理解水平，道德情感还可以催生强烈的道德意志。对于道德规范的认知只有建立在正向的道德情感和坚定的道德意志之上才能构成完整的德性。德性中的知、情、意各要素之间是相互联系、相互制约的辩证关系，这构成了品格培育的第一层复杂关系。

（二）德行与德性的复杂关系

德性的知、情、意是个体德行的内在基础，德行是内在德性的外在确证。德行顾名思义就是“非但德，而且行”，个人的品格就是由德性支配下的具体的德行所证实和展现的。德行与德性之间是相互依存、相互促进的关系。德行反映人的内在德性，德行会促生并刻画人的内在德性，德性是德行的内在精神和行为的保证。德性向德行的过渡过程就是实践。

德行源自德性又受主体所处的外部环境影响。从德行的发生看，德性一旦形成就必须要通由外在的实践来展现，就表现为德行。德行的产生一方面是受德性的召唤，受德性主体的道德动机、道德选择和道德意志的影响，另一方面，德行也受德性之外的外部环境因素影响，如社会舆论、历史文化传统和道德氛围等。德行与德性并不总是一致的，造成这种矛盾的主要原因是：德性是道德主体的一种自律意识和内在精神品质，德行以德性为基础，还受到社会情境与价值考量等因素的影响。德行的形成必须经由实践，而且实践智慧是德行的培养关键。品格教育必须从多方面、多角度来对道德主体进行引导，采用多种方法来提升内在德性，通过多种途径来塑造外在德行，实现知行合一。

三、品格教育是否必须

要回答关于品格教育是否必须的问题，首先必须弄清楚“人性”和“道德”的关系问题，因为品格教育中所涉及的道德意识、道德情感、道德行为等都离不开对于“道德与人性”的关系根本认识。

（一）对人性的认识

自古以来皆有对人性的探讨，在西方，人性是与人的本质同构的，

“从古希腊的本质主义开始，在哲学传统中人们普遍认为有一种人类的本质，它由一个或更多的性质组成，它们决定了什么是人以及什么将人与其他动物区别开来。关于什么性质构成了人类本质有不同的说法，由此而导致了有关我们应该如何生活的不同观点”。①柏拉图和亚里士多德认为人类本质上是理性动物；西塞罗和塞涅卡把人性作为道德和美学的理念或生活方式看待。以后的思想家几乎继承了这种认识思路，把人性与人的本质视为一体，并将其作为人与动物的根本区别。历史上，对于人性的本质的认识大致分为三种：理性动物、政治动物和社会动物。

所谓理性动物，是指人类具有理性，有自己的设想、目标、追求和选择。人不会像动物一样完全顺从自然的安排，人会千方百计按照自己的想法去改变世界。把人看成是理性动物，在西方思想家中是最为普遍的认识。从古希腊罗马时期的柏拉图、亚里士多德、西塞罗，到中世纪的阿奎那，一直到近代的笛卡尔、康德，无不如此。西塞罗说：“人与动物之间最明显的差别……人因为天生具有理性，他凭借理性可以知道事物的关系，看到万物的原因，理解原因和结果的相互性质，作出类推，因而很容易审视其一生的整个过程，为生活的行动作必要的准备。”阿奎那说：“人有理性和手，他能够用它们为自己制造武器和衣服，以及种类无限丰富的其他生活必需品。……能够存想无限多的事物，为自己制造无限多的工具。”笛卡尔说：人“能够使用真正的语言，即是说，能够用声音或其他符号向我们表示，只与思想有关的任何东西，而不是单单的情绪；因为语言是隐藏于身体中的思想之存在的唯一符号”。②然而，把人归结为理性动物也有缺陷，因为人们通常把理性理解为清醒的意识、逻辑、理智等，讲人是理性的动物，似乎就是说人在任何时候、任何场合都以自觉的、推理的、算计的状态行动着。其实，人不仅有理性、理智，还具有丰富的情感和意志，有时人的情感的表达和迸发未必都是理智的，即使是理智的

① 布宁，等.西方哲学英汉对照词典[M].北京：人民出版社，2001：448.

② 艾德勒，等.西方思想宝库[M].西方思想宝库编委会译编.长春：吉林人民出版社，1988：11—17.

行为也未必是善的行为；而人的理性思索也未必会导致人的行动，他需要依靠意志力的发动。知未必是行，思也未必能行；反之，行未必知，行也未必是三思之后的行。

人是政治性的动物，这一观点是亚里士多德提出的："没有人会选择孤立状况的整个世界，因为人是政治生物，他的本性要求与他人一起生活。"①古希腊时代，人是在城邦之类的有限共同体内生活，这种共同体生活包含了共同治理的生活方式和共同的价值理念（如法治、德性等），这是特定共同体的人性概括，很难说具有普遍性。另一方面，人类的生活是多方面的，至少经济的、家庭的生活是其最基本的生活内容，简单的政治生活很难囊括人们生活的全部。

人是社会性的动物，这一定义从某种意义上表达了人类的本质，但必须对"社会性"予以充分的说明，如果仅仅是指群居生活和某些分工协作之类的特征，那么，很难与其他动物做出本质的区分。蜜蜂、蚂蚁、大雁以及许多种动物都具有类似的特性，因而不能简单地如此概括人的本质。从一定意义上来看，人类的社会性必须与理性等特征结合起来，才能真正揭示人类的本质。正如卡西尔所说："社会性本身并不是人们唯一特性，它也不是人独有的特权己在，所谓的动物社会中，在蜜蜂和蚂蚁中间，我们都可以看到明确的劳动分工和极其复杂的社会组织。但是在人这里，我们所看到的不仅是像动物中的那种行动的社会，而且也有一个思想和情感的社会。"②

除此之外，还有两种说法很值得注意，一种认为人是德性的物种，人之为人，是因为有道德。这是康德等思想家的说法。当然，康德是从理性人的角度予以衍生和阐述的。康德认为，人具有理性，除了有助于一般的生活外，还具有更高的目的和使命，即成为有道德的人。他说："人们是为了另外的更高的理想而生存，理性所固有的使命就是实现这一理

---

① 艾德勒，等.西方思想宝库[M].西方思想宝库编委会译编.长春：吉林人民出版社，1988：10.

② 卡西尔.人论[M].甘阳，译.北京：西苑出版社，2003：223.

想，而不是幸福。”①康德的理性不等同于人们通常理解的理性，即知性层面的理性，而是融合了知性、情感、意志的理性。可见，康德讲人的理性、道德性时，已经把人性和道德紧密地结合在一起了。

再有一种说法认为人是精神性的存在物，德国生命哲学家奥伊肯指出："人是精神的存在，他在精神界的成员资格给了他一种独一无二的地位。"②精神性的存在物揭示了如下四个方面人的特性：

首先，人与其他动物的根本区别在于，人在日益提高的物质生活过程中，创造和享有着日益丰富的精神生活。人类不会仅仅满足于物质的享受，而是无止境地追求物质与精神相平衡的生活。

其次，精神生活意味着人的知、情、意的一致以及追求真、善、美价值的生活。精神生活不纯粹是认知、思维活动，还是道德情感和意志选择的生活；精神生活也不是聊胜于无的精神排遣，而是有真理、良善、审美等崇高情趣追求的精神活动。

第三，从根本意义上讲，人的活动都是精神支配下的活动(不管是有意识还是无意识的)，物质生产活动也不例外。人的活动总是蕴涵着一定的创造性，创造性只有人类才具有。

第四，唯有精神性的活动才体现出人类的生存意义，唯有精神性的反思才体现出人类生活的价值。人不能脱离自然，不能违背自然规律。但人可以在精神层面上超越自然，可以在遵从自然规律的前提下自由地创造。人不是神，而是与其他动物一样，只能落脚在自然物质世界中；人因其精神性的活动又能超越自然的束缚，所以，人又不同于其他动物。

马克思对人性、人的本质的论述非常深刻，他在《1844 年经济学哲学手稿》中指出："生产生活就是类生活。这是产生生命的生活。一个种的整体特性、种的类特性就在于生命活动的性质，而自由的有意识的活动恰恰就是人的类特性。"③人性也就是人的类本质。所谓人有意识，即自

---

① 康德.道德形而上学原理[M].苗力田，译.上海：上海人民出版社，1986：45.

② 奥伊肯.生活的意义和价值.万以，译.上海：上海译文出版社，2005：56—57.

③ 马克思.1844 年经济学哲学手稿[M].北京：人民出版社，2000：57.

觉，它使人“自己的生命活动本身变成自己的意志的和自己意识的对象”；所谓自由，则是在于自觉的缘故，人才会按自己内在需要的尺度去支配自己的活动，进行生产，运用于对象。显然，人类自由自觉的活动特性是与其他动物的根本区别。马克思认为，正是人类具有这样的本质属性，因此需要“以一种全面的方式，就是说，作为一个总体的人，占有自己的全面的本质”。①

马克思对于人性及人的本质的阐述可以概括为以下四点：1.人性、人的本质体现在人的生命活动之中。2.人的生命活动在一定意义上就是自由自觉的实践活动。3.自由自觉的活动是知、情、意统一的活动，蕴涵着人的能动性、创造性和生命力。4.人应该尽可能地发展、完善自己的人性，使自己成为一个有生命力的完整的人。马克思关于人性、人的本质理论，既涉及人的理性，又包括了人的自由；既注重了人的社会性（特别是社会关系），又强调了人的实践活动。

从上述思想家们关于人性的各种简略的论述中，可以认识到，正是因为人具有与其他动物根本不同的特性，即人类的理性、社会性、精神性和自由自觉的特性，以及这些特性所天然具有的趋善倾向和完善自身的能力，才使人类的道德意识和道德行为成为可能。

（二）人的道德生活之必要

人类之所以出现道德现象，存在道德生活，和人性密不可分。人类作为社会性的动物，必须在社会实践活动中才能生存与发展。道德则随着人类实践活动的发展而形成，最初是以风俗、习惯的方式存在与表现，后来逐渐成为人有意识制定的社会规范。在社会规范形成过程中，必然会有相应的道德品性（德性）与情感生成，因为如果仅有外在的规范，没有人的道德品性的养成和情感的孕育，人类社会秩序不可能长久维系，人与人之间也不会有相互信赖与合作的基础。唯有在社会共同体中共同生活的成员逐渐都成为道德主体，以符合和推进共同体的生活方式生活、实践时，道德生活才实际构成，人类的道德意识才会随之滋长，道德

① 马克思.1844 年经济学哲学手稿[M].北京：人民出版社，2000：85.

的特殊意义和价值才得以体现。而一旦道德意识自觉觉醒,对道德的反思和追求便会不可遏止地发展起来。可见,道德是与人类文明共生的,人类的道德生活体现了人类的理性、情感和自觉意识。

人的道德性是因人的自觉而向善,而这不仅仅是逻辑的归纳和演绎,还包括感觉经验的前提和直觉等。理性既可引人向善,也可引人向恶,仅有理性不一定就能表现出道德行为。叔本华说:有理性的行为,“并不是说这种行为一定意味着正直和对自己同胞的爱。相反,很可能是以最有理性的方式,就是说,根据科学地推导的结论,斤斤计较掂量;可是却遵循着最自私、不公正和甚而邪恶的格律”。①人类的道德情感往往不是在理性的状态下产生,它更多地被心底深处的“良心”所激发,是人类的天然的情感倾向。恰如卢梭所说:“在我们的灵魂深处生来就有一种正义和道德的原则;尽管我们在判断我们和他人的行为是好或者是坏的时候,都要以这个原则为依据,所以我把这个原则称为良心。”②人类的非理性的情感(同情感、羞耻感、愧疚感)和理智直觉共同构成了人类内在的精神意识,也构成了人类德性品质存在和发展的人性基础和内核。

人类的道德生活形成是因为人性具有向善的倾向,人性的善构成了道德的立足点和先决条件。道德立足于向善的人性,善是人类道德生活追求的宗旨。而且,道德的根本除了善,还有调节人类社会关系的现实需要。道德生活需要人类面临各种冲突与困境时,具备主动的自由自觉的意识,选择和运用适当的方式解决矛盾冲突。如果仅靠道德情感本能的发动,是无法形成人类的道德德性的,也不可能提高人类的德性品质。正是基于人的趋于向善、能够不断完善自身的人性之上,人类的道德意识、道德情感、道德信念和道德行为才会产生,在它们相互关联的综合影响下,才形成了人类稳定的德性品格,才使人类的道德生活得以可能。

① 叔本华.伦理学的两个基本问题[M].任立,等,译.北京:商务印书馆,1996:172.

② 艾德勒,等.西方思想宝库[M].西方思想宝库编委会译编.长春:吉林人民出版社,1988:632.

（三）德性品格是人之为人的本质需要

通过以上对于人性与人的道德生活关系的分析，人类德性品格的形成与人性密不可分，它是内在的、生成着的。它不能脱离社会的生存环境，是在社会之中，在追求人类的终极目标——善、幸福的历史活动中形成、变化和发展的。人因具有了德性才与动物有了本质上的不同。孟子认为，德性是人的安身立命之本，人若没有了德性，则不是本真意义上的人：

> 无恻隐之心，非人也；无羞恶之心，非人也；无辞让之心，非人也；无是非之心，非人也。恻隐之心，仁之端也；羞恶之心，义之端也；辞让之心，礼之端也；是非之心，智之端也。人之有四端也，犹其有四体也。①

一个人的德性品质，是其自身长期践行铸成的稳定的道德特质和倾向，体现了人类一种自我完善的实践精神。人的德性品格构成了人异于禽兽的特殊本质。正如孟子所说：

> 人之所以异于禽兽者几希，庶民去之，君子存之。②
>
> 人之有道也，饱食、暖衣、逸居而无教，则近于禽兽。③

人有自然的生存需求，但是人性所具有的自由自觉的意识，使人不仅仅满足于动物般的生存，人类的本性驱使人类不断地探寻人生的意义。人的行为所能追求的终极目的或最高的善是什么？亚里士多德回答："一般大众和有教养的人都把它称之为幸福。"④他所定义的幸福是"自足的"，是"因其自身之故"而被欲求的善，是人们所欲求的善目中最

---

① 孟子·公孙丑上.

② 孟子·离娄下.

③ 孟子·滕文公上.

④ 亚里士多德.尼各马可伦理学[M].邓安庆，译.北京：人民出版社，2010：11095a15.

值得欲求的善。正是因为“幸福看起来是完美而自足的善”,①所以它才是人类行为的终极目标。不过说幸福是最高的善,还是没有清楚地说明它究竟是什么。亚里士多德进一步论证了幸福的具体内涵。他从具体活动之功能的卓越上升到人之为人的活动:眼睛的功能是看,其功能的实现就是好好地看;鞋匠的功能是做鞋,其功能的实现就是做好鞋。既然人的每一部分都有其特殊的功能,那么人之人为人的“固有”功能是什么呢?亚里士多德从一般的事务和职业的“功能”与“好”直接推论出,人之为人的固有活动就是实现“好生命”(好生活),就是“灵魂最合乎杰出的、最完善的德性活动”。②从此意义上,对于德性品格的培育,不仅从本质上使人区别于动物,而且代表了人自身对善的向往,对幸福的追求。可以说,德性是人类为了幸福,为了兴旺发达、生活美好所需要的特性品质,德性品格承载了人类卓越的品质(德性),它们是人的生存方式、是人的特质,它们使人以特定的方式过上了人的生活。

四、品格是否可教

品格教育所要培养的“德性品质”是否可教?自古希腊智者派提出“德性是否可教”的问题开始,这个问题就成了西方哲学的核心议题。苏格拉底和亚里士多德都探讨过“德性”是否可教的问题,尽管他们对于“德性”的理解存在差异,但是他们对于这个问题的思考答案却是一致的——“德性可教”。

(一) 苏格拉底:“德性即知识”,德性可教

古希腊哲学家苏格拉底(公元前469—前399年)的学生柏拉图在其著作《美诺篇》中记载了苏格拉底和美诺(一位年轻的色萨利贵族)的这样一个对话,美诺问:“请你告诉我,苏格拉底,德性能教吗?或者说,德性是通过实践得来的吗?或者说德性既不是通过教诲也不是通过实践

① 亚里士多德.尼各马可伦理学[M].邓安庆,译.北京:人民出版社,2010:11097b20.

② 亚里士多德.尼各马可伦理学[M].邓安庆,译.北京:人民出版社,2010:1098a15.

得来的，而是一种天性或别的什么东西?”苏格拉底谦虚地表示:“实际上，我根本不知道德性是否能教，也不知道德性本身是什么。我的情况就是这样。在这个方面，我和我的同胞们一样贫困。我很惭愧地承认，我根本没有关于德性的知识。如果连什么是德性都不知道，又如何能知道它的性质呢?”①于是，苏格拉底在寻求什么是德性的过程中，第一个提出了“德性即知识”的论断。

苏格拉底认为，人在生活中表现出来的美德“勇敢、正义、自制、友爱”等并不是一个个孤立的德目，它们是相互联系贯通的一个整体。因此他认为诸美德是“统一性的、同质的”，它们只是“同一个东西的不同名称而已”。把美德统一起来的东西就是诸美德的本质“德性”，“德性”成了能表示一切美德本质的通名。苏格拉底在探讨美德的共同本质“德性”时，进行了这样的推演:“公正”是核心，“自制”实现公正，“虔诚”保护公正，“勇敢”坚持公正，“爱”追求公正，“智慧”知晓公正的好。因此，苏格拉底认为智慧是知晓事物本质的能力，有智慧的人能认识公正的好，也能认识以公正为核心的其他的德性，拥有了智慧就拥有了德性。苏格拉底说过，“一个人是有德性的，当且并仅当且他是有知识的。”②苏格拉底所称的“知识”并不是一般意义上的“知识”。对于一般人而言，能背诵道德规范条文，就是拥有了道德知识，而苏格拉底认为这种“知识”只是知晓了个人意见而已，真正的知识应该是能直接指导行动的知识，这种知识的获得不是来自书本，而是通过对于生活的不断察醒。因此，苏格拉底认为的“知识”其实就是生活的“智慧”。

苏格拉底认为人所表现出的美德，并不是后天“灌注”的，而是人的灵魂天生就具有的，但是灵魂投身了肉体，使其具有的美德知识变得模糊，甚至颠倒。他认为人在主观上无作恶的意愿，“无人会选择恶或想要成为恶人。想要做那些他相信是恶的事情，而不是去做那些他相信是善的事情，这似乎是违反人的本性的，在面临两种恶的选择时，没有人会在

---

①　苗力田.希腊哲学[M].北京:中国人民大学出版社，1989:239.

②　See T. Penner. The Unity of Virtue[A]. In William J. Prior(Ed.). Socrates: Critical Assessments[C]. Vol. IV. London: Routledge, 1996:85.

可以选择较小的恶时去选择较大的恶”。①人选择违反人之本性的恶，是因为无知，而“天赋的德性通过教育最后终能理解邪恶和德性本身”。②通过后天一系列的“谈话、辩论、反省、思考”等教育活动，灵魂所具有的德性是可以被回忆起来的。因此，苏格拉底认为“认识自己”是拥有德性的教育过程。色诺芬《会议录》记载了苏格拉底的这个观点：“那些认识自己的人知道什么事对自己合适，能够分辨自己能做什么和不能做什么，而且由于做自己懂的事情就得到了自己所需要的东西，从而繁荣昌盛；不做自己不懂的事情就不至于犯错误，从而避免祸患。而且由于有这种自知之明，他们还能够鉴别他人，通过和别人交往获得幸福，避免祸患。但是那些不认识自己，对自己的才能有错误估计的人，他们既不知道自己需要的是什么，不知道自己所做的是什么，也不知道他们与之交往的是怎样的人。由于他们对这一切没有正确的认识，他们就不但得不到幸福，反而要陷于祸患。”③他认为人通过“认识自己”可以获得“知识”，也就获得了德性。但是苏格拉底把德性归于知识，他其实忽略了这样一个事实：德性并不只是对于善的认识问题，更包括对于道德的实践，在实践中需要知识，也需要情感和行为。他的后来者亚里士多德批判地继承并发展了“德性可教”的论点。

(二) 亚里士多德：理智德性可教，伦理德性需习得

前面我们提及过，亚里士多德德性理论中“德性”等同于我们所定义的品格教育中的“道德品格”。因此，对于亚里士多德的德性理论中的“德性是否可教”的问题探讨就更值得关注。亚里士多德在继承和批判苏格拉底和柏拉图的基础上提出了自己的德性理论。他认为苏格拉底的“德性即知识”，过分夸大了知识的作用，而“理性只存在于灵魂的思考部分”，摒弃了灵魂的非理性部分，即“感受和习俗”。他认为柏拉图虽然正确地把灵魂分为“理性部分和非理性部分”，但他混淆了德性和善，“他

---

① 柏拉图.柏拉图全集(第1卷)[M].王晓朝，译.北京：人民出版社，2002：484.

② 柏拉图.理想国[M].郭斌和，张竹明，译.北京：商务印书馆，1997：409D.

③ 色诺芬.回忆录，第4卷第2章第26—28节.转引自汪子嵩，等.希腊哲学史(第二卷)[M].北京：人民出版社，1993：436.

们既用'善'来述说实体,也用'善'来述说性质和关系","在说明存在和真理的问题时,不应该涉及德性"。①亚里士多德提出的德性是包括知识(实践智慧)、情感(中庸)和行为的统一。

亚里士多德认为"人的善就是灵魂合乎德性的活动",他把"植物性灵魂"(获得营养的能力)排除在人的灵魂之外,把"有感性欲求能力的灵魂"分为理性和非理性的灵魂。他认为灵魂的理性能力必定具有两个部分,一个部分具有真正的理性,另一部分具有听从"真正理性"的理性能力。因此,亚里士多德根据灵魂的划分,把德性分为理智德性和伦理德性。他认为,"智慧、灵智和明智是理智德性,慷慨和节制是伦理德性。因为当我们谈论一个人的品格时,我们不说他是有智慧的或理智的,而说他是温和或节制的。但我们称赞有智慧的品行,值得称赞的品格我们称之为德性。"②亚里士多德认为没有什么德性是自然赋予的,德性既非出乎自然,也非违反自然,而是我们具有自然的天赋,把德性接受到我们之内,然后通过习惯让这种天赋完善起来。理智德性,这些优势显示了理性特殊的活动,只能通过教育来形成和培养,主要是经验知识类的学习;伦理德性,灵魂的非理性部分服从于理性的优点,只能由习惯和训练而获得。"伦理德性是由风俗习惯熏陶出来的,而不是自然的本性。自然的东西不能用习惯改变。人们自然具有的是接受德性的能力,先以潜能的形式被随身携带,后以现实的方式被展示出来。德性则和其他技术一样,是用了才有,不是有了才用。一切德性通过习惯而生成,通过习惯而毁灭。人们通过相应的现实活动,而具有某种品质,品质为现实活动所决定。"③亚里士多德认为习惯是在经久历练的活动中形成的,习惯稳固后就成了人的一种特定行为,人也由此具有了品格。他认为习惯的养成非常重要,"我们从青年时代起以这种习惯还是那种习惯来塑造自己,这绝非小事,而且是非常重要的事情,甚至就是一切"。④

---

① 亚里士多德.大伦理学[M].徐开来,译.苗力田,编.亚里士多德选集:伦理学卷.北京:中国人民大学出版社,1999:1182a25.

② 亚里士多德.尼各马可伦理学[M].邓安庆,译.北京:人民出版社,2010:1103a10.

③ 亚里士多德.尼各马科伦理学[M].苗力田,译.北京:中国社会科学出版社,1990:25.

④ 亚里士多德.尼各马可伦理学[M].邓安庆,译.北京:人民出版社,2010:1103b25.

可见，亚里士多德如同苏格拉底等智者派一样，非常强调品格教育的意义。杰勒德·韦贝克(Gerard Verbake)曾总结了亚里士多德的品格教育思想：[①]1.人在本性上是道德的动物，因此，在亚里士多德看来，道德教育就是让人更完善地成为他的本己；2.尽管所有人都具有自然的定势，但他们都需要接受一种适宜的道德教育；3.道德教育不仅意味着学习，也意味着训练，包括理智的准备和习惯的获得，一个人成为道德的人，就好比一个人成为熟练的工匠一样；4.一个具有道德的人被赋予实践智慧，即使在最变化多端的生活情境中，他也能形成正确的伦理判断。

(三) 中国儒家思想：德性可教

中国儒家思想中对于"德性是否可教"的思想大都体现在对于人性善恶的争论中，比较有代表性的观点是孟子的"性善论"、荀子的"性恶论"。

孟子认为，人性本善，人天生具有道德良心，即"恻隐之心、羞恶之心、恭敬之心、是非之心"。孟子如是说：[②]

> 恻隐之心，人皆有之；羞恶之心，人皆有之；恭敬之心，人皆有之；是非之心，人皆有之。恻隐之心，仁也；羞恶之心，义也；恭敬之心，礼也；是非之心，智也。仁义礼智，非由外铄我也，我固有之也……

这些道德良心是人的"仁、义、礼、智"的德性品格形成的善端。尽管人的本性善良，但是人并不一定就会具有德性。孟子显然认识到了这一点，他接下来说：

> 仁，人心也；义，人路也。舍其路而弗由，放其心而不知求，哀哉！人有鸡犬放，则知求之；有放心而不知求。学问之道无他，求其放心而已矣。

---

① Gerard Verbake. Moral Education in Aristotle[M]. Washington D. C.: Catllolie University of America Press, 1990:231 - 233.

② 孟子·告子上.

可以看出，孟子认为人性本善，但是也认为人的善良本性会在后天遗落，人的恶的品性就是人选择放弃了良心所致。孟子曰：

……所以考其善，不善者，岂有他哉？于己取之而已矣。

因此，对孟子的“性善论”更准确的理解，应该是孟子指出了人性具有引发德性的先天的善端，它来自人的内在良心。孟子哀叹人在生活中丢失了这么可贵的人性而“不知求”，他认为人后天最重要的学习莫过于追求本性的良心。而且他还指出这种追求本身的必要和艰难：“求则得之，舍则丢之”，恰如逆水行舟，不进则退。人只有在自觉的意识、主动的追求、坚强的意志下，通过不断地学习、求索、践行这些善之本性，才有可能在后天获得德性品格，从而使人实现人的道德特质。因而，孟子非常重视对于人的后天的教化和引导，认为通过教育可以使人找回善的本性，而这都取决于人的自我意识和选择。在他的性善论里，很少有善恶的决然相对，更多的是善与不善的对比。孟子始终相信人的本质是善的，后天的不善皆是因为受外物蒙蔽而丢失了人的善良本性，而后者经过教导、反思还会恢复，因为人既有善的本性也有向善的倾向。孟子把人的向善的倾向与水的流势做了类比：①

人性之善也，犹水之就下也。人无有不善，水无有不下。今夫水，搏而跃之，可使过颡；激而行之，可使在山。是岂水之性哉？其势则然也。人之可使不为善，其性亦犹是也。

并且在后天的修养磨炼中，经过不同的养护，会形成不同的品格的境界：

体有贵贱，有大小。无以小害大，无以贱害贵。养其小者为小

① 孟子·告子上.

人，养其大者为大人。

荀子认为，人性本恶。因为人生而有“好利、疾恶、耳目、好声色”[①]之欲，为了满足欲望，人与人之间会互相争利，会做出不道义的事情，结果必然会破坏社会的秩序与道德：

> 今人之性，生而有好利焉，顺是，故争夺生而辞让亡焉；生而有疾恶焉，顺是，故残贼生而忠信亡焉；生而有耳目之欲，有好声色焉，顺是，故淫乱生而礼义文理亡焉。然则从人之性，顺人之情，必出于争夺，合于犯分乱理，而归于暴。

荀子认为之所以有人类生活的道德规范，是因为考虑到了人性的恶，为了让人能止于纷争，不互相伤害，才出于维护社会秩序的目的制定了道德规范：

> 礼起于何也？曰：人生而有欲，欲而不得，则不能无求；求而无度量分界，则不能不争；争则乱，乱则穷。先王恶其乱也，故制礼义以分之，以养人之欲，给人之求，使欲必不穷于物，物必不屈于欲，两者相持而长，是礼之所以起也。

既然认定了人性本恶，而且“礼”还是外在约束人性的恶的，所以荀子认为，人是不可能成为有德性之人的，即使通过教育也不能改变人性。他批驳孟子的“性善论”，认为孟子混淆了人的本性和“人为之善”的区别，他认为：

> 不可学，不可事，而在人者，谓之性；可学而能，可事而成之，在人者，谓之伪。

---

① 荀子·性恶.

也就是说，“人性恶”是天然的，是无法后天塑造的，就有如俗语所讲“江山易改，本性难移”。即使生活中人表现出了一定的道德行为，那也是迫于道德规范的约束力或是利用道德的伪装达成其他目的，内在“人性恶”的本质并没有改变，也不可能通过教育而改变。但是荀子的“性恶论”只强调人性恶的一面，却无视和否认人的善的一面，因而他的理论显得有些自相矛盾。例如他无法解释为什么他笔下的圣人能“积思虑，习伪故”。如果人性本恶，为什么还会有圣人存在？他们的德性是如何形成的？这些问题依照荀子的理路显然无法回答。

通过以上对于孟子“性善论”和荀子“性恶论”的对比，我们可以发现他们各自的长处和不足。孟子认为人性本善，只是后天丢失了善，从而认为人可以通过教育而找回善。他的理论的长处是为人的德性形成找到了内在的善的根源，他的理论的不足是，他把人后天努力塑造的德性视为一种本来就具有的天性，这显然带有唯心主义的色彩，他忽视了外在因素对于人的品格形成的影响和再塑造。荀子的“性恶论”的不足前面我们已经提到，尽管他坚持认为人性本恶，但是我们看到他所认为的恶，即“好利、疾恶、耳目、好声色”之欲，严格说来不是恶，只是人自然的欲望。只要后天合理地控制和引导人的先天之欲，人其实完全不会成为他所说的那种“恶”的。因此，如果将两者的观点相互结合，取长补短，就可以得出这样的结论：人的良心所具有的“恻隐、羞恶、恭敬”的道德情感是人德性形成的“善端”，人的“好利、疾恶、耳目、好声色”的欲望如果得到合理的引导，就会成为人求善的一种内在动力源，人的德性品格正是在内外合力的作用下培育而成的。

通过以上的讨论我们可以得出，对于品格是否需教、是否可教的问题，其实都是有关德性的问题的探讨。如果德性对人是必需的，那么品格就是需教的。德性是否可教，其实就是对于德性是什么的认识，德性是知识还是良心，是先天拥有还是后天培养。对于这些问题的讨论尽管尚无定论，但是至少让我们明确了品格教育的理论依据应该在德性伦理理论中去寻找。

第二节　体育的实践性

一、实践的伦理内涵

亚里士多德在《尼各马可伦理学》中把人类的活动区分为三个领域：创制的、实践的和理论的。理论领域是指人与自身的关系活动，即人的沉思活动，人通过自身的沉思活动超越自己的有限存在，而达到对世界不变的最高原理的认识。实践领域的活动的目的是获得实践本身的卓越，主要指伦理活动和政治活动。创制领域的活动是与满足人的自然需要有关的，主要是外在的生产活动。实践领域和理论领域的活动都是显示了人的自主性的、以自身为目的的活动。其中，理论活动的特点是沉思，本性是求知，探索的是自然世界中必然性的原理。实践活动的特点是行动，实践的本性是追求善，探索的是社会中人的应然性的行为。

麦金太尔继承和丰富了亚里士多德的实践理论，他认为，并不是所有的人类活动都是实践，实践是受特定目的规则支配的活动。实践是"任何融贯的，复杂的并且是社会性地确立起来的，协作性的人类活动形式。通过它，在试图获得那些既适合于这种活动形式，又在一定程度上限定了这种活动形式的优秀标准的过程中，内在于那种活动的利益就得以实现，结果，人们获取优秀的能力以及人们对于所涉及的目的与利益的观念都得到了系统的扩展"。[①]麦金太尔对实践做了严格的限定：必须是合作的协调复杂的社会性的活动形式。比如，个人单纯练习排球的发球技巧在麦金太尔看来不属于实践，但进行有组织的排球比赛则是实践。这是因为后者内在于活动本身的利益，只有通过此类活动才能实现。

为了说明他的实践概念，麦金太尔把人类活动所实现的目的分为内在利益和外在利益，只有实现内在利益的活动才是实践。理解麦金太尔

---

① 麦金太尔：追寻美德[M].宋继杰，译.南京：译林出版社，2003：238.

的实践观的关键是理解他对内在利益的规定,他的内在利益的概念是与实践概念相对应的。他认为,内在利益是内在于某种实践之中的利益,只能通过这种特定的实践获得,其他形式的活动则不行。他认为,不管什么样的实践都有内在的利益,而且实践活动内在利益的获得不具有排他性,也就是说,可以与他人共享该利益。外部利益(地位、声誉和金钱)可以有多种方式获得,并不限定于某种活动,因此,麦金太尔认为,以外在利益为目的的活动并不是实践。而且,外在利益一旦获得就成了某人所有的东西,它排除了其他人获得的机会。麦金太尔的实践强调内在利益,认为内在利益是实践构成的必备因素。但是他也不完全拒斥外在利益,只是要求外在利益必须在内在利益的寻求框架内追求,不能损害内在利益的获得。

我们通过下棋的例子来说明实践的概念。下棋可以给人们带来好处,小孩子下棋下得好,大人会通过奖励糖果来维持他下棋的兴趣。而对成年人而言,下棋的动力可能来自名望、地位、奖金等好处。但是,这些都是外在于棋艺的、偶然的,是社会境遇的外在属性,它们可经由其他实践所获得。而内在于下棋的好处,则不能由其他实践所达到,只在下棋活动中才具有。例如奋力厮杀、棋艺精进所带来的紧张与愉悦,对棋手来说只能在下棋中才能领略,这些是下棋的内在利益。之所以被称为内在的,有两点理由:我们只能在下棋或某种其他的活动,以这种活动的具体经历作为手段中介而实现其独特的好;它们只有参与当下的实践,通过切身的参与经验才能被认同和领略,缺少相关经验的那些人是无法胜任并对内在利益进行判断的。

实践因此就涉及构成标准、对规则的服从、内在利益的实现。介入一种实践就是接受这些标准的权威性,接受由标准所进行的行为判定。如果不去接受,参与者就无法介入实践。麦金太尔举例说,在开始学听音乐时,我如果不接受我自己尚不能正确判断的能力,我就永远不能学会听懂音乐,更谈不上欣赏精妙复杂的四重奏。标准是内在的,它们独特的好也是内在的,非外物所能替代。

外在的利益是当一个实践活动完成了、实现了时,行动者所获得的东西。它的特征在于，某个人拥有它们多一些，另一些人拥有它们就会少些。这在有些时候是必然的事情，如权力和名誉，有时则是由于偶然的因素，如金钱。外在的利益因而是竞争的对象，在竞争中必有输者和赢者。内在的利益是向参与者敞开的，它的实现是为参与这个实践的整个群体都享有的，它不会因为一个人的拥有而削弱了另一个人的享有。

麦金太尔的实践并不是亚里士多德的实践的全部复制，亚里士多德的实践目的确立的基础是人的功能，他的实践有政治的(社会的)和伦理的(个人的)实践，所有实践的落脚点都是个人，他偏重将实践划定在个人实践的范围内。麦金太尔的实践目标确立的基础是历史和社会，认为实践是在具体的社会历史情境中的实践，他的实践包括个人实践、共同体实践和历史实践。无疑，麦金太尔的实践构成更全面。

二、体育实践的本质特征

体育哲学家阿诺德认为："体育外在表现为一种以身体活动为特征的实践，但体育活动本质上是人类以追求'卓越'为内在目标的实践活动"，①它具有如下的特征：

(一) 体育是主体自愿或自由的实践活动

体育的自由体现在体育纯粹为它自己的目的而存在。如果一定要明确体育的目的，那么体验其过程的快乐应该是体育本身具有的唯一目的。参与体育所获得的快乐又使参与者在体育活动过程中不断获得很强的正反馈，从而构成支持参与者持续参与体育活动的动力系统。正如我们所说过的那样，活动的目的是为了活动本身。

体育活动需要参与者身心的投入，在被迫的情况下根本无法真实达到体育的运动状态，体育活动只能是主体自由的参与。体育的目的来自体育自身，是通过身体活动追求卓越。尽管卓越的目标可以具体量化为身体的标准、竞赛的名次等外在的结果，但实际上这些只是促使体育主

① Arnold, P. J. Sport, Moral Education and the Development of Character[J]. Journal of the Philosophy of Education, 18(2), 1984:275 - 281.

体达到内在目的的手段。在具有明显功利性动机的现代职业体育中，职业选手参与体育活动可能不是单纯地为了追求活动本身的愉悦。但是当美国网球运动员亚瑟·阿什曾谈到他一次完美的击球时，他评价说："突然之间，你一生中所努力追求的一切事物的精髓，都浓缩成这一击。"①这种体验的确是体育中所具有的深层的自由，体育过程自身产生的各种卓越的体验都是支持体育活动进行的内在动力。

（二）体育是主体非功利性或非生产性的活动

体育区别于其他身体类活动，如劳动、战争和格斗等，最突出的特征是体育是非功利性的行为，这里的功利是指物质利益，体育活动过程中并不直接产生维持生活必需的物质利益。人们参与体育，并不是因为"有利可图"——维持生计或获取物质利益，而是追求体育本身所能带来的精神享受，或者说"体育精神"。体育精神代表了体育所追求的最高价值，它继承了体育的优秀传统，指明了体育内在目的实现的方向。只有当体育以体育精神为追求时，体育的目的才具有了超出"物质利益和个人生物需要满足"之上的神圣性。体育是一种自身过程中不带有任何物质性生产的活动，尽管在目标实现过程中也会伴随着一些具体目的获得，如获胜、提高身体素质、掌握某种技术。因此，体育的目的在根本上是非功利性的。虽然在现实生活中并不存在绝对的非功利性行为，工作和体育也并不是完全互不渗透的两个领域，但此时的工作和体育都不再是纯粹的工作和体育。

体育的活动过程是通过身体活动进行的行为之间的挑战，在这个过程中，它并不对社会的产品生产过程有所贡献。尽管体育比其他身体类活动更注重追求身体卓越的信念，但体育的"非功利性"仍是体育活动最明显的特征。即使存在一些由生产劳动脱胎而来的体育活动，例如伐木比赛，但是作为一种体育的伐木比赛，其目的指向的是身体的速度而不是砍伐树木的数量。可以说，"非功利性"是体育实践的固有特征，并不为任何行为之外的目标所左右。尽管在现代体育中，体育竞赛已异化为

① 阿伦·古特曼.从仪式到记录：现代体育的本质[M].花勇民，等，译.北京：北京大学出版社，2012：4.

职业运动员获得报酬的工作,职业运动员参与比赛的劳动行为本身也并不直接为社会贡献任何的物质产品。体育活动是人类有意识创造出来的一种区别于日常生活的活动形式,无论哪一类体育活动,都是由日常生活中不常出现的行为组成。体育活动创造并不是服务于现实生活的生产性目标,应该说体育活动本身才是其目的。

(三) 体育是受规则支配的实践

体育是受规则支配的,正是这些规则使体育行为与日常生活中的行为之间有了界限。人们在体育中暂时放弃日常生活中的规则,转而服从体育中的规则。规则是体育活动的前提,如果没有规则,体育活动将无法进行。体育是日常生活之外的一种活动,规则组成了活动的内容,如果没有体育参与者共同遵循的规则或规则受到破坏,体育活动将无法进行。体育中存在两种规则:外显的规则和内隐的规则。外显的规则构成体育活动的方法,规定了体育中的行为及程序。内隐的规则构成了体育的情境,它规定了体育的主题及其情节。一个一岁半的孩子也会模仿父母哄自己入睡,他像父母一样轻轻拍打着哼哼着哄自己入睡,此时,他扮演着父母角色,并像父母一样行动;同时他又是儿子,在父母的拍打中渐渐入睡,这种扮演体现了外显的规则,“催眠并入睡”构成了内隐规则。

体育都是有组织的,有规则限制的。参加有组织的体育活动意味着为了遵守游戏规则,人们心甘情愿放弃纯粹的本能行为。游戏规则的强制性必然会限制人们的行为自由,此时,游戏规则对于游戏中人们要求自由的特征之间不是矛盾的吗?游戏者为什么还会甘愿受规则的约束参加游戏?这是因为自由参加游戏者对于规则的服从是主动认可而非被动服从,在这种前提下,游戏者将遵守规则的行为视为一种自我主宰的行为。此时的游戏还是自由的和非功利的,人们仍然处于满足物质需要的范畴之外,只是必须要遵守游戏约定的规则。

规则的强制性在体育中表现特别突出,人们在设计体育活动之初就制定了一整套的规则、程序并设置专门的角色(运动员、裁判、仲裁委员会等)。体育对于卓越的追求是在一系列规则下进行的,规则列出了几乎所有比赛中可能遇到的情况,以及允许与不允许的行为。体育运动的规则设定通常是遵循“最不省力”原则，即以运动员轻易不能达成目标的方式设立。正是这些规则使体育中的行为与日常生活中的行为有了明显不同。生活中我们通常选取最有效的方式达成目标，而在体育中，取得目标的最简单方式往往受到限制，体育的构成性规则规定了更困难和更间接的达成目标的方式。要达成体育的目的，人们必须遵守这些规则，例如，人们不会一下越过国际象棋棋盘拿下对方的王后并将其装进自己的兜里。再如，人们也不会为了达到一杆入洞而将高尔夫球拿到洞口，之后将球打进洞里。体育活动过程可以被理解为：参与体育活动就是尽力追求事件的特定状态——预期目标；并且只能利用规则允许的方法——体育方法；体育规则禁止使用较为省力的方法，而是倾向使用最不省力的方法——构成性规则；正因为规则使得体育可以进行而行为被大家所接受——体育运动家风范。

（四）体育是具有竞争性的实践

体育的紧张性意味着结果的不确定和机遇，体育参与者必须奋力争取一个尚不确定的结果，他表现出一种要“获胜”的心理倾向。这种情景在对抗性质的竞赛类体育中表现更加明显。人的这种竞争意识从何而来？赫伊津哈认为，这种意识来源于人的动物特性：“游戏中的所有基本角色，包括个人和公众，都已表现出动物的特性，及竞争、表演、展览、挑战、夸示、炫耀和自吹、假装和遵守规则。在种系上和人类相隔很远的鸟类居然也同人类有如此多的相同之处，这一点更是引人注目。”①竞争的天性并非首先出自对权力的渴望和行使统治的意愿，最重要的是胜过他人，成为最出色的，并因此而感到荣耀。具有表现欲和竞争天性的人类当面临体育中结果的紧张性和不确定性时，想要“获胜”的热情就表现得极为高涨。体育中的胜利代表着什么？“‘事情犹胜败未分’——游戏的本质便包含在这句短语当中。但这里的‘事情’不是指游戏的形式上的结局，不是球在洞中的简单事实，却是指游戏成功结束的观念事实。成功给游戏者一种满足感，依情况不同，它可长可短。”②胜利意味着在体育

① 约翰·赫伊津哈.游戏的人[M].多人，译.杭州：中国美术学院出版社，1996：50.

② 约翰·赫伊津哈.游戏的人[M].多人，译.杭州：中国美术学院出版社，1996：53.

竞赛中显示出自己的优越，这种优越标示着获胜者各方面都优秀，这给获胜者带来了超出体育活动范畴的功利的好处，他会受到尊敬，获得赞誉、荣誉，伴随而来的可能还有其他的利益。即使不考虑这些利益的诱惑，在游戏中获胜本身就极具魅力，这点在智力竞赛，例如国际象棋中表现得最纯粹，棋盘上的厮杀没有任何可观的或真实的东西，但仍然是让人十分着迷的体育活动。

体育所要求的知识、技巧、勇气和力量等难度越高，参与者的体力、精神投入程度就越大，甚至能令他遗忘他是在进行体育活动。竞争性使参与者在身体上、智力上、道德上和精神上的价值都得到了上升。体育中表现出的敢于面对挑战、承担风险和承受压力等品质就构成了体育精神的要素。体育中的竞争压力还会传导给观众，尤其是在竞赛型的体育中，观众感受到的压力也会随着竞赛的白热化而增大。

竞争几乎成了现代体育的代名词。体育对观众产生强烈的吸引力的重要原因，就是它在结果不确定的紧张中展现出的激烈竞争。体育中的竞争的目的究竟是什么？只是为了体验竞争所带来的获胜的乐趣？可以说生活之中竞争无处不在，为什么体育这种竞争性活动，发展得尤为繁盛？是因为一些有组织性的竞争性体育活动能带给社会现实的经济利益？体育中追求卓越的目标是在竞争的背景下实现的，因此，体育中的竞争的目的不是“赢”，而是在过程中实现卓越的目标。体育中的竞争必须符合规则，这既包括体育中的“公平竞争”精神，也包括体育比赛中的一些道德礼仪规则。如果夸大获胜的重要性，会扼杀体育精神，也就意味着体育背离了它的本质，而且还会导致利己主义、过激行为、嫉妒和憎恨等破坏体育宗旨的现象。

三、体育实践的内在目的

体育是具有历史和进化过程的实践。为了保持实践的完整性，参与者应该维护和追求内在利益和表现他们的优秀标准，例如诚实、公正、勇敢等优秀的品质。这些品质，如麦金太尔所言，不仅是实践的必要构成，而且也是其本质特征。

麦金太尔认为,"实践决不可被混淆于社会制度机构。"例如,乒乓球竞赛是实践,国际乒乓球协会是社会制度机构。而且实践与维持它内在利益、成就和行为的标准相关,尽管机构也关注这些,但机构明显更关注控制和分配外在利益:权力、身份、声誉和金钱等。体育的制度机构与体育实践的区别体现在,前者更关注大规模地组织体育赛事和推广体育项目,通过制定规则来规范外在利益的分配。而后者只关注内在利益的追求与增进,并且认为体育的内在利益代表了人类成就的新高度,是最值得追求的目的。

体育实践面临外部利益与内在利益的问题。与体育有关的外部利益包含两个相关因素:第一,外部利益可以获得的方式总是多途径的;第二,正因为外部利益获得途径的多源性,外部利益与体育的关系只具有偶然性关联。体育的外部利益,例如钱,可以通过很多种和体育无关的途径获得,而内在利益是与体育的本质相关联的,只能在体育实践中获得。为了进一步说明体育实践中获得的外在利益和内在利益的区别,可以参照麦金太尔列举的小孩下棋的例子来说明。如果一个小孩为了糖果的奖赏而努力争取获胜,那么糖果就是小孩下棋的外在利益,如果小孩在下棋过程中力图在象棋所要求的任何方面都表现卓越,在追求自身卓越的过程中体验到的成就感、快乐感都是从这种实践活动中获得的内在利益。

通过对体育外在利益的构成因素的分析,我们可以得出一个重要的推论:体育实践中外在利益的获得通常只被相关个人(或团队)独自享有,而体育的内部利益,如新技术和标准等的实现,则使体育的整个共同体(由实践者、参与者和追随者组成)都会获益。

体育作为一种实践不仅需要参与者以体育的内在利益为自己的追求目标,也需要参与者以符合体育规范的方式追求,内在表现为一种德性,外在展现的是体育中的德行。体育中的规范由规则、惯例和传统所组成,体育中的德性是体育人所有的一种品格,即在体育实践中所秉承的体育精神。体育中的德行是通过体育实践所外在表现出的体育道德行为。体育如同人类其他的实践一样，如科学、医学和法律，需要在规范框架中以具有德性的方式去实践，以保护体育自身的完整，维持体育作为一种独特的和有价值的生活方式所具有的伦理精神。构成体育的具有历史性的规范概念本质上是伦理的。

进入任何一种实践都必须认可并遵守、维护实践内在目的规则，规则是评判"卓越"的标准，"卓越"也是规则被自觉遵守的必备条件。一个人开始体育的实践，也就意味着他接受了实践要实现的最高标准的要求，不论选择的是篮球还是乒乓球，游泳还是田径。如果开始学乒乓球，人们不会遵从排球的标准去学乒乓球，这些规则对学习乒乓球是没什么作用的，参与者必须依照乒乓球的规则去完善自己的行为。体育的规则可分为构成性规则（定义规则）和调整性规则（援引处罚规则），构成性规则本身就保留了社会赋予体育的一些伦理内容，它定义了体育的核心精神。

体育和其他实践一样，运用的标准是客观的而不是主观的，与它的内在利益而不是外在利益相关联。在实践中，不管我们自愿与否，我们都必须参照一些客观的标准来界定我们与他人的关系，而美德就是这样的客观标准。以体育为例，参与者发现自己与对方是竞争对手，除非参与者能够尊重对手，并视自己为所参与实践的价值守护者，实践本身才会免于无原则和缺乏道德行为的损害。为了保持实践的完整性，参与者必须拥有和践行美德。体育内在目的的实现是指出于自身的目的自愿进行的身体活动，是在规则框架下的有目的、导向性的活动。参与者的态度和努力都指向活动的内在利益，而通常情况下只有符合体育精神的行为才可能实现体育自身的目的。体育精神是评判体育参与者行为的"卓越"标准。而构成体育的规则是制度，制度是实践的承载者，制度表面看来既关涉实践的内在利益，也关涉实践的外在利益，但是制度在本质上更与外在利益有关，因此，制度也是腐败实践的一种力量。

总的来说，体育被视为人类的伦理价值的实践，是因为体育是在规则约束下的竞争活动，其内在目的和卓越标准只有以德性的方式追求才能实现。体育的实践不仅建立在涉及自由和平等两个相互依赖的原则的公正的理念之上，也需要培养和运用诚实、勇敢、尊重的德性品格，因为拥有了这些德性，行动者才能获得体育实践的内在利益，而缺乏这种品质将严重妨碍体育利益的实现。在体育的实践中，对美德的标榜和对恶的谴责都是必需的，缺少任何一方面都会导致体育的实践被败坏和毁灭。

四、体育实践观与体育社会学观的比较

对"体育是什么"的理论认识成为影响"体育和品格教育"关系看法的关键因素。理论界存在两种体育观，体育实践观和体育社会学观。体育实践观是由哲学家定义的体育，他们倾向于认为体育是一种实践。体育社会学观是由社会学家和人类学家定义的体育，他们则倾向于认为体育是一种特殊的文化和社会中的制度。

这两种体育认识观下得出的"体育和品格教育"关系的看法是不同的。依照体育社会学观点，体育就是以原则、规则和理念为特征的制度活动，制度本身存在对参与者的道德行为要求，但这并不意味着参与者会总是以道德的方式行动。因此，他们认为体育和品格发展之间没有逻辑关联，体育只是提供了令人钦佩的优秀品格的展示平台，并不必然会促进良好品格的发展。依照体育实践观，体育是一种人类的实践活动，实践因其自身的属性而内含规则、制度、卓越和内在利益。只要体育被作为一种实践开展，参与体育活动者就会收获体育的内在利益，品格也会获得提升。在分析体育和品格教育的理论联系之前，有必要对这两种观点做具体的比较分析。

体育理论学家摩根说："实践的体育精神非常不同于社会学视角的体育。"①罗兰德(Sigmund Loland)认为："根据参与者的技能、绩效评估的目标结构，体育应被视为是一种实践活动。"②他认为，体育是符合游戏

① Morgan, W. J. The Logical Incompatibility Thesis and Rules: A Reconsideration of Formalism' as an Account of Games[J]. Journal of the Philosophy of Sport, 1987:17－18.

② Sigmund Loland. Justice in Sport: An ideal and its interpretations[J]. Sport, Ethics and Philosophy. Vol.1, No 1. 2007(4):78－95.

规则的活动,规则规定了体育的内容形式,规则评判人们体育中行为的卓越标准。一旦人们要进入体育,就意味着要遵守规则,体育的构成性规则使它具有了实践的特征。

体育哲学家阿诺德也认为:“体育是一种特殊的人类实践活动,在努力获取体育具有的优秀标准的过程中,活动的内在目的被发现和实现。”①他认为,内在目的包含的两个因素使体育具有了特定的实践特征:第一,他们能用特定的活动术语说明和解释实践,例如,壁球和门球都是和击球有关的活动,因其各自的术语而成为两种体育活动;第二,他们只被身处特定活动中的内在参与者充分理解,例如,壁球活动中的“反向击球”术语只会被已经开始参与这项运动者所充分理解。他以奥林匹克运动这一全球性的体育实践活动为例,认为体育是追求人类普遍的文化价值的实践。他说:“奥林匹克主义的基本原则是让体育服务于人类的和谐发展,尊重使人有尊严的、和平社会的建立,尊重符合伦理原则的生活方式。体育是体现最高人类理念和最珍贵传统的价值实践。当体育以它的内在目的为追求,制定规则和秉持好的体育传统,体育就成为高尚的、有价值的生活方式。体育实践是对个人的评判和文明的检验。如果体育被个人、机构、社会以政治或商业价值来使用,体育会陷入仅沦为手段的危机,这是对体育是有价值的人类实践本质的异化和毁坏。”②因此,对体育实践的特殊性和它代表了何种意义的文化价值的理解是非常重要的。

体育社会学学者们分析认识体育时,通常从内在和外在两方面进行考量。体育社会学家科克利(Coakley)将体育定义为“一种制度化的竞争活动,包括剧烈体力活动或使用相对复杂的身体技能,出于内在和外在因素结合激励的个人参与”。③值得注意的是,上述对体育的认识与之前对体育是实践的认识之间是有差别的,前者更强调外部利益对竞争者参

①② Arnold, P. J. Sport, Moral Education and the Development of Character [J]. Journal of the Philosophy of Education, 18(2), 1984:275-281.

③ Coakley, J. J. Sport in Society: Issues and Controversies[M]. St. Louis: Times Mirror/Mosby, 1986:17.

与体育的动机影响。这意味着体育不再以自身的目的和卓越标准为追求,而主要是以外在因素为追求。

通过对以上两种观点的简单介绍可以看出,体育的实践观点明显区别于体育的社会学观点,体育的实践观点关注体育作为具有内在利益的实践的特质,以体育的内在利益为追求,重视参与者的品格对于实践的影响。体育的社会学观点将体育视为在各种内、外因素影响下的,个人参与的制度化的社会活动。体育的实践观点代表以德性的方式追求实践的内在利益的总的承诺,每种体育活动都是践行并获得诚实、公正和勇敢等德性品格的实践。相比之下,体育社会学观点认为,尽管有权威机构认可并推行美德和社会价值观,但是在体育现实活动中,参与者往往更关心体育的外在利益,只是把体育作为追求权力、威望、地位和金钱等这些外部利益的工具来使用。当体育的外在利益被视为比内在利益更重要时,体育实践就面临着无可救药的扭曲和被损害的危险。可以说体育社会学的观点是从现实的和描述性的角度来认识体育,而体育实践观点是从体育所追求的最高的目的和体育的本质角度来认识体育。“体育应该是什么”和“体育是什么”两者之间是不同的,体育实践观要探寻的是体育“应该是什么”而非“是什么”。应该清楚的是,当相关制度机构倾向于体育的内在利益,并加以维持和实践时,体育实践的制度化并不必然会导致实践本身的损害。如果相关制度机构倾向于体育的外在利益——这种倾向在职业体育中更明显(职业体育中竞争的高度化,有许多外部的利害关系,尤其是经济的利益),此时体育实践的制度化对于体育的实践是有损害的。

通过对这两种体育观的比较,可以明确:体育实践观所认识的是体育的必然存在,体育社会学观所认识的是体育的现象存在。依照体育社会学的观点,由于各国或各地区的经济情况、政治情况等有所差别,所开展的体育活动也会不同。然而,体育实践观认为任何体育实践所追求的内在利益都是一致的,那就是体育精神。对体育精神的认识差异是影响各种体育参与者行为区别的根本原因。例如,在职业高尔夫运动中,尽管外在目的可能是声誉和金钱,但该运动的体育精神对参与者的体育行为的道德性明显有很高的秩序要求。与之相比,足球或冰球这类体育运动的体育精神对参与者行为的道德性要求相比其他领域是低标准的。这样比较并不是为了表明,高尔夫类运动的参与者的品格比其他运动的参与者更高尚,而是想说明,一些运动比其他运动在本质上具有更明确的道德行为和礼仪的要求,因为并不是所有的体育运动都在他们的规则中引入了“非绅士的行为”和“不利于运动声誉的行为”的要求。

另一个需要明确的差异是参与者的动机,即个人的主观心理倾向。如果社会学体育的观点被视为体育构成的唯一原因而被接受,人们参与体育的动机就是与内在或外在目的有关。如果体育实践的观点被视为体育构成的原因而接受,参与者的动机就显得至关重要,这关系着是否能实现实践的目的。只有参与者的兴趣和关注点都主要集中在对体育内在目的的追求和道德的行为方式上,体育实践的完整性才会被维护。尤其当体育的外在目的表现出咄咄逼人的吸引力时,与体育实践相关联的良好品格则更需要被践行。

通过以上的讨论可以得知,体育的实践不仅涉及它的规则条款,还包括要了解体育的历史、传统和道德。体育的实践观点不同于体育的社会学观点,体育实践观致力于保存体育自身的目的、标准和卓越,而不是追求获得外在利益的回报。体育实践观的本质是评价和说明性的,而不只是描述或反映现实的体育制度和体育现象,它是认识体育本质的理论基础。

第三节　体育与品格教育关系的理论论证

在前面的讨论中,本书认为体育本质上是人类的一种伦理价值实践活动,体育内在目的的实现需要参与者具备一定的德性品格。下面将以德性伦理学为基础,来分析体育与品格教育的理论逻辑关系。

一、实践和德性的关系

亚里士多德是古希腊最早研究“德性和实践关系”的哲学家,他在

《尼各马可伦理学》中循环论证了“实践和德性”之间的关系。他认为“德性是人的一种品质，通过它一个人变成一个优秀能干的人，又能把人所固有的功能实现到完善”。①也就是说，每种德性既可以使承载德性的主体本身达到优秀和卓越的状态，也会使其功能达到完善。他举了马的例子：马的德性可以使马自身优秀，另一方面又使马跑得快，骑手骑着它可以更好地投入战斗。德性并不是人自然拥有的品质，单有对德性的认识也并不一定会有德行。他认为，只有当行为者在行动时满足了相应的条件才是德行。首先，他知道他所做的事；其次，他是基于一种明确的意愿选择而且这种选择全然是为了这件事情本身；第三，他行动时态度是坚定的和毫不动摇的。亚里士多德认为，美德经由不断的训练而获得，只有重复践行美德，不断地实践，才可以使人有美德，“我们是在做公正的事情当中，成为公正的人，在审慎当中成为审慎的人，在勇敢的行动中，成为勇敢的人”。②

现代德性伦理学代表人物之一麦金太尔，在《追寻美德》一书中对现代道德提出了全面批判，倡导亚里士多德的德性伦理。他认为“现代道德危机源于从外在的规则范式去要求人的行为，而没有从德性与实践的内在善、德性与个人生活统一性、德性与社会传统生命力的内在品性、内在关系出发”。③麦金太尔把德性视为内在于实践活动的善，并给个人生活统一性提供了依据。他认为德性不同于抽象普遍的道德规则，德性通常在带有某种特殊性的人类活动之中得到，他称这种特殊的活动为“实践”。

麦金太尔认为“实践与德性”具有三个层次的关联。首先，德性使人们获得实践活动的内在利益。第二，德性使个人追求良好的共同体生活。第三，保持传统美德，保持传统的实践和个人生活之间的相关性。实践和德性的三个维度是相互关联的，构成了一个完整德性的统一体。

---

① 亚里士多德.尼各马可伦理学[M].邓安庆，译.北京：人民出版社，2010：1106a20.

② 亚里士多德.尼各马可伦理学[M].邓安庆，译.北京：人民出版社，2010：1103b.

③ 高国希.走出伦理的困境——麦金太尔道德哲学与马克思主义伦理学研究[M].上海：上海科学院出版社，1996：140.

麦金太尔在第一层的实践和德性的关系中，认为“德性是一种获得性人类品质，德性的拥有和践行，能使我们获得实践的内在利益，缺乏德性将严重阻碍我们获得实践的内在利益”。①这是麦金太尔美德的第一层定义，德性是使实践成为具有内在利益的真正的实践的必要因素，任何一种实践如果缺少了德性，就无从获得实践的内在利益，实践活动就成了仅为外在利益服务的一种工具，失去了其本身的意义。麦金太尔认为，为了获得实践的内在利益，我们必须承认正义、诚实与勇敢等主要德性是任何具有内在利益和优秀标准的实践的必要成分。以下棋为例，假如我们要学会下棋，我们首先得承认象棋规则规定的输赢的标准，这种对于利益分配的承认要求的是公正的德性，我们要对实践可能带来的任何风险有所准备，这需要我们具备勇敢的美德。我们还必须认真倾听别人的意见和建议，这需要能承受他人的指责和正视现实的诚实与勇敢的德性。

麦金太尔在阐述实践与德性的第二层关系时，认为“每一种实践都需要那些参与者之间的某种关系。而现在德性就是这样一些利益，通过参照它们(无论我们是否愿意)，我们才能确定我们与那些和我们共有各种实践目的与标准的其他人的关系”。②而且他认为群体的身份对实践与德性都同样重要。首先，德性必须通过特殊的社会生活形式才能习得。其次，德性的发展也只有在共同体中才得以维持。麦金太尔说：“我需要我周围的人来强化我的道德力量，帮助我矫正我的道德弱点。通常只有在共同体中，个人才会有道德的能力和维持他的道德。”③第三，只有生活在共同体中，人们才会意识到相关联的特殊情境、感觉、意识的形式和行动的习惯。他再次论证了正义、诚实与勇敢作为主要德性对于实践共同体的重要性。他相信在共同体的实践中，人们分享实践的标准和目的，在这一点上，我们都必须遵循的标准是诚实、正义和勇敢的美德，并以此来定义我们彼此之间的关系。正义的德性要求我们以非个人的标准去

① 麦金太尔.追寻美德[M].宋继杰，译.南京：译林出版社，2003：242.
② 麦金太尔.追寻美德[M].宋继杰，译.南京：译林出版社，2003：243.
③ 麦金太尔.追寻美德[M].宋继杰，译.南京：译林出版社，2003：283.

处理他人的功过赏罚，勇敢的德性要求我们为了共同体的利益承担风险。

麦金太尔在阐述实践与德性的第三层关系时，认为每个人都是集体生活的历史的承载者，个体所处的这个集体是具有历史的存在，传统既是个人道德的起点，也构成了个人德性的一部分。传统并不是一成不变的，在个体的实践活动中，传统不断地被反思、被修正，形成的新的传统再经历这样的过程，周而复始联结不断。每一实践都有自己的历史，它们是非常不同的。我们进入实践就是进入一段关系，既包括当代实践者之间的关系，也涉及人们付诸实践之前的关系。我们必须学会实践传统的美德。他再次强调正义、勇敢与诚实的德性是践行传统的先决条件。

最后，麦金太尔对于德性与实践关系做了总结："德性不仅在于维系获得实践的各种内在利益所必需的那些关系、维系个人能够在其中找到他的善作为他的整个生活的善的那种个体生活形式，而且在于维系同时为实践与个体生活提供其必要的历史语境的那些传统。"①如果没有德性，就没有可能实现真正的实践，内在于实践中的利益就不会实现。因而我们要接受实践的各环节和各构成部分，接受内在的善和优秀的标准，如公正、诚实、勇敢等德性。因为不接受它们，就会阻碍我们达到实践的内在利益。

通过对实践内在利益的规定，麦金太尔强调了德性对实践的重要性："一种德性就是人类后天获得的性质，具有和运用它，会使我们能达到内在于实践的那些善，而若缺少了它，则必定会阻碍我们达到任何这类善的东西。"这一定义已经勾勒出德性与实践的相互关系：第一，拥有德性是实现实践内在利益的必要条件，而且，当外在利益与内在利益发生冲突时，拥有德性可以完美地制止我们单纯追求外在的利益。德性不仅能维持实践的进行，使我们实现内在与实践中的各种善，而且由于能使我们克服所遭遇的危险、诱惑和涣散，它还维持了我们对相关种类善的探索，使我们达到不断增长的自我知识和善的知识。德性不仅关系到

① 麦金太尔.追寻美德[M].宋继杰，译.南京：译林出版社，2003：283.

实践的内在目的实现，还关系到由实践所构建的人类生活的美好。

第二，德性就是实践的内在品格，它只有通过人们的实践活动才可以达至。道德实践对于伦理德性的弘扬与延展具有举足轻重的作用。首先，德性必须通过特殊的社会生活形式才能习得。其次，德性的发展也只有在共同体中才得以维持。再次，只有生活在社群中，人们才会意识到相关联的种种情境、感觉和意识的形式和行动的习惯，这些构成了我们认知和行为的内容。

综上可见，实践保持其整一性的能力，取决于德性在维系实践制度机构时得以存在和践行的方式，体育实践的整一性究其原因就在于德性的践行。如果没有德性，那么在实践中，参与者就只能认识到所谓的外在利益，而根本认识不到内在利益。

二、体育实践的伦理基础：道德竞争

体育运动是以竞技运动为其主要内容的活动，竞技运动最突出的特征就是它的竞争性，竞争构成了体育的灵魂。体育实践中最突出、最吸引人、争议最多的问题也是竞争。体育能发展到今天，对人有这么大的吸引力，很重要的一个原因在于它满足了人们对于美好社会的一种构想：那就是人与人之间的道德竞争。

（一）道德竞争的含义

我国战国时期著名思想家韩非子曾对人类社会的竞争形态做过精辟的概括："上古竞于道德，中世逐于智谋，当今争于气力"，"古人亟于德，中世逐于智，当今争于力"。[①]韩非子在此区分了三种形态和层次的竞争：以气力竞争，以智谋竞争，以道德竞争。"竞""逐""争"三词连用，表明其含义的相通，但又有区别。道德用"竞"，表明在道德的竞争中，更趋向于和谐并存；智谋用"逐"，表示智力上的竞争，比"竞"更为激烈，争的意味增强；气力之争用"争"，带有一定的贬义，指人类原始性气之争。韩

① 韩非子·五蠹.

非子认为“当今”即他所处的那个时代是“争于气力”，中间经历了一个“逐于智谋”的“中世”，“上古”时期则是“竞于道德”，显然他存在这样一个假设——“上古”时期存有一个美好、和谐的社会，因为他们的道德状况。如果我们对“三竞”的内涵做进一步的探讨，就可以看到其中蕴含着宝贵的思想价值。它肯定了竞争是一种普遍存在，“竞争”的概念有广义和狭义的区别，广义的竞争是一个中性概念，狭义的竞争则可以分为“竞”“逐”和“争”三种类型，在不同历史时期，其表现形态和方式是不同的。其中，“力”之争是低级形态的竞争，其次是“逐于智谋”即智的竞争，竞争的最高形态和境界是“竞于道德”。三种竞争的关系不是简单的取代关系，而是错综复杂地交织在一起，并存于每个历史时期。但是从宏观上看，三种竞争又确实具有一定的层次性和阶段性，即不同历史时期，竞争形态有明显不同。

从韩非子那个时代算起，回顾人类社会这两千余年的发展历程，正是经历了一个从“争于气力”到“逐于智谋”再到“竞于道德”的过程：古代社会的竞争特点正是“争于气力”，这种竞争还没有完全摆脱原始野蛮状态，竞争依靠的是武力征服和暴力行为。近代以来，人类社会越来越走向依靠智谋竞争的道路，这里，“智谋”既包含一定的竞争谋略，更包括知识和技能形态，英国哲学家培根所谓的“知识就是力量”是这一竞争观的最好表达。竞争不再是赤裸裸的角逐，而更多的是依靠人类的知识和智力进行的。“逐于智谋”的竞争观体现了人类文明的进步，“竞争计谋”“竞争策略”等成为人类竞争的主要手段。科学技术的竞争和发展也是这一层次竞争的体现。近百年来，人类社会和生活方式的进步很大程度上是依靠科技进步实现的，同时，科技因素成为竞争力的重要衡量标准。但是，我们必须看到，“逐于智谋”的竞争仍然存在一些严重缺陷，对社会发展产生了一些副作用。科技改变了世界，但是同时也给人类带来了灾难。因此，“逐于智谋”并不是竞争的最高境界。社会的竞争必须也必然转向“竞于道德”，道德的因素和作用日益重要，“小胜凭智，大胜靠德”“道德就是力量”应该成为全社会的一种共识。因此，“竞于道德”既不是对竞争的简单否定，也不是简单肯定，而是着眼于社会发展和历史进步，把握人类社会竞争的实质和特殊性，将竞争提高到一个新的层次和境界，从而也使人类社会进入一个更文明的阶段，其表现方式是竞赛，其判断标准是创新。

“竞于道德”意味着不但要建立一套完整的规则体系，同时要大力倡导新的竞争道德观，消除社会中的不正当竞争和恶性竞争现象。从本质上看，“竞于道德”与“逐于智谋”不是矛盾的，德本身是一种更高的智慧，具有统领性作用，它可以消除个体和局部的盲目竞争带来的不良后果，从而使竞争成为真正促整社会发展的良性动力。

实践证明，在社会生活中，如果盲目地受价值规律和人的“利己心”支配，放弃道德规范的引导，会使人变得唯利是图，为追求个人或小集团的利益，不惜牺牲他人的利益。从普世伦理视角看，国家利益、民族利益也不能超越全人类利益，为了民族利益牺牲全人类利益同样是不道德的。这样，不同层次的竞争实际上形成一个圈形结构，道德则是控制和调节这些结构的无形的重要力量。一旦道德沦丧，整个社会乃至整个世界必然陷入失序性混乱之中，规则的作用也会大打折扣，这是因为社会规范的实现也必须以一定的社会道德为基础。

现代社会中，道德是确保人的活动有效性和实现利益最大化的重要因素。比如，在对比赛规则的遵守上，既要有一定的制度来监督执行，又要有当事人尊重规则的道德作为基础，还需要人们相互信任与合作，对他人的行为规范有足够的“确信”。当诚实守信的道德规范尚未在参与者中真正确立起来，相互信任和恪守信约尚未成为一种道德氛围时，比赛规则在体育活动中的有效性就会丧失。体育作为一种竞赛活动，除了需要规则之外，还需要诚实、正直、合作、公平、正义等方面的道德。体育实践活动的有效运行需要以参与者遵守共同的道德规范为基础。如果大家不遵守一定的道德规范，人人自私，单有自利的动机，忽视道德的价值，是无法实现体育的内在利益的。人们共同遵守良善的行为准则才是竞赛中的明智选择。

伦理道德对体育的发展是一种重要的“支持性资源”。体育的竞争既含有身体技能的因素，也含有道德的因素。我们甚至可以说，对于具有非生产性的竞赛类游戏特征的体育，它存在的价值是以道德为主，身体技能为辅，体育从业者的职业道德对于体育实践目的的实现起决定性的作用。缺乏职业道德，再严格的规则也难以发挥作用。体育竞赛中，如果缺乏道德的参与和控制，不但不会实现体育的利益，反而会损害体育本身甚至社会。这是“竞于道德”这一新道德主义竞争观念的重要内涵。

（二）体育竞争的道德基础

体育的竞争应当建立在道德的前提下，以公平与正义为基础，以诚信与合作为基本方式，以规则性和有限性为基本准则。

1. 以公平与正义为基础

现代奥林匹克运动的竞争实质上是一种竞赛，而不是笼统意义的竞争。而竞赛必须是公平进行的，这一点没有任何疑义，就如人们通常所认为的，体育精神应表现为“公平竞赛”。但是，在界定何为“公平”上却存在着一定分歧，有结果公平说和过程公平说两种观点。结果公平说认为，公平在于结果，其具体含义就是平均。过程公平说认为，公平在于每个人在竞争过程中享有同等的竞争机会、遵守同样的竞争规则。是竞赛就一定会产生相应的结果，体育中的竞赛的公平显然不可能仅仅表现在结果公平上，它还应该体现在过程公平上。每个人都有机会参与体育的竞争，这体现为机会公平；在比赛中所有的参与者都必须遵守比赛的规则，规则对所有参与者都平等适用，这体现为规则公平。在竞赛过程中，剩下的只是参与者之间的技能和智力的竞争。这体现了“逐于智”的特点，即在竞争中，人们依靠智力和能力战胜竞争对手是一种善的行为。但是，“游戏规则的公平”也不是轻而易举的事，应由谁来制定规则？依据什么来制定规则能保证制定的是良法？又由谁来监督和保证规则的公正执行？这些都是“规则公平”中不可回避的问题。

在奥林匹克运动中，奥委会、各种运动的国际协会等体育机构的权力往往都掌握在强国的手中，他们着重推广本国具有历史传统和优势的体育运动，这在一定程度上限制了其他国家传统体育项目参与比赛的机会。例如，中国的武术，尽管经过不断的努力，但至今还只是奥运会的表演项目。中国的优势运动项目乒乓球，也面临国际乒协不断修改规则以限制中国队的竞争优势，如果从单纯的“逐于智”的竞争角度理解，这显然是不公平的。即使制定了公平的规则，规则的执行依然面临考验，个人喜好、政治倾向甚至金钱的诱惑等因素都有可能影响裁判的公正。在表面“公正”的过程竞争下，有时隐藏着深层的不公正，为了更全面地把握竞争，有必要将伦理学的“公正”概念引入对竞争的评价中。体育的竞争不仅包括“公平”还包括“正义”。“公正”概念的主要内涵是从整体和长远利益来评价某种行为，它包含着对于竞争目的的道德评价。通过是否公正的评价，对于那些虽然能够带来局部的外在利益却很可能影响体育整体的内在利益的竞争行为，给予必要的限制；对于某些不正义、不合理的竞争规则进行调整，按照“竞于道德”的要求来实现体育的公正竞赛。

2. 以诚信与合作为基本方式

这里的核心问题是将竞争视为手段还是目的。我们认为，竞争永远只是实现体育内在利益一种手段，而不是目的。在“争于力”和“逐于智”的竞争中，竞争本身就是目的，其他的反而成为手段，比如，为了竞争取胜，可以暂时采取合作的方式，也可以表面做出诚信的姿态，但是在以竞争为目的的前提下，所有这些都只是一种“计谋”，正如英国哲学家霍布斯所论证的“人与人之间如同狼与狼之间，只有赤裸裸的利益关系，而缺乏基本的真诚”。其实，这不能促进体育健康的发展，而是造成体育中道德危机的根源。

符合奥林匹克“友谊与和平”理想的体育竞赛应是将对手当作朋友，是朋友间的比赛，而不是将对手视为敌人，是敌人间的较量。“竞于道德”，首先要改变合作和竞争的错位，即认为竞争与合作是对立的，有竞争就不可能有真诚的合作。如果把体育中的竞争视为体能的竞赛或者是展示国家或团队综合实力的竞赛，就很难在参与者之间产生真诚的合作。这是一种零和竞赛观，认为竞赛的结果是一方吃掉另一方，一方的所得正是另一方的所失。这种竞赛观对比赛利益的认识是：不管有多少人参加竞赛，最终的胜利者只是极少数人，他们获得全部奖酬，其他大多数人只是充当陪衬而已。很多人尽管已经发挥了自己的最高水平，但是相对于有限的获奖者而言，他们仍然是失败者。“在奥林匹克竞赛中，仅仅百分之一秒就可以在游泳、短跑等几十种项目中分出胜负。然而，这些项目中的金牌得主往往源源不断赚进几百万的厂商赞助金，那些亚军却很快就归于寂静无闻。”①这种竞赛观把竞赛的目的理解为对外在利益的争夺，在有限的名额、巨大的利益的诱惑下，参赛者难免做出一些违反体育道德的行为，例如屡禁不止的兴奋剂。当人的正常体能的竞争已接近人体的极限，就只能利用技术来增强人体的机能，因为在高水平的奥林匹克竞赛中，微小差异往往造成所得的莫大差距。当比赛的荣誉与收益都集中到一两个世界级赢家身上的时候，对于参赛者而言，诱惑实在是太大了，虽然成功希望渺茫，但还是有很多人会为了这一刻的荣誉铤而走险。“争于力”和“逐于智”的竞争观都是不可取的，它们都将体育视为“零和竞赛”，它们以“非得即失”为基本价值观，利益是一个不变的常数，大家都在争夺，他人得到了某种利益，意味着我将失去那种利益。因此，竞争必然是“你死我活”的。

而“竞于道德”则认为，体育既是智慧和才能的比赛，同时也是品德和人格的比赛。比赛的过程是努力获得体育内在利益的过程，表现为对于人类卓越的伦理价值的追求和获得。体育外在利益的获得是流动的，输赢、得失是相对于其他人才存在的，体育内在利益的获得是共赢的、不排他的，一方的获得并不排除其他人的获得。单个人无法实现真正的、完整意义上的体育竞赛，对手之间、队友之间、运动员与裁判之间、观众之间都构成了体育竞赛一系列的关系。尤其是在一些团体项目中，例如足球、篮球等球类竞赛中，队员之间的合作和信任关系更是比赛非常关键的因素。在田径类的“人对人”非对抗性的比赛中，选手之间共同致力于超越的不是对手，而是对人类自身的超越，选手之间越表现出对比赛的尊重和投入，就越能激发对手的竞赛状态的发挥。此时，对手之间已经不再是竞争的关系，而是为了更好地实现体育的目的而共同努力的合作伙伴关系。例如，当刘翔因为脚伤缺席田径联赛时，他的最强的竞争对手罗

---

① 罗伯特·法兰克，菲利普·库克.赢家通吃的社会[M].席玉苹，译.海口：海南出版社，1998：38.

伯斯对不能和刘翔同场竞技感到非常遗憾，他认为因为少了刘翔这样优秀的竞争对手，自己在比赛中的状态也不能得到最好的激发。在竞技赛场上，优秀的选手不仅具有出色的技能，而且也表现出卓越的品格，运动员的行为越是符合体育精神，他们的表现就越优秀，同场竞技的对手也会表现更出色。在这样相互激励的体育竞赛氛围中，人与人之间感受到在精神追求上的共通，心与心的距离才会跨越世俗的障碍而离得更近。

3. 以有序性和有限性为基本准则

竞争源于一种所谓“无限性”，即人的体力智力、人的欲望和要求都是无止境的，因此竞争是无限的，人们永远不会满足于现状。公正地说，这种精神在一定的限度内的确可以成为一种动力，它推动着人们去奋斗，同时也推动社会向前发展。但是，这种“无限”却应该是有限的，即有一个最终的方向和最终的目标。缺少这一点，人的欲望就会陷入无度，人的追求会因为缺乏理性的约束而变得贪婪，社会也会因为缺乏道德的约束而变得混乱，正如布热津斯基所描述的西方社会：“一个道德准则的中心地位日益下降而相应地追求物欲上自我满足之风益发炽烈的社会，在这个社会中，‘贪婪就是好’是其恰如其分的座右铭，这是一种自我毁灭的社会伦理。”①

秩序和限度从来都是道德的基本要求。中国古代思想家荀子曾指出：“人生而有欲，欲而不得，则不能无求。求而无度量分界，则不能不争；争则乱，乱则穷。先王恶其乱也，故制礼义以分之，以养人之欲，给人之求。使欲必不穷于物，物必不屈于欲。两者相持而长，是礼之所起也。”②在荀子看来，无限度的欲求必然会产生竞争，竞争导致了社会的混乱，良性的竞争需要“礼”的约束，以使竞争变得有序和有限度。这是一种“竞于道德”的竞争观。

“竞于道德”所包含的秩序和限度观念在现代体育中具有重要意义。无秩序、无限度的竞争隐含的是一种价值迷失。面对越来越激烈和残酷

---

① 布热津斯基.大失控与大混乱[M].潘嘉玢，刘瑞祥，译，北京：中国社会科学出版社，1995：75—76.

② 荀子·礼论.

的赛场竞争，人们有理由问：竞争有没有终极？终极在哪里？同时，竞争的无限观念把体育的目标简化为不断追求超越。对它来说，理想、信仰、行为方式只要不隶属于竞争能力，没有被竞争能力合理认同，就会变得毫无价值。这种价值观的简化会把体育从应“以人为本”，变成人沦落为体育中的一种工具，最终导致体育中人的异化，也违背了体育的本来目的。德国文豪歌德笔下的浮士德是追求“无限”的竞争精神的人格化象征，浮士德自白道：“我只是贪图，只是求其实现，这之后又再贪图，用尽威权，使我的生涯如同风暴一般。”这种永不满足、永远追求的“竞争意识”在体育中如果被作为“美德”来赞美，那么无限竞争观念的结果最终可能导致体育中价值理性的失衡。西方神话中的另一个人物，西西弗斯即体现了这样一种意识：西西弗斯把一块巨石推到山顶，当巨石快推到山顶时，石头的重量迫使他后退，巨石滚回原来的地方，他不得不重新推起，如此反复，永无休止。法国哲学家加缪曾以《西西弗斯神话》为题，表达了他对人生荒诞性的理解，无限度、无止境本身隐含的是一种价值和目的的迷失。

如何才能使竞争恢复体育追求的价值理性呢？条件是必须使竞争归于道德。体育中有道德的竞争使人的竞争目标超越了褊狭的私利和具体的胜负、水平高低，而更忠实于体育的内在利益，正如现代奥林匹克之父顾拜旦所说：“尽管我们所处的时代，物质文明——我们通常称作机械文明，使一切事物美好起来，但有些威胁奥林匹克理想的弊端却会令人不安。诚然，我毋需隐讳，‘费厄泼赖’(Fair Play)处于危险之中，特别是由于种种毒害毫无顾忌地滋长，造成竞赛的狂热，赌博和冒险的狂热。因此，如果我们进行一次改革运动来反对这种冒险，我深信会得到这个国家舆论的支持——这些舆论会来自为自身健康、为教育价值、为完善人类的一切爱好体育的人们。”①如果摆脱各种外在的利益，体育竞赛就成了纯粹的身体、精神和道德的竞赛，这正是体育竞赛对于世人最大的吸引力，也是体育自身生命力的最有力的保证。

---

①　熊斗寅.什么是奥林匹克精神[J].新体育，1988(9).

三、德性品格是体育实践的内在需要

体育作为一种人类的价值实践，不仅需要参与者以体育的内在利益作为自己的目的追求，也需要以德性的方式追求，德性是规则、惯例和传统的组成。

亚里士多德认为，不是人的所有行为都是实践，只有那些具有价值和道德意义的行为才是真正的实践。人在体育中的行为是需要习得的，必须以体育的内在价值为目的才是真正的体育实践。可见，体育实践本质上是人的具有价值和伦理意义的实践。体育实践不仅建立在公正理念之上，也涉及自由和平等相互依赖的原则，诚实、勇敢等美德。因为没有这些美德，体育就有遭受损害的危险，进而影响其自身价值和所追求的内在利益的实现。

体育是以原则、规则和理念为特征的实践活动，但参与者也并不总是以符合道德的方式行动。体育中道德品格的发展，需要参与者对体育规则中所蕴含的伦理原则认知和理解，并据此行动。

首先，参与体育活动必须接受并学习符合比赛内在利益的规范，如果没有对规则潜在的原则的正确理解，体育就不可能被道德地理解和进行，因此，参与实践者的责任是自我控制，而不是被动地遵守规则和服从裁判的决定的过程。

体育都是有组织的，有规则限制的，规则的强制性在体育中表现特别突出。人们在设计体育活动之初，就制定了一整套的规则，参与体育的前提是学习并遵守构成体育的规则。规则规定了体育者的参与方式，参与者只能以体育规则所允许的方式行动。遵守体育规则应是追求体育内在的“卓越”标准，需要参与者的态度和努力都指向体育实践的内在利益。

体育实践中的品格发展意味着参与者的自我控制不仅是“要做什么”的决定，而且是应该做公正的事的决定。体育中的品格包含品格的所有构成因素：道德认知、道德情感、道德意志和道德行为。体育中道德品格的发展不只是在特定情景中培养某种品质，而是帮助个体无论是否在赛场都能成为有原则的、真实的、有辨别力的自我。

其次，体育共同体的确立离不开体育精神实践。当个体对体育规范的认识从“你应当”发展到“我应当”的状态时，个体经历了从被动遵守规范到主体德性的建构过程，即体育精神内化形成。具备了体育精神并不一定表现出良好的体育道德行为，体育精神通过体育中的行为而展现，体育中的道德行为是在体育精神价值的驱动下做出的，只有符合体育精神的行为才可能实现体育的内在目的。体育参与者通过体育的实践活动亲身体验了体育精神的内涵，体育中的道德行为反过来又强化了对于体育精神的内在认知。内在的良好的体育精神素养，外在的稳定一贯的体育道德行为习惯，这些构成了体育人的体育品格。

当个体进入体育的实践，他就成了更大共同体的一员，每一个成员都被期望能致力于共同体内在目的的实现。可见，共同体对实践极为重要，它不仅为教育和培育社会美德例如关怀、同情和慷慨等提供了框架，而且是个体强化群体身份认知的机会。体育作为以伦理为基础的人类实践，强调参与者应该做什么的责任，其行为要符合体育内在价值的要求。

四、体育为美德提供了实践和展示的平台

亚里士多德哲学的品格强调美德，康德哲学坚持遵守普遍原则。亚里士多德的品格概念是通过培养德性认识并实践，促进人的发展并谋求共同体的福利。康德更强调意志的倾向，意志约束自己遵守经由理性设定的实践原则。这些都与体育实践相关，而且，这两种理论是不冲突的。这是因为，体育内在地与道德相关，体育在道德行为的提升和特殊种类的实践上是有教育意义的。体育道德是建立在理性和伦理原则基础上的，体育中会发生康德所说的“自我建构”的品格塑造过程，体育中品格的发展不是被动的过程，而是自发的行为和有目的的自我建构。在体育中，通过有意识地开展道德教育，参与者的道德品格获得发展，体育相当于为道德品格的发展和教育提供了展示和实践的平台。

体育被认为是有关公正的社会实践，体育实践中展示了参与者令人钦佩的品质，为品格教育提供了各种道德榜样教育的实例，如滑雪激发人的勇气、冷静和自制，如足球注重合作意识、力量和决心。体育中德性品格的发展，是参与者依照他认识和理解的体育的伦理原则，在公正的实践和主动的自我建构中产生的，体育促进了勇敢、诚实、尊重和公正等品格的形成。体育实践中，只有践行勇敢、诚实、公正等美德，才能避免欺骗、自私、粗野的恶行。如果体育没有和道德的内在逻辑关联，那么，体育只是提供了美德的展示平台，它并不是真正的实践，参与这类体育活动也不会促进道德品格的发展。

公正需要实践中的每一个人都被客观的标准平等对待。诚实应当是相互的，这样参与者之间才会产生信任。勇气是为了追求实践的目标、价值和标准甘于冒受伤的危险。如果体育的公正理念能被接受，随之而来的就是对体育其他实践伦理价值理念的关注。如果没有对体育规则潜在原则的正确理解，体育就不可能被道德地理解和进行。不管参与者是否在政治观点、宗教信仰、生活习惯等方面有差异，这些价值都是体育实践必需的，如果没有这些美德，就不会获得构成和表征体育的价值和卓越的内在利益。体育对于品格形成的影响再怎么强调都不过分。体育促进了人的德、智、体、美、劳的全面发展，如果品格根基的不牢，就会导致人的堕落，也会危害社会。因此体育在教育上首先表现为与品格教育密切相关。

德性品格是体育被良好实践的必备因素，体育又为生活中必不可缺少的美德提供了最好的实践平台，所以努力促进和鼓动学校里体育的开展，是每个教育者的重要职责。

第四章　体育中品格教育的核心价值和品格范畴

体育本质上是人类的一种伦理价值实践活动，这里的价值是指体育的内在价值。它不同于将体育视为实现外在利益的价值认识，后者是一种工具价值。工具价值依据对象对实现某种愿望、目的有用性来认定其价值，例如，有人认为体育的价值是能强身健体，体育的确具有这样的功能，但此时的体育只是实现健康目的的某种途径。体育内在价值是因体育自身的目的而被需要的价值，它不依附于外在利益的实现而存在，并且只能通过体育实践来达成。体育的内在价值是与体育实践的内在目的相一致的，这种实践的价值就是体育精神。现实中人们对于体育的褒扬或指责所依据的标准往往就是“体育精神”，它是体育实践的内在目的，也是良好体育行为的价值标准。只有符合体育精神的行为才能展现体育本身的意义，才有可能实现塑造品格的目标。

缺乏体育精神的体育已经不是真正的体育，会引发体育中非道德行为的产生，也会造成人们对于“体育塑造道德品格”的质疑。反体育道德行为产生的原因，一方面是运动员把获胜当成体育最重要的目的，故意作出违背体育规则的行为。另一方面是体育实践中品格教育的缺失，运动员自身并不清楚什么样的行为才是符合体育精神的良好体育行为，因此在比赛中也不会做出发扬体育精神的体育道德行为。如果要做到有效的教育，首先需要厘清的就是对体育精神和体育品格的正确认识，本章将结合体育中的具体问题来分析体育精神和体育品格的具体内涵。

参与体育活动所形成的品格可称之为“体育品格”，但是，对于它的构成和内涵还缺乏清晰的界定，也没有达成一致的意见。体育精神是体育传统的重要组成部分，但是在实践中，人们对于体育精神的认识和理解各有不同，对于体育精神具体内涵的阐释，理论界也一直没有达成共识。这其中的原因是，体育精神虽然事实上构成了体育的内在价值，但它其实也是抽象的。因为对于体育的认识有差异，对于体育精神的认识层次也就构成了差异。要理解体育精神，首先需要清楚“精神”的含义，学界对“精神”一词有广义和狭义的两种理解。①广义的“精神”是指与物质世界相对的非物质世界，包括由人脑活动产生的各种意识、思维、观念和其他心理状态。狭义的“精神”指处于人内心深处并相对稳定的人的意识、观念和心态，外在活动可以反映内在的精神。体育精神是指因参与体育活动而形成的，蕴含在体育参与者意识、思维、观念和心态之中的，相对稳定的价值取向和行为趋势，外在表现出的是良好的体育道德行为。

第一节 体育精神的伦理价值分析

“核心价值观是文化软实力的灵魂、文化软实力建设的重点。这是决定文化性质和方向的最深层次要素。”②体育精神是主体参与体育实践所应遵循的核心价值，它构成了体育文化建设的灵魂。本章将要探讨的体育精神将在体育是一种人类的伦理价值实践的认识层面上展开。通过对于体育的内在价值——体育精神的分析和认识，为接下来具体审视体育实践中的品格的内涵奠定伦理基础。

党的十九大报告指出：“社会主义核心价值观是当代中国精神的集中体现，凝结着全体人民共同的价值追求。”社会主义核心价值观以“富强、民主、文明、和谐，自由、平等、公正、法治，爱国、敬业、诚信、友善”为基本内容，打通了国家、社会和个体三者之间的内在逻辑关系，为分析我国体育精神的内在价值提供了认识基础。体育是一种价值实践活动，体育精神的内在价值层次应当与社会主义核心价值观保持一致，它包含三

① 宋志明，吴潜涛.中华民族精神论纲[M].北京：中国人民大学出版社，2006：1.

② 中央文献研究室，中国外文局.习近平谈治国理政[M].北京：外文出版社，2014.

个层面的价值实践内涵:个人的、社会的和人类的。本章将从这三个方面来分析体育精神的价值内涵:提升快乐的体育精神、作为社会联合的体育精神和利他主义的体育精神。在分别陈述三个方面的体育精神前,有必要说明的是,它们之间的关系并不是逐渐递进的,它们可以同时存在,也可以单独存在。

一、提升快乐的体育精神

提升快乐的体育精神理念渊源,可以追溯到西方中世纪,“当时用‘disport’一词代表体育,这个词由古希腊的‘deportare’一词演化而来,在古希腊该词的意思是指人们闲暇时的活动”。①在这一词义的基础上,随着体育活动的历史发展,到了十五世纪,“disport”一词主要是指人们在劳动之余,参加一些娱乐活动,并且身心获得愉悦感受,但当时的活动并非特指体育类的身体活动。到了十六世纪,该词主要代表通过身体类的娱乐活动所获得的身心快乐。到了十七世纪,“disport”一词演化为现在代表体育的词语“sport”,该词已经有了很明确的体育活动的含义,代表通过一些有目的性的身体活动例如钓鱼、打猎等来获得休闲快乐。后来,在十九世纪的英国的公立学校,“sport”特指能给人的身心带来快乐的户外的竞赛活动。在当时留下的文献资料中,格拉夫(Graves)写道:“体育能带给人的是投入其中会收获无尽的欢乐,参与体育的目的没有其他,就是因为它能让人享受快乐。”在对体育这样的认识基础上,他又继续分析认为:“体育运动精神就表现在参与体育活动带给人的蓬勃向上的愉悦精神风貌和行为,如果体育不能带给人身心的愉悦,那就不是好的体育。”②

基廷也是在“sport”词源的基础上分析体育精神,认为体育是“一种能直接带给人欢乐、愉快、开心的休闲活动,这种快乐的给予是适度和

① 周爱光.竞技运动概念的发展演变、本质属性及其划分的研究[J].体育学刊,1998(4):45.

② Graves, H. A Philosophy of Sport[J]. The Contemporary Review, 1990(12):877-893.

慷慨的”。他为了更好地解释“sport”所带来的快乐，又将“sport”与“athletics”进行了对比，他说：“在本质是竞争的体育活动中，它的比赛的目的就是获胜，这种体育活动所表现出的精神是奉献、牺牲和紧张。”①非常值得注意的是，基廷在他的分析中区分了“sport”和“athletics”。他用“sport”一词代表游戏类的体育活动的概念，参与其中的目的就是它所能带给人的快乐本身。他用“athletics”代表旨在获胜的竞赛活动。他力图通过对于“sport”和“athletics”的概念区分，来探究体育道德。

他的体育概念区分的标准是竞争，“athletics”是关注竞争比赛结果的竞赛活动，而“sport”则追求体育活动本身的快乐。对于这样的区分标准，本书认为还有待商榷，因为，如果认为“sport”就是单纯追求快乐，显然这从一定程度上降低了体育自身的内在价值。并且，“athletics”的体育活动的竞争也不是快乐减损的主要原因。尽管有些活动比起其他活动更能给参与者带来快乐，但是快乐的多少并不能成为区分两种体育活动的概念标准。在一些很严肃的活动中，也蕴含着类似于竞赛的非严肃的快乐，例如战争。赫依津哈在《游戏的人》一书中，把战争也归类为人类的一种游戏，显然他认为战争带有游戏的快乐特征。而且，活动的竞争性并不排除参与者也可以以游戏的态度来对待竞争。即使在竞争激烈的职业体育中，体育参与者依然能体验到游戏般的快乐。

但是基廷所尝试的通过区分不同目的的体育活动，来分析其各自所蕴含的体育道德的研究思路还是很有启发。在体育竞赛中，如果只关注获胜的结果，的确会减损甚至抵消掉体育的游戏精神。体育本身一定具有竞争性，这些体育既包括群众日常生活中的自发性体育活动，也包括职业体育场上的正规比赛。但是，不管体育的场景是严肃还是非严肃的，都应该能带给人快乐，因为快乐就是体育的构成特征之一。因此，竞争并不是减损体育的快乐，而是只以获胜为参与体育竞争的唯一目的从根本上背离了体育的本质，从而并不是真正的体育实践。事实上，即使在基廷所定义的一些休闲类的以追求快乐为目的体育活动中，也不排除

---

① Keating, J. W. Sportsmanship as a Moral Category. in E. W. Gerber and W. J. Morgan(eds), Sport and the Body[M]. Philadelphia：Lea and Febiger，1979：265.

竞争，就是一个人进行的狩猎活动中，也可能存在自己跟自己的竞争，狩猎者不由自主地会和以前的狩猎状态相比较，总想把状态发挥得更好，甚至希望有更多的成果收获。这时狩猎者的心理是快乐还是不快乐我们暂且不论，但是竞争的意识是存在的。参与体育者有竞争的意识并不是不可取的或者不符合体育道德，体育一定包含身心参与的竞争，竞争本身就是体育的一种属性，以身体参与的竞赛类活动更能代表体育的竞争性，也更能凸显道德和体育的关联。这其中的关键点就是，在体育中是以正当的方式追求获胜，还是不惜一切代价只为追求获胜的目标。

在重申了本书的体育认识立场后，接下来，本书将借鉴基廷的分析方法，从两个途径来认识体育运动道德。在体育竞争中，竞争的目的的确影响参与者的行为。体育中的竞争的目标如果是排他性的非赢即输，则很难体验到体育所带给人的真正的快乐。提升个人快乐的体育精神来自一种共同努力获胜的合作似的竞争，也就是公平竞争。这种体育精神的践行，缓和了竞赛场上对手之间的对抗和敌意。在公平竞争的体育精神的氛围中，即使是面临比赛冠亚军的激烈争夺，体育参与者也会表现出更多的友善、礼貌、公正和尊重的美德。即使是在拳击、摔跤类的比赛中，尽管场上的运动员不会倾向于表现出对对手的热诚或慷慨，但是也会遵守行为的规则，做到克己有礼。提升快乐的体育精神要求所有的体育参与者，通过有尊严的、荣誉的方式争取胜利。他们会将“公正的比赛”“胜不骄、败不馁”视为参与体育的正当的行为举止。正如基廷所描述的：“‘公平竞争’是运动员美德的核心。”①它比获胜的结果更能带给人成就感和满足感。有道德的竞争提升了竞争的快乐，它既是体育精神的核心价值，也是对参与体育者最低的行为要求。

对于运动员来讲，体育精神的含义是简单又是至上的。体育精神不仅仅是遵守规则，尽管规则也蕴含了体育的公正理论；也不是一些体育中受人推崇美德的简单罗列，例如勇敢、诚实、坚持、毅力、自律、自尊、自立等，尽管体育所能塑造这些美德。体育精神其实更与参与者个人的道

① Keating, J. W. The Ethics of Competition and its Relation to some Moral Problems in Athletics[J]. The Philosophy of Sport, Springfield, 1973(3):170.

德认识和道德行为相关。与仅仅将体育视为游戏的参与者不同的是，真正的体育人应以神圣而又虔诚的态度对待他被赋予的参与体育的权利，他表现出的是对体育的一种高尚的、奉献的倾情投入。正是基于这样的态度，他收获了体育的欢乐。体育的竞争并不是排他的，独占的，非此即彼的，而是合作共赢的竞争，双方都能收获竞赛所带来的欢愉。体育精神对于体育人不仅是能带来快乐的行为方式，也是对于体育游戏精神的践行。不管是“严肃的”正规体育比赛还是“不严肃的”日常的体育活动，都可以体验到这种提升快乐的体育精神，这与竞争的程度无关，而是如亚里士多德所定义的“一种适度的”快乐。如果过于严肃，则失去了体育的游戏精神，如果是过于随意的玩耍态度，又丧失了体育竞赛要努力追求卓越的精神。正如费泽尔所言，“好的体育应该是介于‘严肃’和‘非严肃’之间的。”①这也就意味着对于体育精神所带来的快乐也应该是介于两者之间的一种快乐，随之表现出的好的品行也是介于两种恶德之间的美德，但是在体育实践中这种相对平衡的把持的确是很不容易的。提升快乐的体育精神并不要求参与者精确地把握快乐的尺度，而是要求他们对于“什么行为是符合体育精神的，什么是不符合的”能有更清楚的认识。显然，如果没有体育中具体的实践体验，没有对体育情境中现实案例的讨论分析，便无法真正地习得什么才是适度的竞争行为。体育本质上是一种人类的价值实践活动，体育精神就是体育实践的价值准则。体育实践情境的独特性使道德的含义与现实生活中的会有不同，例如生活当中对他人身体的侵犯是一种不道德的行为，而体育中的侵犯性行为并不能简单地被定义为不道德的。在一些竞争激烈的身体接触型的体育竞赛项目中，例如篮球、足球、冰球、橄榄球，随着竞争的白热化，在正常的比赛中也时常夹杂着瞬间爆发的身体冲撞攻击行为，但是观众和球员都很少认为这类行为是不道德的。可以说，体育中关于道德平衡的把持更复杂、困难，各种不同体育项目、不同的情境中，所要求的竞争的适度程度也是不同的，需要具体情况具体分析。

① Feezell, R. M. Sportsmanship[J]. Journal of the Philosophy of Sport, 1986(7):10.

首先，提升快乐的体育精神，参与体育的目的对于行为是否符合此种体育精神非常关键。如果仅以追求获胜为目的，就会感受到压力和紧张，对于对手也会充满着对抗和敌视，在这种情况下，不仅无法体现此种体育精神，而且往往伴随着不道德的行为的发生。如果以追求体育本身所带来的快乐为目的，则无论是否面临比赛的竞争，都有可能实现这种体育精神。正如前面所强调的，提升快乐的体育精神和竞争并不冲突。第二个需要指出的问题是，体育中的快乐并不和比赛的"严肃"或"非严肃"相关，参与者在任何一种体育中都能体验到这种体育精神，因为体育本身就归属于"游戏"。但是对于"游戏"快乐的追求行为和态度，则和是否能获得这种快乐有关，也就是不能简单地将体育就视为一种游戏，要以庄重的态度来对待它才是提升快乐的体育精神的体现。可以说，体育的"游戏"属性是快乐的，但并不表示参与体育的行为可以是随意的，它有具体的道德内涵，而且对于体育行为是否符合道德的判断只有在具体的情景中去认识。第三个问题与第一个问题相关，提升快乐的体育精神是值得追求的，这并不是从功利主义的角度做出的衡量：认为体育能给参与者带来快乐，因而它是有价值的，这是以体育本身内在的价值为追求的体现。这无关乎参与者在体育中最终获得了什么，而是追求本身就是一种体现美德的行为，参与者因而具有了更高层次的欢乐。例如，在1956年奥运会的3 000米障碍跑比赛中，跑在运动员布拉舍(Brasher)前面的运动员不慎摔倒，此时如果布拉舍借此机会超过他跑向终点，他就可以获得冠军，但是，他没有这么做，而是停下来扶起了痛苦倒地的对手。尽管人们对于布拉舍的行为褒贬不一，有人认为这是互助友爱、公平竞争的体育精神的体现，也有人认为比赛就是比赛，不需要实施这种慷慨的举动。最终布拉舍没有获得比赛的冠军，但是他似乎并没有为自己的选择后悔，他表示如果自己当时不去管对手，直接冲向终点而夺冠，他也不认为自己就会心安理得地享受这个冠军的殊荣，现在的他反倒是平静而快乐的。如果没有对于提升快乐的体育精神的深刻体会，布拉舍应该不会有这种感受。

通过对于提升快乐的体育精神的分析，可以明确的是：体育内在地和快乐相联，而且快乐必须以正当的方式取得。不应从功利的角度衡量体育的快乐，这样就降低甚至忽视了体育的核心价值。在体育中提倡这种体育精神是必要的，它能引导体育参与者秉承高尚的行为，从而降低体育竞争所带来的不利影响。

二、作为社会联合的体育精神

人们参与体育实践的前提是必须遵守体育的规则，规则构成了体育独特的行为模式，但是参与体育本身并不仅仅是被动地或被迫地遵守规则，对于体育的这种认识还是停留在制度的而非实践的层面。对于体育规则的遵守涉及人的公正品格。只有具有公正品格的人才能自觉自愿地遵守体育的规则。体育在其形成和发展的漫长历史过程中都是和人与人之间的联合紧密相关的，参与者们在体育中继承和保持了这种和他人一起分享，并相互理解、欣赏的传统。现代奥林匹克运动是古代奥林匹克运动的传统的传承和发展，它的活动宗旨是："通过开展没有任何形式的歧视并按照奥林匹克精神———以互相理解、友谊、团结和公平比赛精神的体育活动来教育青年，从而为建立一个和平而更美好的世界作出贡献。"①体育中人与人之间的社会联合能加深人们相互之间的理解和友爱，这也正是体育实践旨在培育和传播的精神。我们大家耳熟能详的一句体育标语"友谊第一，比赛第二"就是这种体育精神的反映，对社会而言，通过体育比赛增进人与人之间的友爱、团结比通过比赛所获得的名次等外在成就更重要。罗尔斯(Rawls)认为，比赛作为一种社会联合的例子，不仅是因为在比赛中参与者都受统一的规则约束，而且意味着相互之间的一种承诺和配合："通过有利于他人的良好的行为来参与体育。"②

作为一种社会联合的体育理念，不仅使体育参与者接纳和遵守比赛的规则，而且使他们通过参与体育体会并传递了人与人之间的相互

---

① 国际奥林匹克委员会.奥林匹克宪章[M].北京：奥林匹克出版社，2001.

② Rawls, J.A Theory of Justice. New York: Oxford University Press，1973：525－526.

友爱和合作共赢。如果这种体育精神的理念能够通过体育实践来传播和发扬，那就已经超越了理论和口号层面的倡导，已经通过真实的行为建立了对他人的情谊和良好意愿，这显然比比赛的结果更重要。作为一种社会联合的体育精神的主要目标就是通过体育维护和提升人与人之间的友爱。这个目标和体育实践的内在价值实现紧密相连，如果任何对于体育内在价值的认识不包含这种体育精神，都是苍白和缺乏历史依据的。在体育的发展历程中，正是对于这一传统的弘扬和继承，才避免了体育沦为人与人之间的单纯竞争，甚至因为竞争而产生仇恨和反社会的暴行。

需要强调的是，不能把作为社会联合的体育精神视为体育共同体用以联合社会的一种机制或者手段（尽管形式上它表现为一种体育共同体的联合），而是社会成员个体之间旨在通过体育增进理解、关爱的一种社会联合。在这种体育精神的感召下，即使面对激烈的比赛竞争，人们仍会展现出礼貌、尊重、友善的行为。作为社会联合的体育精神也可以被理解为，通过体育这样一种特殊的社会组织活动，人们聚合到一起来共享并倡导一种生活的价值。这种社会联合的形式能否正常发展并繁盛，与参与者能否以符合体育精神的方式行为密切相关。与此相关的体育中的实例很多，例如，1982 年的法网锦标赛，瑞士选手维兰德（Wilander）由于裁判判罚对手发球压线而获得比赛最终胜利的关键一分，然而维兰德却向裁判表明对方发球并没有压线，他不应该获得这关键的一分。裁判通过重看比赛的录像认可了他的看法。尽管面临激烈的比赛竞争和对他而言非常关键的比分，但是出于公正的品格，维兰德选择了尊重比赛事实、公平地对待对手，这是体育精神的体现。

如果体育被视为一种社会的联合，一种致力于共同实现美好人性的方式，那么体育就不再只是依据规则的公平竞争，而是通过参与体育的行为来实践对于体育精神的信仰，公正的比赛不再只是应规则所要求而为，而是对于体育和平、友好竞争的传统理念的弘扬。这是所有参与体育的人都应该继承的重要的体育传统，也是体育实践中最需要进行启蒙的内容。因此，体育中所表现出来的嘲弄、激怒、幸灾乐祸等行为，也许并不违法体育规则，但是它违背了体育精神，依然是不符合体育道德的不正当的行为。

至此，作为社会联合的体育精神，已经从人们通常认识的公正比赛中分离出来，之所以做到公正甚至做出超越规则的公正行为，皆是为了维护和促进作为社会联合的体育精神，是共同体成员能共享的有价值的生活方式。作为社会联合的体育精神不是体育道德原则的制度形式，而是对于人类是一个整体的意识和行为。

三、利他主义的体育精神

对于体育精神的讨论至此，可以发现体育精神是和体育美德密切相关的，它体现了最高价值的体育道德。提升快乐的体育精神的主旨是以高尚的、慷慨的方式参与体育会获得更高的快乐。作为社会联合的体育精神要求维持和示范一种理想化的、有价值的生活模式，并且倡导人们以友善的方式参与体育。接下来本节将从另一个方面阐述体育精神，这就是人类的利他主义体育精神，它受利他主义的动机所引导，关心他人的福祉。在具体阐述之前，有必要重申的是，这三种体育精神并不是相互排斥的，只不过是从不同的侧重面来认识体育精神，这有助于更全面地认识体育精神。

可以说，人类的利他主义体育精神并不能被视为一种行为的道德模式。在进一步说明此问题之前，需要先将这里的利他主义和康德道德义务论中的利他的观点做个对比。在康德看来，道德就是依据道德原则而行为的义务，人们有遵守道德原则的义务，是因为这些原则本身是符合伦理的，它们是普遍的、公正的、一致的和义务的。正如威廉姆斯(Williams)在对康德哲学的讨论中指出："康德的道德哲学的特征是绝对的道德律令，它是任何人、任何情境都必须要遵守的普遍的道德义务。"①康德的道德哲学中行为是否道德，不仅和行为是否符合道德义务有关，还和

① Williams, B. Persons, Character and Morality: The Identity of Persons[M]. Berkeley: University of California Press, 1976:198.

道德动机有关。只有出于遵守义务的动机而做出的行为才是道德的行为，否则即使做了道德义务规定的行为也是不道德的。例如，同样是无偿捐款的行为，如果是出于对他人慷慨的道德义务而做出的行为就是道德的，如果是基于同情或是从众而做出的行为则不具有道德意义。康德的道德哲学把履行道德义务作为对人最基本的道德要求，可是在现实中完全做到却非易事。

康德的道德理论与体育的公正理论有共同之处，体育中遵守公正的行为是履行体育精神的义务。康德的理论非常强调道德原则的普遍性和公正性，这使他的理论对于生活中也包括体育中非常重要的人与人之间的关系存在某些忽视，例如同情、怜悯、关心和友爱等美德。应该明确的是，有关的道德观点与公正和义务都有非常重要的关联，尤其是在对于青少年的教育中。对利他主义的体育精神的讨论将基于这种道德观点展开，体育精神不仅是对于体育规范的公正原则的遵守，同时也有超越此种义务的内容。体育中的利他的体育道德，和康德道德义务论中的利他观点不同的是：前者有着更多的义务之外的行为要求，更强调体育实践中人与人之间的独特联系的重要性。

利他主义的体育精神意味着，体育中利他的行为不仅是出于规则规定的义务，同时也存在着对其他同场竞技者的关怀，无论他们是队友还是对手。利他主义的体育精神具有比遵守规则更多的、额外的责任要求，正如黑尔（Hare）所描述的，是一种“值得称颂的但并非义务的行为”。①换言之，利他的体育精神所指的额外的责任主要包括两方面：第一，体育人不是出于道德义务或被规则要求而行为，也就是，他们没有必须要这样做的义务；第二，这种行为是高尚的道德行为，是值得称赞的行为。在体育实践中，体育人通常会面临一些特殊的情境，这时需要他们做出超越一般道德义务的高尚行为。在此情境中所做出的超义务的道德行为，不是出于规则要求而做，这种行为的道德高度已经超越了道德义务所规定的层次。因此，即使人们面临此种情境，没有选择做出这种

① Borotra, J. A Plea for Sporting Ethics[J]. Bulletin of the Federation Internationale D'Education Physique, 1978(3):8.

高尚的道德行为，他们的行为也不能被认为是非道德的。

在体育中，至少有两种行为可以被认为超越了体育中的道德义务，即公平竞赛的行为要求：一种是甘愿冒某种风险或代价，甚至是自我牺牲而做出的有利于他人的行为，就如前文所提到一个例子，激烈的竞赛中长跑运动员放弃了自己夺冠的机会，而停下来帮助受伤的对手；第二种是行为所带来的道德上的好已经超出了体育中的道德义务或体育规则规定的要求，例如，在一次世界跳远比赛中，选手梅塔（Meta Antenan）对主裁判提出，应该给她的对手超出规定的休息时间，因为对手刚刚参加完另一个比赛。和梅塔同场竞技的对手是一名德国的实力强劲的选手，梅塔并没有道德义务要对裁判提出这种请求，并且即使她不提出这个要求，而比赛按照原来的进度进行，那么假如梅塔因为对手体力欠佳而获胜，依照比赛规则她的获胜也是没有任何问题的。然而出于对公平竞赛更高的道德考量，梅塔选择了对自己可能不利的做法，她的这种行为无疑是超越道德义务的高尚的道德行为。

上面所举的几个体育事例中，体育参与者的行为都体现了超越道德义务要求的更高尚的利他精神。应该强调的是，利他主义的体育精神并不是一个普遍的要求，做出符合此种体育精神的行为无疑具有更高的道德价值，但是这种行为绝不是一种道德义务。这是一种不能作为道德义务而提出的体育精神，这也是体育规则所不能规定的必须要遵守的行为。因为它已经超越了普遍的道德义务的要求，也因为已经超出了人们普遍能做到的程度，所以不能作为普遍的道德义务或规则而提出，是一种超义务的道德行为。如果有人做出了符合利他主义体育精神的行为，他的行为绝对是高尚的，是值得道德称颂的，但绝非是必须要做的。超义务的道德行为体现了利他主义的体育精神，这里的“利他”是出于对他人更高的关怀的情感，是超越道德要求的“自我牺牲”的高贵行为。

利他主义的体育精神是一种超义务的道德，它从本质上区别于普遍道德义务所规定的道德，是一种高尚的道德，也能让人获得更大的满足和愉悦，这是一种更高层次的快乐。利他主义的体育精神与对于同为人类的他者更深的同情、关切、关怀等情感有关，但是不只是一种情感的感同身受，而且是情感驱动下做出的行为表现出了高尚的品格。利他行为是出于希望他人好的意愿，这种意愿并不是康德的道德理论中所指的出于理性的意愿(道德义务)。在很多情况下，这种行为可能是一种自发的本能的行为，它并不是理性思考的结果，也不是出于遵守道德义务的习惯。这种利他行为的动机明显不同于康德所说的出于义务或责任的动机，而是受对于他人的困境的一种感同身受的知觉的驱动。在康德看来，这种利他的动机是暂时的、易变的、受情绪掌控的，因此是不可靠的，不能作为理性的道德动机。但是，这种利他行为无疑是存在的，并且由于它为他人所带来的好，不能被简单归类为道德无涉的行为。正如布鲁姆(Blum)所指出的："依照普遍的道德义务所作出的道德上好的行为，并不能代表所有的道德上好的行为。"①可以说，现实中的确存在很多的美德，正义、公平、尽责是利他主义的美德，而友善、关怀、同情也同样是利他主义的美德。利他主义的体育精神相比于作为社会联合的体育精神和提升快乐的体育精神，不是出于"对于价值和人与人之间独特的生活形式的传承，以及以德性的方式提升快乐"的立场，而是出于对他人福利的特别的、真正的关怀。利他主义体育精神所表现出的超义务的道德行为更好地诠释了体育运动道德的优良传统，它是体育精神最高层次的展现，它也为品格教育提供了更宽广的基础。

体育精神代表着体育的内在价值，符合体育精神的体育实践行为才能实现体育的内在目的，才是真正的实践。可以说，体育精神奠定了体育实践的伦理基础。提升快乐的体育精神的主旨是以高尚的、慷慨的方式参与体育会获得更高的快乐，这是一种共同努力获胜的、合作似的竞争行为，即公平竞争。作为社会联合的体育精神倡导人们以友善的方式参与体育，体育不再只是依据规则的比赛，而是通过参与体育，体会并传递人与人之间的团结、友善。利他主义体育精神意味着体育中的团结友善和公平竞争不仅是履行规则规定的道德义务，同时也存在对其他同场

---

① Blum, L. A. Friendship, Altruism and Morality[M]. Boston: Routledge and Kegan Paul, 1980:93.

竞技者的真正的关怀。利他主义的体育精神是一种超义务的高尚的道德,它能让人获得更高层次的满足和愉悦。

第二节　体育品格的核心构成和伦理内涵

体育作为以伦理为基础的人类实践,强调参与者应该做什么的责任和行为要符合体育内在价值的要求。体育和道德有内在的逻辑关联,体育促进了道德品格的发展,体育实践中展示了参与者令人钦佩的品质,体育被认为是有关公正的社会实践,为品格教育提供了各种道德榜样教育的实例。有些运动能激发人的勇气、冷静和自制的品格,如滑雪运动;另一些运动注重培养合作、团结和决心的品格,如足球运动。体育中道德品格的发展过程是:参与者依照自身所认知和理解的体育伦理原则而行动,通过践行公正等伦理原则和主动的自我建构,促进勇敢、诚实、尊重和公正等品格的形成。

体育中品格的形成并不是一个自然的过程,参与其中的青少年如果对体育的伦理价值存在错误认识,不但不能发挥体育对于品格塑造的作用,反而成为导致体育中非道德行为的根源。青少年在体育中除了要学习运动技能,也需要学习体育行为的伦理原则。他们需要在专门的指导下通过体育实践学会辨别哪些行为是可以接受的,通过不断地实践勇敢、诚实、尊重、公正和友爱等美德,慢慢形成正确的态度和习惯,从而塑造良好的品格。

一、勇　　敢

体育能使人变得勇敢,这是很多人的共识。体育竞赛中对于风险的挑战的确让人赞叹运动员的勇敢,但同时体育中的很多伤害行为,恰恰是对于勇敢的体育伦理的过度遵从所导致的。对于体育中勇敢品格的内涵分析之前,我们有必要先从体育中伤害行为的道德问题讨论开始。

(一) 对体育中伤害行为的道德讨论

体育中一些运动项目的规则本身就允许甚至鼓励一定的身体接触，有些运动还以身体上击倒对手为获胜的标准，如拳击、散打、冰球和橄榄球运动等。这类运动中，身体上的冲撞和击打行为都是规则允许的正常行为。但是这种身体上的攻击行为如果放到生活场景中，通常是被禁止的，甚至会被视为一种伤害类的犯罪行为。在这类运动中，忍受身体的伤痛和奋力进行身体的搏斗通常被视为一种勇敢的表现。再比如一些高风险的运动，例如滑雪和摩托车等比赛中，规则允许也鼓励运动员冒极大的风险，做出一些非常惊险的动作和超速行驶。在这些运动中，运动员人身伤害的行为时有发生，这些伤害行为通常不会引发民事或刑事的诉讼纠纷，参与这些运动就意味着自动放弃了一些生活中法律所规定的人身保护，在运动中发生的一些高风险的行为也成为法律所不涉足的领域。

这就造成了一定的现实矛盾，一方面，人们通常把勇敢视为体育中运动员应具备的品格，也认为参与体育运动意味着甘冒受伤的风险因而可以塑造参与者勇敢的品格。另一方面，运动员深受勇敢的体育伦理的影响，也将表现出勇敢的品格视为成为一名优秀运动员的努力目标之一，因而可能会做出一些非道德行为，例如运动场上的故意伤害行为，一些运动员在场外也经常容易做出打架斗殴等行为。符合体育道德的勇敢同鲁莽、蛮干、粗野有本质的不同，勇敢是运动员在体育活动中甘愿牺牲、不怕困难和顽强拼搏作风的道德概况。

1. 勇敢要求运动员要有为“比赛”做出牺牲的勇气。体育伦理倡导“真正的运动员”必须能有为了热爱的体育事业做出牺牲的勇气。在这个理念的鼓舞之下，运动员将比赛的利益视为生活中最高的利益，觉得为了比赛而牺牲生活其他的利益是理所应当的。他们投入大量的时间和精力专注于比赛的训练，把过度训练中身体可能遭受的伤害视为理所当然的“代价”。

这方面有很多的例子。一位六年里做了十次膝部手术的橄榄球队的前锋，当记者问他为了比赛做出这么大的身体牺牲是否值得时，他回答：“我已经告诉了 100 个人，如果有机会在 NFL 比赛，我愿意免费参加。

这从来都和钱无关,它只是比赛,而不是任何别的。”①NBA 教练菲尔·杰克逊也强调了这一点:“无论他们是否愿意承认这一点,大多数运动员都不是为了金钱或吹捧而比赛,而是出于对运动的热爱。”②很多运动员都表示愿意为了比赛做出牺牲,这既表达了他们对于所从事的体育事业的热爱,另一方也表明对于是否具有为了比赛而牺牲的勇气已成为定义运动员的标准之一。

2. 勇敢要求运动员要有接受冒险和忍受痛苦的勇气。这一运动伦理要求“真正的运动员”必须不断追求、挑战自身的极限,要忍受训练中的身体痛苦,要承受竞争中的高压力,而不应表现出丝毫的痛苦和恐惧。在运动员中,自愿地接受有害于健康的冒险是身体勇敢和具有牺牲精神勇气的标志。这种体育伦理要求运动员在任何巨大挑战面前都不要退缩,要有接受失败和身体伤害的勇气,并在竞争中表现出永不言败的勇敢。在竞技体育领域,运动员带伤坚持训练和比赛都被认为是值得称赞的行为。带伤出赛的运动员会被标榜为勇敢的人,即使这样做会导致运动员受到永久性的损伤。这样的例子非常多。2008 年北京奥运会前夕,传出刘翔受伤的消息。比赛前,刘翔教练孙海平在接受采访时对记者说:“我们已经做好了让刘翔带伤上场的准备。”③8 月 18 日上午北京奥运会男子 110 米栏的预赛开始,刘翔带伤上场,跨第一个栏时即摔倒退场。尽管赛前训练中刘翔伤病未愈,但他仍然坚持训练,并坚持到预赛。这个过程中,刘翔的确表现出了忍受伤病痛苦的勇敢和对于体育的热爱,但是他可能面临终身的伤痛,甚至因此而提前结束运动生涯,这样的“勇敢”到底是不是运动员应该具备的品格?

(二) 体育中勇敢品格的内涵

麦金太尔指出:“在‘英雄社会’里,勇气是主要德性之一,甚至可能是唯一主要的德性。”④体育领域具有崇尚勇敢的传统,古希腊体育赛事

---

① Wieber, S. Athletes Graduate Near Norm[J]. USA Today, 1996:12C.

② 杰·科克利.体育社会学——议题与争议[M].管兵,等,译.北京:清华大学出版社,2003:188.

③ 吕日明.刘翔可能带伤上场[N].东方体育日报,2008:6(2).

④ 麦金太尔.德性之后[M].龚群,等,译.北京:中国社会科学出版社,1995:154.

中的获胜者都会受到英雄式的尊崇和赞誉，其中很重要的一个原因就是他们表现出了勇敢的品格。希腊人重视体育不完全是为了健康，更多的是为了培养勇敢，体育被认为是可以培养公民勇敢品格的教育。柏拉图在谈及体育的教育意义时说："体育是国民教育两大范畴之一，可使身体健康、体型完美、体力充沛，也可以培养人的意志勇敢顽强，人们从事身体锻炼，可以净化灵魂，获得道德上的提升。"①亚里士多德也认为体育可以培养人的勇敢。那什么是勇敢？这并不是一个简单的问题，如果把对勇敢的内涵的认识放到体育的背景下进行回答，则更是一个复杂的问题，因为很多运动员的非道德行为，例如场上的故意冲撞导致的伤害行为和场外易怒、爱打斗的行为，恰恰是对于体育中勇敢伦理原则的过分的尊崇所致。

在亚里士多德的德性伦理学中，勇敢的品质是排第一的，他在论述节制和公正之前首先阐发了勇敢，而且他还借助体育来描绘勇敢，在他的论述中，勇敢具有三个维度：

1. 迎战危难的勇气和决心

亚里士多德认为，勇敢是恐惧与信心的适度，恐惧是对可怕事物的预感，勇敢就是面对可怕事物迎面而上的品性，"勇敢的人是出于适当的原因、以适当的方式以及在适当的时间，经受得住所该经受的，也怕所该怕的事物的人"，②这表现为勇气和决心。勇气是一种道德品质，它能使人在危急关头正确地应对困难。这种品质由自信心和意志所支配。勇气通过体力行动表现出来的是勇敢，通过精神状态表现出来是正直。在体育界，"勇敢"通常用"胆量"和"勇气"来表达。它的反义词是"怯懦"。对一个运动员来说，人们说他"怯懦"要比尖刀刺背还要糟糕，而被人誉为充满勇气、有胆量的人，则无比自豪。体育可以为训练人的勇敢提供极好的实践途径。

决心是要达到一定目的的意志，它是使一个青年成为运动员的决心和愿望。在他被接收为队员之前，有许多必须获得的技能和完成的要

① 柏拉图.理想国[M].郭斌和，译.北京：商务印书馆，1986：111.

② 亚里士多德.尼各马可伦理学[M].邓安庆，译.北京：人民出版社，2010：1115b15.

求，因此需要艰苦训练，这个过程中绝对需要坚定的决心和坚强的意志。决心是达到目标的必由之路，每一个真正的运动员确实都具有这样一种品质。这种品质也会使他在生活中取得成功。

2. 忍受痛苦的坚持

亚里士多德从痛苦和快乐的感受对比中来认识勇敢，他说："人们有时就把能承受痛苦的人称作勇敢的人。所以勇敢就包含着痛苦，它受到称赞也是公正的，因为承受痛苦比躲避快乐更加困难。不过勇敢的目的却似乎是令人愉悦的，只是这种愉悦被周围的环境掩盖着。这就像竞技的情形一样。因为，尽管拳击手所预见得到的那个目的，即花环与荣誉，是令人愉悦的，其血肉之躯所受到的那一次次击打却是痛苦的，他们的全部训练活动也是痛苦的。这些痛苦的活动在数量上如此之大，以至那个最后的目的倒成了小事情，好像也不包含什么快乐了。如果勇敢的情形也与此相似，它给勇敢的人带来的死亡与伤痛对于他就是痛苦的。他承受这些痛苦并非是出于意愿：他肯承受它们是因为这样做是高尚[高贵]的，不这样做是卑贱的。而且，他在德性上愈完善，他所得到的幸福愈充足，死带给他的痛苦就愈大。因为，他的生命最值得过，而他又将全然知晓地失去这最大的善，这对他必定是痛苦的。但是他的勇敢并不因这痛苦而折损，而且也许还因此而更加勇敢。因为他所选择的，是在战斗中宁可牺牲生命也要做得高尚[高贵]。"①勇敢品格的培养需要有面对目标无论如何也不放弃的坚持。

坚持是以坚定的意志为后盾的忍耐性，是具有一定目的的精神上的忍耐性。这是一种个人气质，一种美好品格，这是人们所要获得的一种品质。所有的技能和体育运动都为青年人提供了发展坚持品格的机会。坚持就是每天进行持续而细心的练习和训练，使技能更加完美，意志更加坚强。这种身心的发展教育着青年人并使他们确信，持续和坚持不懈的努力一定会取得成功。通俗地说是"持续"，换句话说就是"坚持到底"，这是个人或运动员绝对必要的品质。这种品质会深深地印在人的

① 亚里士多德.尼各马可伦理学[M].邓安庆，译.北京：人民出版社，2010：1117a35，1117b5－10.

脑海里，成为他不变的品格。

3. 基于理性的自愿选择

亚里士多德将勇气之理性维度拓展得更为宽广："一个有勇气的人，怕他所应该怕的，坚持他所应有的目的，以应有的方式，在应该的时间。一个有勇气的人，要把握有利时机，按照理性的指令而感受，而见于行动。"①勇敢是和理智相关的行为。亚里士多德还区分了两种勇敢：强迫的勇敢和自愿的勇敢。在违背自己意志下做出的勇敢，是强迫的勇敢。这并不是真正的勇敢，因为它行为的出发点并不是来自主体内部，它缺少意识的自觉性。在自我意志主宰下做出的勇敢是自愿的勇敢，这种勇敢行为是经过对情境的考虑后做出的主动决定，因为它考虑到了存在的危险对自身可能的损害，却仍然做出勇敢的行为，所以是更加高尚的行为。

在体育运动中对于勇敢伦理的盲目服从，是一种强迫的勇敢，并不是自愿的勇敢。当人们参加特定类型的体育运动时，是需要做出坚持、冒险、忍受痛苦等勇敢的表现，这的确有助于体育目标的实现。然而，对于勇敢品格的毫无理智的盲目追求，就不再符合真正的勇敢伦理内涵。例如，马拉松运动员斯莱尼为了争取参加 1996 年奥运会，进行了刻苦的训练，她之前曾经进行了 19 次与运动有关的手术，在训练中必须忍受持续的身体伤痛。另一位马拉松运动员萨拉热对她的行为如此评价："最伟大的运动员是如此强烈地想表现出勇敢，他们至死不渝地奔跑，他们全神贯注，但如果不受控制，这种专注是破坏性的。这就是伴随(斯莱尼)的东西。她会杀死自己，除非她能悬崖勒马。"②从这个例子我们可以看出，当运动员不加评判地无条件接受勇敢的伦理，它所激发出的勇气、决心、坚持、献身精神会把运动员和体育都击垮。运动员需要依靠自己的理智来在过度和不及之间做出选择，这才是真正的、值得称赞的勇敢。

① 亚里士多德.尼各马科伦理学[M].苗力田，译.北京：中国社会科学出版社，1990：55.

② 杰·科克利.体育社会学——议题与争议[M].管兵，等，译.北京：清华大学出版社，2003：194.

二、公　正

（一）体育中存在的不公正现状

今日体育的每项比赛的纪录相比以往都有了非常大的突破，对于这样的结果人们不禁要问，是不是人类的身体极限通过体育的锻炼得到了提升。这是对于体育促进人身体卓越的过于乐观的估计。科学人员通过研究认为，体育中纪录的不断突破主要与两个因素有关：1.科学辅助技术。2.特殊类型选手的选拔，这个也和科学的研究有关。

1954 年，当班尼斯特（Banniste）突破了 4 分钟跑完一英里的田径纪录的极限时，他的训练条件是满是煤渣的跑道、普通的运动鞋、没有专业的训练团队，只依靠自己每天 30 分钟的个人训练。[①]今天已经有很多的选手可以轻松达到这个成绩，也有更好的成绩打破了这个纪录。但是这些选手的训练条件是专业的塑胶跑道、跑鞋以及专业的训练团队，他们经过长时间的高强度训练才实现了运动成绩的提高。各个国家的参赛选手都在世界的体育竞赛场上同台竞技，但是各个国家的训练条件、科学技术的发展都有很大的差异，这些因素都影响比赛的结果。例如，为了保持最佳的运动状态，运动员的膳食营养很重要。以前通常是尽量给运动员搭配均衡的膳食，以及多种维生素和矿物质补剂，这是各国普遍采用的传统方式。现在，随着高科技产品 ICP（“电子耦合等离子体”的英文缩写）光谱仪的运用，可以帮助分析运动员体内最缺少哪些微量元素，从而更有把握提供最佳的膳食。1988 年的汉城奥运会，美国 25 名运动员赛前进行了 ICP 光谱分析调整了膳食，结果其中 15 名运动员获得了奖牌。[②]这样的科学训练条件，其他发展中国家的运动员就很难获得。现代体育已经承载了太多外在利益，体育比赛已经超出了单纯的身体运动，所以形式的公平已经不能保证体育实质的公平。

---

① 阿伦·古特曼.从仪式到记录：现代体育的本质[M].花勇民，等，译.北京：北京大学出版社，2012：2.

② 赵建军.人类文明史：体育卷·野蛮与文明[M].长沙：湖南人民出版社，2001：158.

(二) 体育中公正品格的内涵

公正包括公平和正义，就是让每个人获得其应得的利益，恰如麦金太尔所描述的，"公正是给每个人——包括给予者本人——应得的本分"。①在社会品格中，公正是首要的德性，社会中人与人之间的合作交往、利益分配都需要公正的品格。所有的比赛都担负着维护公正的职责，体育从根本上讲就是有关公正的实践。比赛中对于参与者首要的道德要求就是公正比赛。公正为尊重、友爱、诚信等德性提供了理由。只有认识到是规则构成了比赛，规则的公正维护了体育的内在利益，参与者才会自觉地尊重规则、尊重比赛、尊重他人，从而产生对于他人的友爱、发自内心的诚信，对自己诚实，对他人守信。只有在规则公正的前提下，每个人才能公正参与比赛，从而在体验公正、践行公正的过程中形成公正的品格。体育精神的核心就是公正，体育竞赛被创制的动机之一就是实现生活中人们对公正的追求。体育的实践也成了社会公正品格的源头。体育活动存在的基本前提是公平竞争，只有在公平的基础上体育竞赛才有意义。

体育中的公正表现为规则公平，是现代制度主义的公平观，认为任何公平都是在制度下实现的过程公平，只要规则是公正的，那么基于此规则的结果就是符合正义的。构成性规则主要维护比赛条件的公平，公平规则主要维护体育的公正伦理。

1. 构成性规则

构成性的规则对某个运动项目做出解释，规定比赛中所允许的动作或行为。构成性规则有三种作用。首先，规则对游戏的参与者应该做什么和允许他们做什么做出明确的说明。例如，在篮球运动中，所有参与者必须采用传球、运球等技术，运动员可以进行掩护，选择时间运球、传球或投球。这些描述性规则以肯定的方式，表明竞赛所使用的技术和战术。其次，构成性规则规定了比赛的预定目标，即明确竞赛过程中，通过使用规定的技术和战术达到什么样的目标。篮球竞赛的目标就是将球

---

① 麦金太尔.德性之后[M].龚群，等，译.北京：中国社会科学出版社，1995：314.

投进对手的篮筐内，并阻止对手把球投进自己篮筐内。第三，构成性规则规定了禁止做出的违规行为。这种功能是通过对某些禁止行为的规则陈述而实现的。例如，篮球运动中，禁止二次运球、持球跑、推人、阻挡或踢球。这些否定性的规定有助于界定体育。规则的这三类功能一起发挥作用，以确保所有参与者处于相同的情景，在共同的条件下竞赛。构成性规则的基本原则是非歧视原则，即规则对任何参赛者都不应存在歧视。例如，田径的百米短跑比赛，所有选手都必须在同一起跑线开始，400 米的短跑比赛中，外圈选手的起跑线比内圈选手的起跑线前移。相反，如果对方没能用规则所要求的、允许的技战术追求预定的目标，或者说在追求目标时使用了被禁止的技战术，那么所有的参与者就不是在相同的条件和环境中进行体育比赛了。

2. 公平规则

公平规则以公正和正义为价值取向，这一框架是契约主义的、非因果性的道德理论。公平规则要求竞赛参与者按义务履行职责，自愿参与体育竞争，并且遵循公开性规则，即避免伤害其他选手和使自己受不必要的伤害。因此，公平规则依据的主要原则是礼仪原则、自由原则和不伤害原则。体育中的公平规则所追求的是形式上的大体公平和可接受，并不追求绝对的公平。体育竞赛中，只要在规则的范围内，运动员被允许使用个性的和恰当的运动表达方式。比如跳高，以跨越最高杆为胜利标准，但运动员是采用跨越式、俯卧式还是背仰式跳跃，则是由运动员自由选择，这体现了公平规则的自由原则。

公平规则体现的是对自愿参加者的道德约束，体育比赛中人们理应接受这些基本伦理原则。公平规则为竞赛的发生定义了一个结构性框架。当运动员自愿参与这种规则指导的竞赛活动时，规则作为一种义务被定格在契约论的框架中。公平规则要求，所有的参赛选手服从一个公正的体育准则，拥有平等的表现机会。公平规则代表着预先规定性。如网球运动中，必须把球回击到对手伸手够不到的场界内，坡道滑雪比赛要求所有滑雪者沿着设计好的路线尽可能地快速滑行。在服从规则和公正的要求下，公平规则体现着游戏精神，即参加者在体育比赛中拥有均等的机会和条件，并最终根据个人或团队的突出表现进行名次排列。公平规则维护的是体育的内在利益，惩罚性规则其实就是公平规则的延伸。2011 年 10 月的斯诺克欧洲球员巡回赛中，丁俊晖在比赛中开杆打散红球，比赛很快以梁文博获胜结束。赛后，丁俊晖解释比赛失利是因为自己身体不适，比赛不在状态。但是国际台联对丁俊晖开出 2 000 英镑的罚单。①尽管丁俊晖的比赛行为符合台球比赛的构成性规则，但是他事实上违反了比赛的公正规则，没有尽力发挥比赛的竞争精神，这对在同场比赛中认真对待、努力争取最佳表现的对手是不公平的。尽管最终对手轻松获胜，但是公平规则显然更关注过程的公平，认为只有通过公正的过程才能产生公正的结果。

（三）对体育中犯规行为的道德审视

体育运动是一种受规则控制的活动，体育项目的存在逻辑就取决于此项目的规则。要想从事一项体育运动，就必须学习相关的比赛规则。体育中出现的违反规则的行为通常表现为两种：其一是无意识犯规，即运动员因为没有意识到、不了解或难以控制而导致违反规则。其二是故意犯规，即比赛参与者为了获取一定的优势而故意违反规则。例如，足球比赛中，防守队员为了阻止对方进攻，而从背后故意铲球，这种行为暴露了一种为达到获胜的目的而伤害他人的倾向。而服用兴奋剂则是不惜伤害自己来获取胜利的欺骗行为。这些故意伤害和不诚实的行为都违反了体育的公正精神。

1. 维护体育公正需要遵守“诚信”的义务

体育的规则是所有参与者都自愿达成并遵守的一种契约，参与比赛意味着要遵守承诺，这需要选手具有诚信的品格，“诚信”的伦理内涵是对己诚实、对他人守信。体育中故意犯规的行为等同于自愿做出承诺又自食其言，这首先违反了参与者自身的守信义务。每个人都有对自己行为进行约束的义务，接受限制的人也有权要求参与活动的其他人同样服从。其次，故意犯规的行为破坏了比赛中选手之间的信任关系，体育规

① 刘旭辉.丁俊晖消极比赛被罚款[N].京华时报，2011：4(13).

则的广泛遵守建立在平等的基础之上，每个参与者都期望规则不偏袒、公平地对待所有人。如果有人故意违反了规则，则是对于参与者对比赛公正期望的损害。再次，比赛项目的完整性也遭受到了侵害。体育运动理想的实现与维系依赖于诚实、信用的美德，故意犯规的行为获得了不公平的比赛优势，这违背了比赛本身所要求的通过参赛者的真实的竞技能力和卓越的品格来完成体育竞赛的目的。

2. 维护体育公正需要有“为他人着想”的善意

体育的规则要维护竞赛的公正，参与者仅仅有遵守规则约定的义务是不够的，还需要参与者认识到规则不仅是对于运动行为的技术规定，还具有道德上的约束力：如不能伤害、欺骗他人等，公正伦理原则建立的基础是“不自私、为他人着想”。“为他人着想”的善意对于体育公正的维系是必不可少的，它决定了行为者具有良好的比赛动机。所有的比赛参与者都有获胜的期望，只有具有“为他人着想”的善意的人才能感受到对手的努力和卓越，才能设身处地体会到对手的感受，因此不会轻易做出伤害对手的行为，也会自觉地约束自己，因为这样对比赛中的其他人才是公平的。体育中对于无意识违规和故意违规的态度是不同的，通常情况下，无意识违规行为因为其不具有主观的恶意，不会受到规则的惩罚。这种情况也存在例外，例如，在使用兴奋剂的违规处罚中，依据的是无过错原则，也就是不管运动员是否故意，只要在其体内发现了违禁的物质，就视为违反了禁止使用兴奋剂的规则，必须接受惩罚。体育规则中做出这么严格的规定的目的，主要是强调运动员有尽最大可能注意自己行为的义务，这培养了运动员谨慎负责的行为态度。体育中的规则公正有时候也不能避免实质的不公正，例如裁判的判罚有时也会有偏差，但只要不是故意违反公正的原则，通常情况下，比赛规则都要求运动员必须服从裁判的判断。这就需要运动员能考虑到人难免犯错的可能性，能站在裁判的角度考虑问题，只有这样才有可能真正地尊重裁判的判罚。

三、尊　　重

（一）体育中的仇视和傲慢

在很多体育运动中，都将对对手的敌视态度视为正常。在运动训练中教练通常会将对对手的“仇恨”作为激发运动员斗志的训练手法，要求运动员把对手视为成功路上的最大阻碍者。许多运动员也正是怀着一定要打败对手的奋斗目标，忍受着训练中的艰辛，压抑满腔的“仇恨”等待比赛场上的爆发。在比赛场中，运动员也通常被教导要表现出对对手的轻视态度，通过在气势上压倒对手，获得心理较量上的优势。在生活中，我们通常要求人与人之间要和睦相处、互相帮助，而在运动场上真实又激烈的竞赛中，对对手的“友谊”似乎不被鼓励，而对对手的轻视和傲慢态度通常被视为一种正常行为。

不管人们承认与否，各个体育运动项目的优秀运动员都是青少年学习的榜样。有研究表明，青少年通常从自己所尊敬、崇拜的人身上寻找生活的方向。由于体育明星是有影响力的公众人物，青少年更容易受其行为的影响。在对偶像的关注中，青少年会注意到运动员在比赛中表现出的诋毁、嘲讽对手、无视比赛规则等不尊重比赛的行为。而且，更令人担忧的是，一些运动员本人和关注他们的青少年都错误地认为，这些不尊重比赛的行为有助于他们的成功。他们会模仿这些行为，并在体育活动中来检验其是否有效，这样的错误行为无疑对于体育对品格的培养作用产生了负面影响。

（二）体育中尊重品格的内涵

康德说：“尊重是我们无论愿意不愿意，都不会拒绝给予功德的一种赞美；我们顶多可以在表面上不露声色，但我们却不能防止在内心中感到这种尊重。”①康德在其伦理学中将尊重作为一个重要的道德概念提出。他认为尊重是承认人的有限性（无知），从而保持人的敬畏和谨慎的

① 康德.实践理性批判[M].李秋零，译.北京：中国人民大学出版社，2006：82.

态度。作为德性的尊重只能拥有道德上的根据，道德法则在人们心目中是高贵的和值得尊重的。亚当·斯密也认为，“撇开优点和美德，说值得我们尊敬的仅仅是财富和地位，这几乎是对高尚的道德甚至是对美好的语言的一种亵渎”。①一个人值得尊重不是因为他拥有的外在之物，而是因其具有的美德。人所获得的这种尊重才是真正的尊重，它不会随同心情、意愿或兴趣偶尔占主导地位而变幻无常和捉摸不定。

体育比赛本身除了追求物质利益的动机，更重要的是强调个体追求不断超越自我的体育精神。体育的内在价值体现在人们不断挖掘并超越自己潜能的运动成绩，它是体育之树长青的奥秘，它不仅改善参加者个人的精神与德性，还改造着体育比赛本身。

（三）尊重比赛的实践原则

1. 尊重规则

体育作为人类的实践的特征是规则管理。这些规范包括基础性规范（活动的定义）、调整性规范（惩罚）、附加规范（资格授予），如果没有这些规则体育将不能存在。体育的形成是规则制定和发展的结果。体育规则内含了活动的目的和发展的可能，规定了什么能做、什么不能做。如果比赛选手故意无视规则，可以说，他根本就不是在比赛。因为规则禁止这种行为，他将被停止参加比赛。这些规则不仅适用于服用兴奋剂，也包括其他故意违反规则的行为。破坏规则的行为不仅是法律问题，也是一个道德问题。当一个人自愿选择参加比赛，他也就默认受相应规则的约束。违反约定的行为就相当于做出承诺然后又不遵守。这不仅违背了自己也背信了他人。这是一种不诚实的行为，是与体育实践不可或缺的价值观和标准相对立的恶习。它破坏了体育作为实践必需的信任关系。

2. 尊重比赛精神

体育比赛是一种竞赛类游戏，比赛精神既包括竞争精神、追求卓越的精神，也包括娱乐精神。尊重比赛首先要尊重的是比赛的竞争性，比

---

① 亚当·斯密.道德情操论[M].蒋自强，等，译.北京：商务印书馆，1997：72.

赛的竞争使比赛的过程充满奋斗、紧张和不确定性。虽说比赛重在参与，但是仅有参与是无法实现真正的比赛的，只有全身心地投入比赛的竞争中，才是尊重比赛的态度。尊重比赛还包括尊重比赛的卓越精神，运动员要努力不断改善自身的能力，也要懂得欣赏对手的努力和优秀。当被优秀的对手打败时不要抱怨、找借口或怨天尤人，而应理性地接受失败的事实，慷慨地承认对手的优秀，这会使运动员形成诚实、谦虚和包容的品格。

教练员和运动员通常不用被提醒比赛具有竞争性。但是，却有必要提醒他们比赛还应具有娱乐性。强调比赛的娱乐性，是希望比赛不要被过多的沉重的外在利益所束缚，应该让参与者体验到比赛带给人的超越现实的希望和欢乐。比赛追求人类的友爱和和平，比赛希望停息战争，它本身并不是战争，对手不是敌人，而是为了共同理想一同奋斗的人。

3. 尊重对手

体育中对于竞争对手的尊重，并不是被普遍认可的行为原则。因为对于获胜的强烈渴望，对手之间通常是充满敌视的。前文已经多次强调过，这是一种狭隘的竞争观，片面地认为体育的利益就是外在的名利的获得，对于竞争有正确的认知，才会理解体育中尊重对手的意义。

尽管体育中的竞争压力不容忽视，我们仍能从竞争的角度认识到对手对于比赛的重要意义。没有对手的比赛是无法成为真正的竞赛的，有了对手的存在，形式上的体育竞争才得以成立。竞争也不都是坏处，它在一定程度上给予了人们超越自己的机会。正如布朗所说："对于人格的发展，竞争是无论如何也不可缺少的东西。"①在体育竞争中，竞争对手之间形成了力与反力的作用关系，从良性竞争的角度来看，竞争对手的努力争取卓越也鞭策着另一方同样的努力。从这个角度看，正是对手的存在，才使个体能不断地超越自己。因此，正确的竞争目标不应是超越对手，而是超越自己。

参与者应向对手表示最基本的敬意，为他们的努力、精湛的技能和

---

① 川村英男.体育原理[M].王德深，译.全国体委体育百科全书编写组编印，1982：154.

卓越的品格。尊重对手意味着尊重自己，正如俗语讲的那样，“你希望别人怎么待你，你就应该怎么对待别人”。如果，你认为自己是一个值得尊重的优秀的运动员，那么遇到同样优秀的对手，一方面证明了你也足够优秀才能和他并肩作战，另一方面，他的优秀也正是激发你的优秀得以最大程度展现的机会。在比赛中，每一个参与比赛的运动员都应该努力争取获胜，这和尊重对手并不矛盾，这正显现了努力获胜的拼搏精神。同时，每一个参与者对于对手的态度都应该是尊重的，而非仇视和充满敌意的，应该感谢对手的努力获胜给予了自己一个做到最好的机会。努力争取卓越是符合体育精神的行为，因为这种行为展现了人性对于自我超越的不懈追求。对体育中所展现的人性的卓越，是应该表达尊重的。

体育是让人们学会感恩并且学会欣赏他人的运动，在人与人的互动中，尊重对手就是尊重人性的优秀。对比赛竞争性的认识，使参赛者能站在对手的角度考虑问题，因为比赛结果的残酷性会使努力争取获胜的对手感到灰心和沮丧。尊重对手的参赛者不会因不平衡的比分让竞赛成为一方的欢庆，也不会对失败的对手做出羞辱的行为。

四、合　　作

(一) 体育运动队中欺辱等不平等行为

根据美国州立高中体育协会全国联合会的定义，欺辱(hazing)是指“在不考虑地点、意图或未经参与者许可的情况下，任何对他人造成身体或精神伤害或引发不安的行为或活动，以及贬低、不尊重或侮辱他人的行为或活动”。①体育运动通常是在团体中进行的，新成员要想融入一个体育活动团体中，必须要接受团队其他成员的入队仪式。而欺辱行为通常是对新队员过关考验的一种仪式，要想被团队真正接纳，就必须通过这个仪式。中国各省的体育运动队通常集体生活，很多运动员从小就入

---

① 罗纳德·B.伍兹.体育运动中的社会学问题[M].田慧，译.北京：人民体育出版社，2011：289.

读了体校，一天大部分时间都和队友们一起训练和学习。在一群青少年组成的团体中，入队时间、年龄和运动成绩成了他们之间按资排辈的标准。新队员通常需要接受入队过关考验，年龄小的运动员通常需要服从年长的前辈，运动成绩好的尖子运动员通常也会成为队里最有权威的人物。体育运动队特殊的活动模式使运动队形成了一种相对特殊和封闭的团体环境。队员之间并不完全是平等和友好的关系，他们有依据体育传统自然形成的一种团队伦理：服从团队领袖、忠实于团队利益。团队伦理的建立是在日常的生活和训练中通过行动来传递的：训练中谁是领队，哪些人上场比赛，哪些人场下替补、旁观，还有生活中住宿、餐饮的差别。这些都传递了团队的伦理：训练成绩优秀者受到尊崇，具有权威，其他人必须服从更优秀者。一些教练也会对优秀的运动员礼让三分、特殊照顾。在这种团体伦理价值的影响下，很容易滋生一些运动员骄傲自大、唯我独尊的性格。

很多运动队的教练认为，团队的服从意识有利于管理，树立团队领袖可以带动其他队员向榜样学习，因此他们对于队员之间的欺辱行为通常比较包容，认为这是能增进队员之间感情、建立友谊和团队服从意识的有益的行为。但是，随着欺辱行为的愈演愈烈，人们发现它已经影响到了被欺辱队员的身心健康，它也纵容了个别团队成员的狂妄自大。团队成员合作的方式需要更慎重地加以审视，不应该建立在对他人的不平等待遇和伤害的基础上，也不应该盲目地服从或迫于权威的压迫而被动地顺从团体意志。这对于青少年运动员的独立人格的培养、尊重他人的意识和平等观念都会产生不利的影响。曾经发生的少年体操冠军起诉体校的案例，就是因为体操运动员高帅在体校遭受队员欺辱并且教练不对他进行正常训练，导致其精神失常。在这种运动队伦理影响下形成的团队意识是畸形的，队员之间、队员和教练之间的关系的建立也是不符合正常的情理的，不但不会让身处这种关系中的人感受到团队的凝聚力和友情的可贵，反而容易造成相互的伤害、嫉妒和仇视。我在给体工队的运动员授课时，询问他们如何评价队员和运动队之间的关系，得到的绝大部分回答是出人意料的。很多运动员尽管从小就入队生活、训练和学习，但是他们对于运动队并没有归属感，对于教练也没有“一日为师，终身为父”的传统的师徒情感。他们认为自己就是争取团体运动成绩的一个工具，当你还有潜力和比赛的价值时，就会受到很高的礼遇，一旦因为伤病没有了成绩，就会被团队抛弃。如果说体育的理想是促进人们之间的了解，增进友谊，追求和谐、友爱、平等、真诚的人际关系，那么这个价值目标在运动队错误的团队伦理的影响下，是无法实现的。

有时候，过分强调团队合作的伦理精神会以牺牲运动员应有的权利为代价。在奥运会这样四年一次的国际高水平的竞赛中，比赛资格是非常有限的，为了保证竞赛的总体实力，通常在赛前选拔时就会需要一些队员做其他种子选手的陪练，他们没有机会站在大赛的现场，然而他们的确为队友的获胜做出了贡献。即使在正式的比赛中，也会为了团体利益，要求运动员做出“让球”的决定。体育中所弘扬的团队合作精神要求队员要为集体利益做出牺牲，然而这个伦理原则并不合理。在中国体育的历史中，也曾发生运动员抗拒这个原则的事例。1987 年第 39 届世乒赛，何智丽在半决赛中不顾教练要求让球的事先安排，尽情发挥实力战胜了队友管建华，一时间她因为打破了体育中长期存在的“让球”传统，而备受队友和教练的指责和孤立。①这也直接引发了对于“让球”传统的合理性的讨论。2012 年伦敦奥运会，中国羽毛球队为了避开提前与本方队友在淘汰赛中相遇，教练于永波决定让女双 A 组中国队员于洋、王晓理故意输掉比赛，中国队因为消极比赛而受到国际羽联取消比赛资格的处罚，因为这种行为违反了体育努力争取胜利的体育精神。②赛后，当被问及做出让运动员输掉比赛的决定是否对运动员不公平时，教练显然认为，尽管这决定有些残酷，但是为了集体的利益，这个决定还是正当的。这种做法是不是真的正当？回答这一问题还需要进一步分析团队合作的伦理内涵。

(二) 团队合作的伦理内涵

人的社会属性决定了没有人能够独善其身，每个人都需要在群体

① 陈可.追溯中国乒乓让球事件受害者远非何智丽一人[N].新民周刊，2007:3(23).

② 姬烨白旭.羽球消极比赛选手被取消资格[N].甘肃日报，2012:8(2).

中生存和发展。所谓的团队就是一群人为了达成某个目标自愿组成的、相互合作的群体组织。竞技体育尤其强调团队的努力，只有充分发挥团队合作的精神才有可能取得比赛的胜利。团队合作都要发挥个体的能力，每个个体都应该努力做好自己；同时在团队中，每个个体都不是孤立的，他和其他人、和团队之间都是彼此相联、互相影响的，因此，也需要具有集体观念。强调团队的集体观念并不意味着对于个人生存和发展权利的忽视，集体的利益应该代表了绝大多数个体的利益，对于团队中的弱势群体应该给予公正的对待，而不是忽略他们的权益。要给予为了团队做出更多贡献者以应得的肯定和奖励，也要给予虽没有突出贡献，但是也做出最大努力者最起码的尊重和认可。只有这样，才能发挥团队合作的精神，让每个人都自愿将团体的利益视为自己的利益，为了团体尽最大努力，而相互之间又能合作、尊重和友爱。

球类项目尤其利于培养团队合作精神，例如足球，规则规定了每个球员的位置和角色，无论是前锋、中锋、后卫还是守门员都非常重要，都有各自非常明确的职责，但是他们又需要考虑到和其他位置的队员的合作，才可能把球踢到对方的球门里。在日复一日的训练中，队员们相互之间形成了合作的默契，也能更深入地体会团队合作的重要性。他们不仅要共享获胜的喜悦，也要共担挫败的压力，这个过程中，队员之间体会到的是精神的共同成长。对于前面提到的羽毛球、乒乓球这样既是个人对个人的竞赛，又是一个团队的集体竞赛的体育项目，如何处理团队与个人之间的利益关系就显得非常困难，此时需要认真思考的是体育竞赛本身的意义，是仅仅追求获胜的外在结果，还是应该追求体育精神的自我超越和道德竞争。“自我超越”精神要求比赛应该以追求身心的卓越为目的，而不是获胜的结果。“道德竞争”要求竞争的方式符合体育道德的要求，即诚实、勇敢、公正。“让球”和“消极比赛”都是虚假的比赛行为，不符合体育精神。尽管它所持有的理由是以大局为重，但是牺牲体育的内在利益的比赛行为本身就是对体育最大的损害，没有什么利益可以超越于体育本身的利益之上。

(三) 团队合作的实践原则

1. 队员与教练之间的相互合作关系

美国奥委会的教练教育组负责人汤姆·克劳福德曾说过:“我得出了一个可怕的结论,在运动场上我是决定因素,是我的一个人的态度在决定气候,是我每天的情绪在左右天气。作为一名教练,我所拥有的强大力量可以让运动员的生活变得悲惨或快乐。我可以带给他们折磨,也可以给予他们鼓舞。我可以羞辱他们,也可以迎合他们,可以伤害他们,也可以为他们疗伤。在所有的情况下,决定危机究竟会升级还是会化解,运动员会人性十足还是会丧失人性都是我的回应。”①所有了解体育教练工作的人无疑都深刻认同这段话,教练对于运动员的影响是不可估量的,他们是运动员的英雄、榜样、老师、训练者、引导者、领导者和朋友。有这么多重要身份的教练在体育运动中承担了非常重要的角色。教练对成长中的年轻人会形成重要影响,而且由于体育运动的特殊性,运动员对于教练也非常信任和依赖。教练的言行对运动员的影响往往胜过教师在课堂上教授的很多书本道理。

公众在评价教练时,常常以比赛胜负次数为标准。然而,我们应当知道,获胜的次数并不总能证明最佳教练的工作。教练除了培养运动员的运动技能之外,还有一项非常重要的工作,就是培养运动员的符合体育精神的品格。教练通过对于运动员行为的评价,无形中传达了体育的伦理精神。教练对于运动员场上行为的选择可以给予道德的指导或不道德的指导,这对于运动员道德决断力的形成有非常大的影响。教练对于运动员的态度是否公正,也决定了运动员在团队中的感受。著名运动心理学家特里·奥里克这样说:“在体育运动带来积极的心理或社会影响的同时,它也会带来消极的影响。比如,在体育运动中,一个孩子可以成为团队成员也可以被排除在外,既可能被接受也可能被拒绝,既可以得到正面的也可以得到负面的反馈,既可能取得成就也可能遭遇失败,既可能赢得自尊也可能失去自尊。同样,体育运动可以促进合作,更多

---

① 罗纳德·B.伍兹.体育运动中的社会学问题[M].田慧,译.北京:人民体育出版社,2011:294.

地关心他人，也可以使竞争加剧，更加漠视其他人。”①一些好的教练为运动员树立了正面的榜样，也有些教练树立了负面的形象，最糟糕的教练体现在对运动员施加语言、身体和心理上的伤害。

由于教练员对于运动员的强大影响，体育团队中，教练和运动员的团结合作对于队伍的竞赛目标的实现至关重要。首先，运动员必须信任和尊重教练。也许有时候在训练中运动员并不认可教练的指导，生活中运动员也不需要对教练唯命是从。但是在比赛中，只要运动员认可教练和他都是一个团队的成员，为了获得团队的胜利，运动员就必须服从教练。其次，从教练的角度来看，教练必须意识到自己的行为对于团队和队员的影响力，他必须做好道德的表率，尊重并公正地对待每一个运动员，有为了团队利益做出牺牲的精神，要忠实于体育精神。教练是运动员品格的一面镜子，教练只有率先垂范，做到期望运动员能遵守的体育道德，运动员才会将外在的道德规范转化为自身自觉的行为。体育精神是一种美德，它需要在体育的实践中才能获得，体育的良好实践也无法缺少这些美德，意识到这一点，教练就应该以高度的自觉意识把对运动员的品格教育列为教练工作的重要内容。教练要把握好竞赛的严肃性和娱乐性之间的关系，不应该把运动员仅仅当作争取好成绩的工具，而是应该把体育作为一种培养身心健康的人的教育活动，体育活动的一切形式在本质上都是要促进运动员的全面发展。

2. 队员与队友和团队之间的合作

体育团队活动能使身处其中的人产生互相依存、互相理解的感受，原因是在体育中，团队成员的目标是一致的“为了人的优秀”。作为并肩作战的队友，个人的优秀和群体的优秀都是“为了团队的获胜”。体育中共同理想的实现需要团队中队员之间的密切配合。因为，个人的努力无法脱离团体的力量而独自存在，比如在 NBA 比赛中，即使再有天分的运动员也无法靠一个人的努力而实现获胜的目标。在团队中，既要表现出

---

① 罗纳德·B.伍兹.体育运动中的社会学问题[M].田慧，译.北京：人民体育出版社，2011:296.

个人的才干和品格，也要为了团体的利益对个人的自由和欲望适当地加以控制。每个人都需要诚实面对自己的真实能力，不应该妄尊自大，也无需面临优秀的队员而心生自卑和嫉妒。应该真诚地对待自己和队友，任何个人在面对集体时力量都是微薄的，而任何个体独特的存在也都是集体中不可缺少的一分子。应该勇敢地承认人与人天生在体能和能力上的差异，但也要珍惜体育团体活动的经历给人们提供了更好的认识自己和认识他人的机会，它给予了强者关怀并帮助弱者的机会，也给予了弱者向强者学习并提高自我的机会。

团队合作有时是需要个人为了集体做出牺牲的，这种牺牲不应是盲目的、被迫的，而是为了成就他人和集体的利益而自愿做出的贡献，这种为了他人和集体而牺牲个人利益的行为，体现了人性最高尚的品格。应该说，每一个体育团队中的一员，不管他的能力大小，他的角色重要与否，只要他能努力完成团队的任务，他都为团队利益做出了个人的贡献。要使团队合作完成，就需要培养每一个团队成员无私的品格。只有无私的人，才能考虑其他人的利益并为团体长远目标着想，而自私的人，通常只考虑自身的现实利益。

通过对体育实践的内在价值——体育精神内涵的分析，并结合对体育中非道德行为的分析，我们深入理解了体育中品格的具体内涵。我们可以看到，公正需要实践中的每一个人都被客观的标准平等对待。参与者之间需要真诚相待，这样才会相互信任。勇气是为了追求实践的目标、价值和标准甘于冒受伤的危险。体育实践的一个主要特征是体育内在目的的实现需要以上的美德，并且体育也为美德的培育和发展提供了独特的实践机会。在体育实践中，不管参与者是否存在政治观点、宗教信仰、生活习惯等各方面的差异，这些价值都是体育实践必需的，如果没有这些美德，就不会获得构成和表征体育的价值和卓越的内在利益。体育对于品格形成的影响再怎么强调都不过分。体育促进了人的德、智、体、美的全面发展，如果品格的根基不牢，会导致体育中人的堕落，也会危害社会。因此体育在教育上首先表现为与品格教育密切相关。

第五章　体育中品格教育的影响因素和实践建议

通过对于体育与品格教育关系的历史追溯、理论联系以及体育实践的内在价值体育精神的分析和体育品格内涵的阐释，我们已经在理论上认识了体育与品格教育的内在关联：体育是人类的一种伦理价值实践活动，美德是保证其内在目的实现的必需。体育的实践离不开美德的践行，体育实践为品格发展提供了展示和塑造的平台。本章需要分析的问题是，体育是如何影响人的品格发展的？首先需要澄清的是，对于体育与品格发展的关联，不应仅仅将体育视为品格教育的一种手段或途径，这只是从工具价值的角度认识体育对于品格培养的作用。在关于体育的实践观的讨论中，我们已经澄清体育的工具价值和内在价值是对于体育不同的认识，把体育视为具有工具价值就是认为体育有用或有利于外部利益的实现，体育的内在价值是以其自身为目的的。

在我国的社会和学校教育中，人们通常意识到体育对于人的品格发展具有一定的影响，但往往是出于外在目的的需要而将体育作为品格教育的工具。这是对于体育与品格教育关系的片面认识，体育因其自身的目的而被需要和有价值时，才是对于体育内在价值的真正认识。体育中的品格教育的开展，还需要通过实践研究了解体育中品格发展的基本原理，以及影响体育品格发展的相关联因素，才能更有效地促进体育中良好品格的塑造。

第一节 体育中品格教育开展的实证研究

一、实证研究的理论基础

体育中品格发展实证研究的理论基本框架主要包括：皮亚杰、科尔伯格的道德认知发展理论、雷斯特的道德行为四因素模型。施尔德和布雷德迈埃尔道德行为十二因素模型。这些理论的主要观点是：

（一）科尔伯格的道德认知发展理论

认知发展理论的先驱皮亚杰，通过观察和分析儿童在游戏中的互动活动，考察儿童的道德发展问题，提出了儿童道德发展的三阶段：强制、合作和慷慨。科尔伯格扩展了皮亚杰对幼童的研究，涉及了青少年的道德发展，在理论和实践领域取得了更显著的成就。科尔伯格的道德研究遵循了皮亚杰的研究方法：①首先，关注人们建构现实和意义的认知发展过程。其次，假设道德判断的发展分为几个阶段。另外，科尔伯格的道德认知发展理论相比皮亚杰的认知发展理论更强调道德发展，并且将公正作为道德推理的唯一可接受原则。

皮亚杰提出道德发展可以分为两个阶段：1.他律阶段。在此阶段，规则被视为神圣的不可更改的义务，在评价自己和他人的行为的对错时主要依据规则的文字解释。2.自律阶段。此阶段最大的特征是个体更具有自律和互惠的主观责任感，规则已经不再被视为一成不变的东西，行为依据由他律向自律转化。

科尔伯格将皮亚杰的道德发展理论进行了扩展，他认为道德发展是持续一生的过程。他提出的"三水平六阶段"理论将道德发展分为三个水平状态，而每一水平状态又可划分为两个阶段。第一层次为前习俗水平，主要指年龄为 9 周岁以下的儿童的道德认知状况。第二层次为习俗

---

① Rest, J. R. Background: Theory and Research[M]. In J. R. D. Narvaez(Ed.), Moral Development in the Professions: Psychology and Applied Ethics. Hillsdale, NJ: Erlbaum, 1-26.

水平，主要包括青少年群体的道德发展。第三层次为后习俗水平，通常只有少数 20—25 岁以后的成年人可以达到。科尔伯格认为三个阶段中的每个阶段都内含着三种类型的关系："个人、社会规则和期望"。①科尔伯格的三水平六阶段理论包含一种发展序列，就是每一人的道德水平都是从第一阶段开始发展到下一阶段。

处于他律道德水平的第一阶段的个体，因为顾忌他人的权威而避免破坏规则，以免受处罚。第二阶段的道德水平是个人主义的、工具性目的的，个体意识到出于个人利益的需要，规则是必须的。第三阶段是人际关系协调的期望阶段，服务他人的需要是自己或他人眼中"好人"的标准。第四阶段是社会秩序和道德定向阶段，视履行社会责任为己任。第五阶段是社会契约和法定权利的定向阶段，出于保护大众的权利和价值而遵守法律的义务感。第六阶段是普遍的伦理原则的定向阶段，个体遵从普遍的公正原则，关注人的平等权利和尊重人的尊严。

科尔伯格的道德发展理论是体育与品格发展关系研究中主要的理论依据，尽管理论界对其也有一些异议。对科尔伯格理论的最主要质疑是其研究对象只涉及白人男性，不包括女性。而女性的道德判断不同于男性，在道德两难的情境中女性更倾向于关怀和责任，而男性更多考虑的是规则和公正。其次，科尔伯格的理论因过于强调将公正作为道德推理的唯一原则，而面临质疑。其他学者认为，关怀、同情、移情等也是影响人们做出道德判断和选择的情感因素。再次，科尔伯格的道德发展理论并不涉及行为，对于道德推理是否会引发道德行为并没有明确的阐述。

（二）雷斯特的道德行为四因素模型

雷斯特提出了"道德行为四因素模型"，该理论模型描绘了影响道德认识和道德行为的主要心理因素。他对道德问题的研究始于这样一个问题："道德行为的产生会经历哪些心理过程？"他认为道德行为

① Kohlberg, L. Essay on Moral Development (Vol. 2). San Francisco, CA: Harper & Row.

的产生包含四个心理过程：道德情感、道德判断、道德动机和道德品格。①

道德情感指的是对于行为会对他人产生何种影响的理解。道德判断是指在相互冲突的道德价值中决定某一行为在道德上是正确的或错误的。道德动机是指在冲突的价值中所选的道德价值。道德品格是指做出道德行为的行动倾向。四因素包含理解行为的后果，解决难以预期的困难，克服干扰和坚持任务。缺少任何一个部分都会导致道德发展障碍。如果一个人容易被干扰、丧失勇气或者被压力击垮，那么即使他有好的道德感，做出了很好的道德判断和选择了高尚的道德价值，他依然是个品格脆弱的人。

尽管四过程呈现为一个逻辑顺序，但是各因素之间是相互作用、互相影响的。各部分都可以作为道德教育之前和之后的因变量。道德功能由道德判断、道德意向和道德行为几部分构成，但是道德已不是单一的心理成分，各因素之间交互影响。卡武萨努和图马尼斯运用雷斯特的道德模型研究发现，在体育活动中，道德决定的过程受社会规范和动机因素影响，并且行为既受个人自身状况的影响，也受其他外在因素的影响。②

雷斯特的道德模型表明道德是复合的心理过程，这对于认识道德行为具有重要的意义。雷斯特的模型不同于以前依照单一变量的道德认识，而是综合考虑知、情、意、行的心理过程及交互作用。体育研究者运用雷斯特的道德模型研究证实，道德判断、道德意向和道德行为均为道德发展的影响指数。如卡武萨努和罗伯茨研究成就目标对雷斯特道德模型中其他三个因素“道德判断、意向和行为”的影响，研究结果表明，运动员的自我定向与道德认知之间呈负相关，运动员的自我定向越高，他

---

① Rest, J. R. Background: Theory and Research. In J. Rest & D. Narvaez(Eds.), Moral Development in the Professions: Psychology and Applied Ethics[M]. Hillsdale, NJ: Lawrence Erlbaum Associates, 1-26.

② Kavussanu, M., Ntoumanis, N. Participation in Sport and Moral Functioning: Does Ego Orientation Mediate their Relationship? [J]. Journal of Sport & Exercise Psychology, 501-518.

的道德意向越低，在体育活动中更容易做出违反道德的伤害行为。①

雷斯特的道德行为四因素模型更注重考察在采取行动之前，个体所经历的认知和情感体验的心理过程。在他的四因素道德模型中，各认知情感因素相互影响、相互作用，而不是单独的影响因素起作用。

(三) 施尔德和布雷德迈埃尔的道德行为十二因素模型

施尔德和布雷德迈埃尔在雷斯特的道德行为四因素模型的理论基础上，建立了用于测量体育活动中道德行为的十二因素模型，该模型包含的影响体育道德行为的因素更实用、更广泛。施尔德和布雷德迈埃尔认为，道德行为是彼此关联的四个心理过程的决策结果。一个道德行为产生之前，要经历以下的心理过程：②1.对情境的解释和行动的可能性。2.通过道德判断决定应该做什么。3.行为的价值选择。4.采取行动的意向。其中的每一个过程又受三个因素的影响：情境因素、个人能力、自我意识，这三个因素会影响某一个道德过程也会综合作用于几个过程。其中，情境因素对于体育活动中的道德行为的影响显著。

和过程一有关的情境影响主要包括情境模糊的程度、目标建构或动机气氛。动机气氛是指由重要他人(教练、父母、老师)所主导的主要情境目标。在过程二的道德判断中，主要的情境影响是道德氛围，运动队中教练和队友对道德规则的认识态度。在过程三的价值选择中，情境影响主要包括三方面因素：道德、社会习俗和审慎推理。体育中存在的身体挑战和公平竞赛的问题为道德发展提供了价值冲突的情境，体育的层级组织、机构作用和规则构成了多层面的社会情境。在阶段四的实施中，主要的情境影响是权力构成，如体育活动的领导方式。施尔德和布雷德迈埃尔认为，权力构成对行为意向有重要作用，它从性别、种族、社会地位和阶级方面对个人能力产生影响。

---

① Kavussanu, M., Roberts, G. C. Moral Functioning in Sport: An Achievement Goal Perspective[J]. Journal of Sport & Exercise Psychology, 2001(23):37 - 54.

② Shields, D. L., Bredemeier, B. J., Gardner, D., Bostrom, A. Leadership, Cohesion and Team Norms Regarding Cheating and Aggression[J]. Sociology of Sport Journal, 324 - 336.

个人能力影响因素包括认知和情感能力，这些是有关做出道德行为和充分理解道德的能力。角色承担和观点采撷是过程一的主要个人能力影响因素。角色知觉能力是理解他人与自己的视野不同，并能领悟其本质区别的能力。社会观点采撷是能辨别各个观点之间的联系和区别的能力。如，当个体想要准确解释道德情境时，他能够推断这种情境对于他人会有怎样影响，这些观点之间的联系是什么、它们之间如何协调等，这都需要角色承担和观点采撷的能力。过程二的主要个人能力是道德推理，它由道德信念、态度和价值构成。这个过程反映了人的道德判断力，它直接影响道德行为的产生。过程三的能力是指自我建构的能力，包含自我认知和自我评价能力。自我建构是一个动态的道德判断心理组织过程，包含两个维度：动机倾向和道德自我。动机倾向指的是能力展示是为了与他人比较还是自身的能力提高；道德自我是对于自我道德品质的评价。过程四的社会认知能力对所选价值的实施发挥重要作用。自治心理和社会问题解决技能对社会认知能力有重要影响。

自我意识是一种综合心理活动建构过程，它将人的内心世界和外部环境相协调，表现出同理心和专注能力。希尔兹和布雷德迈埃尔的自我意识模型是建立在汉恩的个体发展的五个道德水平模型基础之上的。自我意识过程被确定为自私自利、以自我为中心、坚持利他原则、互惠互利和关心共同福利。施尔德和布雷德迈埃尔研究认为，在体育运动的情境中，参与者的自我意识发展水平越高，道德推理能力越成熟。

二、体育中品格发展的影响因素

基于科尔伯格和雷斯特的理论框架，体育中品格发展的研究已经取得一系列的实践成果。有的研究关注道德推理对于体育中品格发展的影响，有的研究倾向于使用雷斯特的四因素理论，从道德判断、意识和行为的多方面研究体育品格发展。施尔德和布雷德迈埃尔的十二因素模型更是在体育品格发展研究上取得了显著的成绩。体育中品格发展的前期研究强调个体的道德认知发展水平，后期研究注重各因素的独立影响，也关注各因素交互的综合影响。还有学者认为，体育中的品格发展受个体和外部各因素的交互影响，其中个体因素主要研究包括运动动机、运动参与情况；外部因素包括重要他人影响、道德氛围。

(一) 个体因素

1. 运动动机

尼科尔斯(1989)最早提出成就动机，即个体参与具体情境中定义成功和能力的方式。①他认为人的成就动机和人的道德行为之间具有逻辑联系。运动动机就是体育参与者在体育中定义成功和能力的方式，它对个体在体育中的道德行为有重要影响。他依据成就目标的不同而将体育参与者的运动动机分为任务定向和自我定向。任务定向者将成功定义为实现自我设定的目标和经验获得，注重目标实现过程中的个人成长、努力和发展。自我定向者对于成功的感觉来自和他人的比较，外在的成就是自我提升的标准。而且，人的动机通常是混合的，也就是既有任务定向也有自我定向。研究者对于运动动机和运动员的道德行为的关系做了大量的研究。

杜达、奥尔森和腾普林对于体育中的运动动机和道德态度之间的关系展开了多方面的研究。他们认为，在体育运动中应该注重培养青少年树立以任务为定向的动机，抑制以自我定向为动机的发展。②在他们的研究中，运动员的自我定向动机和反体育道德行为之间呈正相关，高自我定向的运动员更认同攻击性及其他违反体育道德的行为，自我定向越高，出现违反体育精神和竞赛规则行为的可能性越大。而任务定向动机和反体育道德态度之间呈负相关，高任务定向动机的运动员更不容易做出违反体育道德的行为，低任务定向的运动员则相反。

邓恩等在对冰球运动员的运动动机与体育道德行为关系的研究中

① Nicholls, J. G. The Competitive Ethos and Democratic Education[M]. Cambridge, MA: Harvard University Press.

② Duda, J. L., Olson, L. K., Templin T. J. The Relationship of Task and Ego Orientation to Sportsmanship Attitudes and the Perceived Legitimacy of Injurious Acts[J]. Research Quarterly for Exercise and Sport, 62, 79 - 87.

发现：任务定向动机的运动员更倾向于认为在运动中与他人合作和尊重竞赛规则是必须的行为，自我定向动机的运动员理解的运动是激烈的竞争和打败对手取得个人胜利。相比任务定向的运动员，自我定向高的运动员更认同体育中的故意伤害对手的行为，并且自我定向的成年冰球运动员相比任务定向的运动员道德推理能力偏低，也缺乏对裁判和体育规则的尊重，任务定向高的运动员的行为表现更尊重规则和裁判。①

卡武萨努等研究发现，②运动员的道德判断和道德意向与他的目标定向显著相关，自我定向的运动员的道德判断和道德意向阶段水平较低。自我定向越高、任务定向越低的运动员，越认同欺骗、攻击性和反社会等违反体育道德的倾向，道德推理能力较低。与之对比，任务定向越高、自我定向越低的运动员，越认同体育运动道德，越倾向于有利社会的行为，道德推理能力处于更高阶段。卡武萨努和图马尼斯的研究又发现，以自我定向为动机的青少年参与体育的时间越长，此种动机越强化，道德推理能力的发展越表现为低水平。③可见，体育参与者的目标定向对于体育中道德建构的影响非常深远。

卢克将定向目标作为预测运动员道德行为的影响因子，在一次实验中，他将 98 名大学生运动员随机分配到任务定向和自我定向控制条件组，观察他们在体育竞赛情境中的行为。实验研究结果显示，任务定向组的被试者比自我定向组的被试运动员更多地表现出亲社会行为。④孙开宏对影响我国青少年运动员的体育道德发展因素的实证研究发现，

---

① Dunn, J. G. H., Dunn, J. C. Goal Orientations, Perceptions of Aggression, and Sportspersonship in Elite Male Ice Hockey Players[J]. The Sport Psychologist, 13, 183 - 200.

② Kavussanu, M., Roberts, G. C., Ntoumanies, N. Moral Functioning in Sport: An Achievement Goal Perspective[J]. Jounal of Sport and Exercise Psychology, 23:37 - 54.

③ Kavussanu, M., Ntoumanis, N. Participation in Sport and Moral Functioning: Does Ego Orientation Mediate their Relationship? [J] Journal of Sport & Exercise Psychology, 25, 1 - 18.

④ Luke Sage, Maria Kavussanu. The Effect of Goal Involvement on Moral Behavior in an Experimentally Manipulated Competive Setting[J]. Journal of Sport & Exercise Psychology, 29: 190 - 207.

运动动机是预测青少年体育道德行为的重要影响因素，任务定向动机可正向预测“亲社会规范”的体育道德行为，自我定向动机是负向影响因素。①

上述有关运动动机的研究表明，成就动机对体育中的道德发展有重要影响。究其原因，主要有以下一些观点。

杜达分析认为，运动动机反映了运动员对于体育中成就目标的理解。自我定向者将体育视为超越别人的一种竞争，只有打败对方才能证明自己的能力和成功，在这种动机的驱使下，运动员更倾向接纳体育中的故意伤害行为，在体育比赛的竞争压力下更容易做出违反体育道德的行为。高任务定向的运动员将出色地完成比赛作为主要任务，只要在比赛中充分发挥了个人潜力，就能获得成功的体验，他们更关注个人能力的发挥，更倾向于对公平竞争精神的坚持。由于设定的比较对象是自己，因此没有违反规则伤害对手的必要。

莱默尔以青少年足球运动员为被试者，研究在足球比赛情境中，目标定向和能力知觉对体育道德行为的影响。结果表明，能力知觉对于高自我定向和低任务定向的运动员是个显著的影响因子，他们表现出较低水平的体育道德，认可欺骗行为、不够尊重规则和裁判。高任务定向、低自我定向的运动员具有较高的能力知觉，表现出更高水平的体育道德。②卡武萨努对篮球运动员的研究表明，道德氛围知觉能力对道德功能有重要影响，然而，任务定向对道德功能的影响并不显著。③

现有对运动动机的研究，对于任务定向的研究结论尽管不一致，但是都认为自我定向动机对体育品格发展各方面都呈负相关作用，对道德判断、道德推理和道德意向都有负面影响。体育运动中青少年的自我定向越高，道德认知发展水平越低，更倾向于表现出反体育道德行为。自

① 孙开宏.青少年运动员体育道德的预测与干预[D].上海：华东师范大学，2011.

② Lymyre, P. N., Roberts, G. C., Ommundsen, Y. Achievement Goal Orientations, Perceived Ability and Sportspersonship in Youth Soccer [J]. Journal of Applied Sport Psychology, 14(2):120 - 136.

③ Kavussanu, M., Roberts, G. C., Ntoumainis, N. Cotextual Influences on Moral Functioning of College Basketball Players[J]. The Sport Psychologist, 16:347 - 367.

我定向的运动员在比赛中更关注获胜的结果，为了竞赛的胜利，在赛场上更容易出现违反竞赛规则和体育精神的行为。他们通常会给予在这种情境下出现的反体育道德行为合理化解释，认为体育中的故意伤害行为在这些情况下是合理合法的。布雷德迈埃尔研究发现，自我定向的运动员在体育情境中比日常生活中表现出更低的道德推理能力，出现分离性的道德认知。他们进入体育领域时，会出现和在日常生活中不一样的道德意向，会暂时抛弃生活中的道德责任，表现出更低的道德水平。①这也证实了本书前面提出的观点，参与体育活动并不会自然而然地促进品格的发展，需要有意识地教育和引导。由于自我定向和道德变量之间呈明显的负相关，在运动动机的引导中应该降低自我定向的影响因素才有利于品格的发展。

2. 体育道德推脱

班杜拉在研究个体做出违反道德行为而没有出现明显内疚和自责反映问题时，提出了道德推脱概念。他认为道德推脱是一种重新理解自己行为的认知倾向，这是一种有意识地降低自己的道德责任，减轻自我行为对他人伤害后果的认知。道德推脱是一种影响个体道德调节功能的因素。班杜拉认为，大多数人通过道德判断来对个性行为进行调节，那些与个体道德判断相违背的行为会让其内心产生不良的情绪。道德推脱降低了个体对自身不道德行为的自责感，使道德对行为的调节作用失效。因而，高道德推脱者更有可能反复做出不道德的行为。②

体育道德推脱是体育参与者对于体育领域中的违反体育道德行为所表现出的降低道德责任的认知倾向。博德利和卡武萨努对体育中的道德推脱展开了研究，认为其心理过程为：行为重估、程度对比、责任推

① Bredemeier, B. J. L. Children's Moral Reasoning and their Assertive, Aggressive, and Submissive Tendencies in Sport and Daily Life[J]. Journal of Sport & Exercise Psychology, 16:1 - 14.

② Bandua, A. Social Cognitive Theory of Moral Thought and Action[M]. In W. M. Kurtines & J. L. Gewirtz(Eds.), Handbook of Moral Behavior and Development: Theory, Research, and Applications. Hillsdale, NJ: Lawrencr Erlbaum Associates, Inc. Vol.1, 71 - 129.

脱、结果弱化和责备归因。①行为重估是指个体对违反体育道德的行为重新进行评估，将其解释成合理的、有道德价值的、能被社会接纳的行为。如运动员会将自己的故意犯规行为解释为是为了球队的利益而做出的，力图使自己的违规行为变得可接受。程度对比是指运动员会将自己反体育道德行为的程度与比之更严重的行为做对比，从而降低自己违反体育道德行为的严重性，减轻自己的不良道德情感体验。责任推脱是指运动员将做出反道德行为的原因归咎于他人，如履行团队的决策或执行教练的指示，从而减轻自己的主观责任。结果弱化是指运动员会从主观解释上将反体育道德行为的危害后果淡化。他们会否认自己行为可能导致的伤害后果，或者对行为后果做出轻微的认知解释。责备归因是指运动员会将自己的责任归咎于对手的违规行为，并推导出自己才是受害者的解释，从而理直气壮地认为自己的反道德行为是可原谅的，甚至是理所应当的。

博德利和卡武萨努在足球、曲棍球等不同运动项目中开展了有关体育道德推脱的实证研究，实验结果都表明，体育道德推脱是影响青少年体育道德行为的负面影响因素，高体育道德推脱的青少年表现出了更多的反体育道德行为倾向。在体育比赛中，体育道德推脱的个体的反道德行为不仅会针对对方队员，还会涉及队友和裁判。

甘尼斯对青少年运动员的研究发现，道德意识和道德推脱之间呈显著负相关。道德意识是个体对自身行为是否符合道德标准的认知。道德意识越强，道德推脱出现频率越低。卡里翁和隆对篮球和跆拳道运动员的体育道德推脱研究发现，运动员在体育情境中的道德认知水平低于日常生活中对相似问题的认识。这其中主要原因是运动员主观上会将体育视为一种和生活分离的情境，将体育中的行为当作一种"游戏决定"，而没有深入理解体育行为的道德内涵。因此，运动员在体育情境中出现道德推脱的频率显著高于日常生活，其中责任推脱和结果弱化的道德推脱机制使用的频率明显高于生活中的使用频率。川克里特和罗曼

---

① Boardley, Maria Kavussanu. Development and Validation of the Moral Disengagement in Sport Scal[J]. Journal of Sport & Exercise Psychology, 29:608 - 628.

德的研究也证实了这一结果。他们采用质性研究法对足球运动员的体育道德推脱进行研究，将比赛录像中反体育道德行为片段给运动员观看，让被试者对自己的行为原因做出解释。结果发现，责任推脱在体育道德推脱机制中使用频率最高，而且在欺骗和蓄意攻击等比较严重的反体育道德行为中责任推脱的使用更明显。

3. 运动参与情况（运动年限、性别）

一些研究认为，体育运动参与情况对体育品格发展有影响，其主要研究相关项为运动年限和性别。霍尔运用科尔伯格的道德认知理论开展的实证研究显示，校级篮球运动员比非运动员大学生参与的运动时间长，但实验中道德判断得分更低。①布雷德迈埃尔的研究也发现，高水平大学生运动员比普通大学生的道德发展阶段水平更低。②汉恩提出交互认知理论，更关注人与人之间的道德影响。布雷德迈埃尔和施尔德用汉恩的体育道德模型，对 100 个高中和大学篮球运动员和非运动员进行了道德推理的调查。在大学生群体的调查样本里，他们发现运动员的道德推理能力比同龄人明显更不成熟。然而，随后对于 20 名游泳运动员的调查显示，游泳运动员的道德推理能力的发展与非运动员之间并无明显不同。在高中生的调查中，运动员和非运动员之间的道德推理发展并无差异。因为他们的调查中只涉及了两类体育运动，篮球和游泳，其中游泳是个人性的、非对抗的，篮球是团队性的、对抗性的体育运动。因此对于大学运动员和非运动员之间的道德推理差异还不能确定是否和所参与的运动类型有关。

瓦莱朗跟踪调查了参加了曲棍球运动 5 个月后的运动员的道德发展水平，发现道德意向出现了下降的趋势。③皮尔兹研究认为，参与运动

① Hall, E. R. Moral Development Levels of Athletes in Sport-Specific and General Social Situations. In L.Vander Velden & J. H. Humphrey(Eds.), Psychology and sociology of sport: Current selected research. New York: AMS Press. Vol.1, 191 - 204.

② Bredemeier, Shields D. Moral Growth among Athletes and Non-Athletes: A Comparative Analysis[J]. Jounal of Genetic Psychology, 147:7218.

③ Vallerand, R. J., Deshaies, P., Currier, J. P. Toward a Multidimensional Definition of Sportsmanship[J]. Journal of Applied Sport Psychology, 9:89 - 101.

的年限与体育道德价值观下降之间呈正相关。①在他的调查中，运动年限长的青少年多数认可故意犯规行为，认为“公平地犯规”也属于公平竞争。普里斯特对大学生运动员的道德发展进行了四年的追踪调查，结果发现，四年后，这些大学生运动员的道德价值观得分都呈出明显的下降。②

这些实证研究结果使人们对“体育塑造品格”这一观点产生严重的怀疑。尽管体育参与对于青少年品格发展的影响的看法的确存在分歧，但正如施尔德和布雷德迈埃尔在研究结论中所指出的，体育运动技能本身并不存在道德或不道德的现象，而是体育运动所衍生出的一些因素影响了体育参与者的品格发展。我国学者魏丕勇等人对我国青少年的研究结果也证实，体育参与对于青少年的道德发展有积极影响。③而且正如本书前面所阐述的，体育本质上是人类伦理价值的实践活动，它内在地与道德相关联。找出影响体育中的品格发展的因素，可以有助于我们更好地理解体育的本质和体育精神的内涵。

张璐斐等人的研究认为，体育道德行为和认知存在性别差异，男性运动员的反道德意向和实际行为高于女性运动员。④布雷德迈埃尔等人运用汉恩的体育道德认知理论，在对4—7年级的106个男孩和女孩的调查中发现，参与高对抗性运动的男孩和参与中等对抗性运动的女孩（也就是男孩参与的体育运动比女孩对抗性更强），相比参与其他类型体育运动或者并没有参与任何有组织性体育运动的孩子，前者的道德推理能力发展明显更不成熟。⑤身体接触度是一个重要的影响因子，因为儿童对

① Pilz. Performance Sport-Education for Fair Play? Some Empirical and Theoretical Remarks[J]. International Review for Sociology of Sport,(5):3 - 4.

② Priest, Robert F., Krause. Four Year Changes in College Athletes' Ethical Value Choices in Sports Situations[J]. Research Quarter of Exercise and Sport, 2:60 - 62.

③ 魏丕勇，于涛.参与体育与人的道德发展[J].体育学刊，2003，10(4):138—141.

④ 张璐斐，张华光，施小菊.青少年运动员的目的取向和体育道德行为关系研究[J].北京体育大学学报，2012，28(1):39—41.

⑤ Bredemeier, B., Weiss, M., Shields, D., & Cooper, B. The Relationship of Sport Involvement with Children's Moral Reasoning and Aggression Tendencies[J]. Journal of Sport Psychology, 8, 304 - 318.

于运动中的合理对抗和游戏中的身体侵犯之间很难分辨。调查还询问了这些儿童他们更喜欢观赏哪种体育比赛，发现女孩的道德推理水平和她们的体育爱好之间没有关联，男孩中喜欢观看对抗性体育比赛的道德推理水平相对更低，但他们的道德成熟度和行为约束力还是比直接参与对抗性体育活动的男孩要好。这些调查结果显示，影响儿童道德推理能力发展的因素除了所参与的体育活动，还与其他和体育相关的活动有关。

布雷德迈埃尔等人的研究还发现，参加同种项目运动的女性运动员和男性运动员的道德推理成熟度有差异，男性表现出较低水平的道德推理能力，也比女性更容易做出侵犯行为。①这其中，社会文化因素的影响较大。在男性的社会性别特征中，强权和竞争更能体现男子气概，因此男子更喜欢通过对抗性的体育项目来表现这种气概。有时，他们甚至不惜以违反体育道德的行为来证明自己。而且，社会传统文化对男子出现的攻击性行为的宽容度比较大，男子的反道德行为更容易被社会接纳。而且，男性比女性更注重经营社会关系，他们对通过不道德行为来维护团队利益的正当性认识高于女性。

斯图尔特通过对男女中学生的研究表明，男同学在不知同伴道德意图或知晓同伴对非道德行为可容忍的情境下，自我定向的男性运动员比任务定向的更倾向于采取反道德的行为，这其中，自我定向目标为同伴友谊和团队接纳的运动员做出反道德行为的比例最高。②可见，运动动机是对男女运动员的体育道德行为都会产生影响的因素。

(二) 外部因素

1. 重要他人（教练、父母、队友、领队等）

最早被用于体育中道德行为解释的理论是班杜拉的社会学习理论，他认为儿童是通过模仿和强化来习得社会行为的，行为的适当或不适当

---

① Bredemeier, B. J., M. R. Shields, D. L., Cooper, B. The Relationship between Children's Legitimacy Judgments and their Moral Reasoning, Aggression Tendencies and Sport Involvement[J]. Sociology of Sport Journal, 4, 48 - 60.

② Stuart, M., & Ebbeck, V. The Influence of Perceived Social Approval on Moral Development in Youth Sport[J]. Pediatric Exercise Science, 7:270 - 280.

的信息是通过重要他人提供给儿童的。史密斯在对冰球运动员反道德行为的研究中发现，教练、父母和队友对于暴力或攻击性非道德行为的态度起到了重要影响。①可见，体育中对于青少年行为产生重要影响的他人是教练、父母、队友、领队等。麦卡利斯特等研究认为，通过参与体育运动，青少年可以习得积极的社会价值观，如合作、尊重、友爱、公平竞争等。②社会学习理论通过理解成人行为来解释儿童的品格发展过程，但对于研究中出现的，有的青少年模仿积极社会行为，有的模仿反社会行为的原因缺乏进一步的说明。而且同一运动员身上既可能出现积极行为，也可能存在消极行为，引导和强化他们的积极社会行为是体育品格发展的重要因素。

体育比赛是体育品格展示和习得的重要情境，很多研究都强调了教练员对于青少年体育道德认知的发展的重要影响。席尔瓦的研究认为，在集体运动中，教练员对于体育道德的态度是影响运动员体育行为的重要因素。教练员如果认可或宽容体育中的故意伤害行为，运动员则越可能出现这些行为。③布伦达和布雷德迈埃尔的研究指出，有时运动员在场上做出的暴力行为，是受教练员的明示或暗示所驱使的。这些都说明教练员是对场上运动员行为传递重要信息的人。④

罗曼德通过访谈，与橄榄球教练员探讨如何向运动员传递体育价值信息能有效促进体育品格的发展。结果显示，教练员在体育情境中既要教导运动员正确的体育道德行为，又要不断激励运动员努力争取好的成绩。在这两个信息的传递中，教练员对于体育的真正目的的理解，决定

① Smith, Sally Stewart. Sexual Aggression and Sport Participation[J]. Journal of Sport Behavior, 26,(4):385 - 397.

② McAlister, A. L., Bandura, A., Owen, S. V. Mechanisms of Moral Disengagement in Support of Military Force: The Impact of Sept. 11[J]. Journal of Social and Clinical Psychology, 25:141 - 165.

③ Silva, J. The Perceived Legitimacy of Rule-Violating Behavior in Sport[J]. Journal of Sport Behavior, 26,(4):385 - 397.

④ Brenda, J. Bredemeier. The Relationship between Children's Legitimacy Judgments and their Moral Reasoning, Agression Tendencies, and Sport Involvement[J]. Sociology Sport Journal, 4:48 - 60.

了他更侧重于哪种信息的传递。认为获胜是体育的重要目的的教练员，更会向运动员强调运动成绩的信息，甚至会忽略或鼓励违反体育道德的行为来追求获胜的结果。①斯蒂芬斯和布雷德迈埃尔的调查认为，运动员对于教练的体育道德态度的知觉和他将采取的体育行为之间有密切关联，例如，教练员在向运动员解释体育规则时，如果暗示了对某些非道德行为的宽容，运动员在体育情境中也更倾向于为自己的非道德行为推脱。而且，对于一些不认为自身有道德教育责任的教练员，他们对于自身行为对于运动员的品格发展影响认识更加不够。即使他不对比赛的道德问题明确表态，只是指导运动员如何发挥运动技能，如场上进攻要更强硬，运动员也可能会理解为可以使用攻击性行为。②巴伊莱将此称为心理表现危机，即在比赛的激烈竞争氛围中，运动员对于教练员正常的指导有可能做出不同的理解，并做出反体育道德的行为。③

对于青少年来讲，教练员是他们训练当中的重要影响人物，运动员最倾向于模仿和强化的对象是教练员，通常将教练员视为行为的榜样，因此，教练员自身的体育道德素养对于青少年运动员的品格发展会产生很大影响。教练员也有很多机会对运动员进行体育精神、体育规则的道德内涵解释，教练员是运动员判断体育中行为正确与否的重要信息来源。教练员的目标定向、态度和价值观都是预测青少年品格发展的影响因素。肖默东和杜达通过对篮球教练的行为研究发现，高自我定向的教练员，更强调竞争的结果并以此来评价运动员的能力，运动员更容易表现出较高的自我定向，并更容易引发反体育道德行为。④施尔德等研究认

① Romand, Philippe; Pantaleon, Nathalie. A Qualitative Study of Rugby Coaches' Opinions about the Display of Moral Character[J]. Sport Psychologist, 1:58-69.

② Stephens, D., Bredemeier, B. Moral Atmosphere and Judgments about Aggression in Girl's Coccer: Relationships among Moral and Motivational Variables[J]. Journal of Sport & Exercise Psychology, 18:158-173.

③ Bar-Eli, M., Tenenbaum, G. A Theory of Individual Psychological Crisis in Competitive Sport[J]. Applied Psychology, 38:107-120.

④ Chaumeton, N., Dudu, J. L. Is It How You Play the Game or Whether You Win or Lose? The Effect of Competitive Level and Situation on Coaching Behaviors[J]. Journal of Sport Behavior, 11:157-174.

为，教练员对于违反体育道德行为的态度对于运动员的道德功能影响显著，如果运动员认为教练员允许出现反体育道德的行为，运动员就表现出较低的道德推理水平，对反体育道德行为的认同度更高，实施这类行为的意向也更高。①米勒认为，如果运动员认为教练员看重的是运动员的自我进步，运动员会表现出高任务定向，也更倾向于做出道德的行为。这些都是运动员在体育情境中社会化学习的结果。②

一些对父母、队友等重要他人的研究中也发现了相似的影响。埃姆斯研究了父母、教练、队友等对运动员的影响，重要他人的目标定向是预测运动员运动动机的重要因素。周围的重要他人强调竞争结果的重要，运动员就越表现出自我定向的倾向。③斯蒂芬斯发现，青少年的运动员对于队友的道德行为的预测，会影响运动员自身的行为选择。运动员认为此种情境中队友会采取反道德行为，那么他做出相同行为的可能性也越大。④

研究还发现教练员的执教风格是否民主也会影响运动员的道德行为。民主型的教练员更关注运动员的努力和进步，对比赛中的失误行为有更多的包容，能平等地对待队员，重视每一位队员对团队的作用。在民主氛围的团队中，队员运动动机更高的表现为任务定向，不会将其他队员视为团队内的竞争对手，也能更自觉地遵守比赛规则和社会规范，表现出较好的体育道德行为倾向。而专制型教练的领导方式会降低运动员的主观控制感受，损害其内部动机。专制型教练更直接追求比赛的结果，对运动员的失误行为更多使用惩罚手段，缺乏宽容和沟通。在这种氛围中运动员更容易做出反体育道德的行为。

---

① Shields, Bredemeier. Character Development and Physical Activity[M]. Champaign, IL: Human Kinetics.

② Miller, B., Roberts, G. C., Ommundsen, Y. Effect of Motivational Climate on Sportspersonship among Competitive Male and Female Football Players[J]. Scandinavian Journal of Medicine and Science in Sports, 14:193-202.

③ Ames, C. Achievement Goals, Motivational Climate, and Motivational Processes[M]. In G. C. Robert(Ed.), Motivation in Sport and Exercise. Champaign, IL: Human Kinetics.

④ Stephens, D., Bredemeier, B. Moral Atmosphere and Judgments about Aggression in Girl's Coccer: Relationships among Moral and Motivational Variables[J]. Journal of Sport & Exercise Psychology, 18:158-173.

2. 团队气氛

（1）体育道德气氛

科尔伯格等人在研究学校和监狱情境中群体规范对个体的道德发展的影响时，提出了“道德气氛”这一术语。他们认为，群体所选择的标准可以对个人的道德意愿产生很大的影响，群体中所奉行的“什么是受欢迎的成员行为或什么是不受欢迎的”的评价标准会影响群体成员的行为选择。群体成员在特定情境中，通过成员间相互作用共同认识了群体规范和正确行为，这一共同认识就形成了群体的道德气氛。①道德气氛对于身处群体中的个体的道德意识、道德判断和道德行为都会产生影响。

施尔德和布雷德迈埃尔第一个针对运动气氛来研究体育中的侵犯行为。他们把雷斯特的四因素模型应用到体育领域，研究影响体育道德行为的因素，认为运动队的体育道德气氛是影响体育道德判断的因素。体育道德气氛是指运动员对运动队体育道德规范共同认识的知觉。体育道德气氛是在运动队的竞争结构、重要他人的运动动机、领导方式和运动员的体验等综合因素影响下形成的。

斯蒂芬斯和布雷德迈埃尔设计了针对“禁止欺骗和侵犯行为的运动队标准效力”的行为调查表，在调查问卷中，被调查者要求回答以下问题：“你认为有多少队友会选择欺骗或侵犯行为来确保重要比赛的获胜？”“教练是否会赞成‘为了获胜而欺骗或侵犯对手的行为’？”。按照通常的理解，如果运动队中对于队员的欺骗或侵犯行为有明确的集体标准，那么，队员们对于被调查问题的回答应该是“没有或只有少部分队员会为了获胜而欺骗”。然而，在施尔德等人的调查显示，校园里年龄、年级越高的、参加运动队时间越久的队员，越是肯定地认为队友会欺骗、侵犯对手和教练会支持为了获胜的欺骗行为。②他们在对青年女足运动员的调查中发现，如果运动员认为队友在类似情境中会出现侵犯行为，她

① Kohlberg, L. The Psychology of Moral Development: The Nature and Validity of Moral Stages[M]. San Francisco: Harper & Row, 227 - 296.

② Shields, Bredemeier. Character Development and Physical Activity[M]. Champaign, IL: Human Kinetics.

们自己采取侵犯行为的可能性就比较高。研究结论认为，青少年对于运动队中有关侵犯规则的理解是影响其做出侵犯行为的重要指标。这一结论，在后续对于篮球、垒球和曲棍球等运动项目的研究中都得到了证实。

卡武萨努等人的调查研究显示，团队的体育道德气氛是影响青少年体育品格形成的关键因素。①吉韦尔瑙和杜达增加了潜在影响道德氛围的调查范围，对青少年足球运动员的调查问题中涉及一系列会对他们产生影响的人，包括教练员、队友、朋友、父母、明星队员等。研究表明：运动员对于团队规范的认知和他们自我预测是否做出欺骗、攻击行为之间有显著的关联，这点和之前的研究者的结论是一致的。研究的另一个发现是：相比好朋友、明星队员、父母、队长等，教练对于运动员的认知产生的影响更大。②

以上的研究结果表明，体育运动队的道德气氛对于运动员的道德功能有显著影响。运动队中对于团队规范的集体认知与运动员的道德行为之间有显著关联。

(2) 体育动机气氛

体育动机气氛是指由运动团体中重要他人，如父母、教练、运动队领导等制定的运动队的成就目标。运动队的动机气氛依据对于成就标准的不同而分为成绩动机气氛和掌握动机气氛。成绩动机气氛是指运动队强调比赛成绩的重要性，并且对于运动员能力的评价也依据成绩，运动员的评级和奖金分配都以成绩为标准。当成绩成为评价的主要标准，运动员获得运动队认可的主要途径就是超越其他人，包括队友和对手。此时，运动队的团队动机气氛就表现为以成绩为主要目标。掌握动机气氛是指运动队将成功定义为追求运动技能的进步和充分发挥潜能。运动员在掌握动机气氛的团队中获得认可的途径就是不断提高自己，关注

---

① Kavussanu, M., Roberts, G. C., Ntoumanis, N. Contextual Influences on Moral Functioning of College Basketball Players[J]. The Sport Psychologist, 16:347 - 367.

② Guivernau, M., Duda, J. L. Moral Atmosphere and Athletic Aggressive Tendencies in Young Soccer Players[J]. Journal of Moral Education, 31, 67 - 85.

自身的进步，而不是比其他人更优秀。掌握动机氛围的团队更倾向于团结、友爱。

欧蒙森以挪威青年男子足球运动员为受试对象，调查成绩动机气氛与团队运动员道德行为的关系。结果显示，运动队以追求成绩为主要目标的动机气氛与运动队成员良好道德行为之间呈负相关。①在成绩动机氛围中，运动员为了取得好的比赛成绩，更容易出现做出不道德行为的意向。波阿多斯等人对掌握动机气氛与公平竞赛态度之间的关系做了调查，结果显示，以掌握为目标的团队动机气氛与运动员道德意向之间呈正相关，高掌握动机气氛中的运动员对于公平竞赛的体育道德表现出更高的认可。②卡武萨努对成绩动机气氛与道德气氛之间的关系进行了研究，结论认为，成绩动机气氛占优势的运动队中，运动员的道德认知水平处于较低阶段，会认为有些反体育道德的行为在运动队里是允许的，运动队的道德氛围较差。③

埃姆斯认为运动员参与运动队教育指导过程的程度是界定动机气氛的重要指标。④成绩动机气氛的运动队中运动员少有机会参与决策，教练员多是专制型的领导风格。专制型的教练员更有可能在运动队中营造以成绩为目标的动机气氛。

第二节　体育中品格教育开展的实践建议

体育中品格教育的开展并非是自然的过程，妨碍体育参与者的行为

---

① Ommundsen, Y., Roberts, G. C., Lemyre, P. N., Treasure, D. C. Perceived Motivational Climate in Male Youth Soccer: Relations to Social-Moral Functioning, Sportspersonship and Team Norm Perceptions[J]. Psychology of Sport and Exercise, 4:397－413.

② Bioxados, D. Relationship among Motivation Climate, Satisfanction, Perceived Ability, and Fair Play Attitudes in Young Scoccer Players[J]. Journal of Applied Sport Psychology, 16:301－317.

③ Kavussanu, M., Roberts, G. C. & Ntoumanis, N. Contextual Influences on Moral Functioning of College Basketball Players[J]. The Sport Psychologist, 16:347－367.

④ Ames, C. Achievement Goals, Motivational Climate, and Motivational Processes [M]. In G. C.(Ed.), Motivation in Sport and Exercise. Champaign, IL: Human Kinetics.

选择的影响因素是多元的，仅仅对体育规则潜在的道德伦理的认识还是不够的，还需要明确体育中品格教育的目标。影响学生体育品格发展的环境因素主要有两方面：一是受教育者自身的内部心理因素，如目标动机。二是受教育者所处的外部社会环境。体育中的品格教育开展要努力培养青少年树立正确的运动动机、营造有利于道德品格发展的外部环境和注重发挥体育教师对于学生的积极引导作用。

一、以体育精神为核心的品格教育目标

体育中品格教育的开展首先需要明确的是教育的目标，最符合体育实践本质的目标追求是"体育精神"，体育精神是体育实践的内在价值标准。体育中品格教育的目标应该是以践行和弘扬体育精神为核心，教育的途径是通过参与体育活动来理解和实践体育精神，在具体的体育实践中塑造符合体育精神的道德行为。因此，体育中品格教育的目标可围绕三个方面而展开：竞争与超越、公平竞赛和团队精神，三个目标对应的是三个方面的体育道德行为。

（一）竞争与超越的品格教育目标

竞争性是体育的根本特征，竞争不仅包含对手之间的竞争，也包含对自我的一种挑战，因此竞争性决定了体育的价值观念包含竞争与超越的含义。

首先，竞争与超越的精神表现在体育参与者对自我的超越追求，体育竞争的意义不仅在于战胜对手，更大的挑战来自对自我的战胜和突破。很多时候运动员在场上的竞争对象不是对手而是自己，如何在面临强大的竞争对手时能够更好地调试心理状态，表现出勇敢、乐观、坚强等品质，才是更重要的东西。体育竞争中克服自我的自卑、胆怯、失败的沮丧等负面情绪，逐步建立起积极乐观的情感、培养坚强的意志，这些就是竞争与超越自我的价值认知和体验，很多体育参与者通过这个过程重新认识了自我。

其次，竞争与超越精神还表现在超越对手的信念上。无论体育比赛遇到的是强大的对手还是弱势的对手，体育参与者都要保持竞争与超越

的精神，顽强拼搏、全力以赴、努力做到最好。即使面临失败的不利局面，也不轻易放弃或消极比赛，这既是对对手的尊重也是对体育精神的尊重。

另外，竞争与超越精神还表现在对超越极限的渴望。奥林匹克格言“更高、更快、更强”是人类对超越自身极限的最好诠释。每次体育比赛中创造的纪录都是人类超越自我的纪录。激烈竞争的比赛是对体育参与者的身体极限的极大考验，比赛中经常可以看到运动员以坚韧的毅力克服身体的极限。例如，马拉松比赛中，运动员必须以极大的意志力来应对身体的极限疲惫，当他们到达终点时，对人类身体极限会有重新的认识。体育中的超越极限还包括对于自然的限制的超越，例如登山运动、冲浪运动，当人类在挑战强大的自然界时，展现的是人想超越自然的渴望。

体育是让学生亲身感受、主动体验竞争与超越精神的最好的实践活动，学校体育教育的价值目标之一就是培养学生竞争与超越的体育精神。体育教育者应运用各种教育手段帮助学生在体育中认识、践行这种精神，其具体的行为规范包括顽强拼搏、自强不息、不断挑战、不怕困难、全力以赴、不轻易放弃、胜不骄败不馁等。

(二) 公平竞赛的品格教育目标

公平竞赛构成了体育运动的灵魂。没有哪种实践活动比体育更能凸显公平的价值，如果失去了对于公平价值的追求，体育也将不再是真正的体育。公平竞赛精神最早可以追溯到古希腊的奥林匹克竞赛规则：所有参赛者，无论是何种社会身份，都在同一起跑线上凭借个人的努力争取胜利，这构成了现代体育公平竞赛的基石。在现代体育中，公平竞赛的价值观念主要体现在对于比赛的尊重：尊重规则、尊重裁判员、尊重对手和光明磊落地比赛。

体育比赛由规则构成，规则既规定了体育的活动形式，也体现了体育所追求的同等规范和程序下竞赛的公平价值。规则还规定了运动员在对等情况下比赛的公平，例如，拳击、散打比赛按照运动员的体重来划分比赛组别。对于规则的尊重是比赛开展的前提，运动员依照规则参加比赛的经历也是尊重规则的教育和实践过程。

体育是有组织的活动,比赛通常由专门的机构来组织,即裁判员、仲裁员和技术代表等组成的裁判组织。裁判员是比赛场上的体育规则的执法者,他的神圣职责是维护体育的公平竞赛精神。因此,运动员必须要尊重裁判的工作,包括服从裁判的判罚、不做不尊重裁判的举动和不刻意影响裁判的判断等,尊重裁判就是尊重比赛的公平竞赛价值。

体育场上还存在很多没有被明文写在规则中的公平规范,包括不做故意伤害对手的行为,礼貌地对待对手,不管对手强弱、自己输赢都积极投入比赛,能为对手的精彩表现而喝彩,赛后向对手致意,不采用不正当的竞争手段参与比赛等。

体育中的品格教育目标就是要引导学生全面地认识公平竞赛的价值,让学生能深刻地认识到体育规则所蕴含的公平的价值追求,通过参与体育的过程,让学生认识到公平竞赛的重要意义,并用具体的行为体现对于公平价值的尊重和践行。

(三) 团队精神的品格教育目标

有很多体育运动都是在团队中开展的,例如,篮球、足球、排球、橄榄球等集体性球类项目,也包括一些个人体育项目的团体赛、接力赛等。这些体育运动都需要团队成员密切配合,对团队合作的要求就显得非常重要。英国维基百科直接用体育来解释“团队合作”:人们合作地一起工作,就像在一个运动队中那样。团队意味着群体的共同目标和观念,个人之间的相互协作,个人对于集体的服从等含义。体育运动中的团队合作衍生出了以团队精神为主要价值理念的体育精神。体育中的团队精神包括团队意识、团队互助和团队奉献的内容。

团队意识表现为团队队员能自觉意识到自己是团队的一分子,并能主动用行动为团队目标的实现而努力。将团队的荣誉视为自身的荣誉,团队的胜利、团队的进步就是个人的胜利和进步。团队意识体现在对于团队的归属感,团队成员之间相互信赖,个人努力将个人目标与团队目标保持一致。

团队互助表现为团队成员之间的分工配合,以及互相帮助、互相支持、共同努力的良好的团队氛围。团队的成功离不开每一个成员的努力,团队成员不仅要努力提高自身的技术,还要能主动帮助队友成功。团队成员之间的团结互助是团队成功的重要保证。

团队奉献表现为当团队成员的个人目标和团队目标发生冲突时,应该以团队目标为先,这时更需要的是一种牺牲个人利益成就集体利益的集体主义原则,这体现了团队成员的奉献精神,是值得肯定和赞赏的。

在体育运动中,很多优秀的运动队和运动员正是凭借团队精神取得了辉煌的成就。著名篮球运动员乔丹曾经说过:“天赋可能让我们赢得有些比赛的胜利,但是团队合作让我们赢得了最后的胜利。”在学校的体育活动中也有非常多体现团队精神的活动,例如团体操、运动会中的班级项目等,不管是作为亲身参与这些活动的学生,还是作为集体的一员在旁观看的学生,都会生出团体意识、集体荣誉感和团队归属感。对于团队的价值认同是塑造学生品格的极好的途径。

综上所述,体育中品格教育的目标以体育精神为核心,具体内容包含竞争与超越精神、公平竞赛精神和团队精神。这些价值观念综合地体现了完整的体育精神,因此,在教育过程中,应该注重三个目标的有机融合,不可偏废,对体育中行为的道德评判也应体现体育精神的价值标准。

二、培养青少年树立正确的运动动机

体育中品格发展的实证研究表明,个体的目标定向、团队的动机气氛和道德气氛等因素与青少年品格发展之间具有显著的关联。为了促进体育中青少年品格的发展,应该加强以上各因素对品格发展的正相关影响力。主要措施如下:

(一)引导青少年树立正确的个体运动动机

大量的实证研究表明,个体的运动动机对体育品格发展有显著的关联。任务定向的运动动机对体育道德的认知和行为有积极的正面影响,因此,首先应努力引导青少年树立任务定向的运动动机。任务定向的运动动机把自我为作为评判能力的参照标准，通过个人努力练习掌握比原有基础更多的体育技能被视为一种能力的提升，青少年在体育中努力获得知识或掌握技能时会有成功的感受。任务定向的目标追求会使运动员更关注体育本身，而更少受外在目标的影响。他们更关注个人能力的发挥，更倾向于对公平竞争精神的坚持。高任务定向、低自我定向的运动员的道德认知阶段水平更高，表现出亲体育道德行为的程度更高，从而表现出更好的体育道德行为。体育实践中，应该培养青少年树立正确的体育运动动机，将出色地完成比赛作为主要任务，在比赛中充分发挥个人潜力，并努力弘扬体育精神，这会使他们在激烈的比赛中更能坚守体育运动道德。

其次，要培养青少年树立适当的成就动机。成就动机理论认为，青少年参与体育活动的目的是证明自己的能力和获得成功。成就动机会使青少年在体育中更有克服困难的勇气和信心，更有追求卓越的愿望。适当的成就动机使个体更乐于投身于所做的事情，也更认可自身努力的价值，具有追求成功的内在动力。然而，体育中过高的成就动机会抑制青少年的道德认知能力。相关实证研究已经证实，成就动机越高，青少年在体育中做出反体育道德行为的倾向越高。适当的成就动机更有利于体育中良好品格的发展。

（二）建立良好的团队运动气氛

青少年对于团队规范的认知和他们自我预测是否做出欺骗、攻击行为之间有显著的关联。体育团队中的良好的动机气氛和道德气氛是品格发展的情境保障。以掌握为目标的团队动机气氛与运动员道德意向之间呈正相关，掌握动机气氛是指运动队将成功定义为个体运动技能的进步和潜能的发挥。青少年在掌握动机气氛的团队中获得认可的途径就是不断提高自己，关注自身的进步，而不是比其他人更优秀。因此，掌握动机氛围的团队中更容易出现运动员之间团结友爱的现象，高掌握动机气氛中的青少年对于公平竞赛的体育道德表现出更高的认可，这有利于团队道德气氛的营造。当个体感知团队中的队员和教练强调和遵守体育道德时，他也更倾向于做出亲体育道德的行为。

在体育中,应该注重开展团队合作学习的活动,如一些突出集体意识的拓展训练活动,创设青少年之间相互了解对方和互相学习的机会,有意识地培养青少年的合作意识。团队活动会增强青少年对于团队的归属感,通过共同参与的体育活动,青少年会树立集体意识。通过加强团队成员之间关于体育道德问题的对话,能使青少年更深入地理解体育道德的内涵,增进相互之间的道德确信。

团队应努力营造良性的竞争氛围,强调团队中每一个人的努力与进步。团队成员之间既有合作也有竞争,良性竞争可以增强团队的战斗力,还能增进团队成员之间的友爱和共同进步的意愿。而不良的竞争氛围会损害青少年的道德认知和行为。良性竞争氛围的营造需要建立良性竞争的制度,应重视每个成员的作用和对团队的贡献,强调个体的努力和进步,而不是单纯强化竞争的结果。良性竞争更需要引导青少年正确地理解体育竞争的伦理内涵。体育的竞争是有道德的竞争,竞争的行为必须符合体育的价值追求:公正、有限的竞争。以掌握为动机的良性竞争氛围会增进队员之间的友爱和团结,树立集体主义道德意识。

三、营造有利的外部环境

在体育中,品格教育者能有效营造的是受教育者所处的外部环境,主要包括学校、家庭、社会体育教育环境。

(一) 学校体育教育环境

学校承担着学生品格教育的主要职责,学生每天有大量的时间是在学校统一的、有目的性的、有组织的教育环境中度过的,体育课程是国内每所学校都必须开设的课程,学生在课业之外也会参加各类的体育活动。所以,学校体育教育环境的优化是体育中品格教育开展的重点。学校体育教育在品格教育中发挥作用的关键是丰富校园体育教育途径,包括体育课程、校园体育活动、校园体育文化环境。

1. 体育课程:品格教育的隐性课程

体育课程是青少年在校期间接受体育教育的最主要形式。但是并不是学生参加了体育课程的学习，学生就自然而然地接受了品格教育，通过体育课对学生进行品格教育必须满足一些必要条件。

首先，学校领导和教师应该重视体育课程对于品格教育的作用，在体育课程的目标设置中应该考虑到品格教育的内容。学校应该保证体育课程应有的课程时数，让学生有较多接触体育的机会，不应让体育课程的教学机会被其他课程所挤占。

其次，学校应该开设多种形式的体育课程，尽量丰富体育教学的内容。因为各种类型的体育活动对于学生的品格教育的优势是不同的，例如，基础类的体育课程主要是发展学生的身体素质，这些课程对于体育超越精神的理解有帮助。一些集体性的球类运动，有利于培养学生的团队精神和公平竞赛的价值观念。

再次，学校开设的体育课程中不应回避一些有难度，甚至有风险的体育课程内容。出于对学生人身安全的考虑，学校体育课程中经常会选择一些安全系数高、难度低的体育活动，这实际上是因噎废食。在课程的精心准备和保护工作安排妥当的前提下，开设一些有利于培养青少年顽强拼搏、敢于超越和勇于挑战的有难度的体育课程是必要的。

体育课程是品格教育的隐性课程，是因为体育课程中师生互动非常频繁，学生在体育活动中会天然地表现出品格问题，体育教师可以利用课程内容的安排及时矫正学生的问题。体育教育中的品格教育内容基本都是隐性的，渗透在学生日常的技能训练、规则学习和体育活动中。体育课程进行品格教育的方式也不是口头的直接教授，而是通过活动的安排让学生自主去体验和实践。具备对于学生进行品格教育意识的体育教师，可以通过多种途径有的放矢地对学生进行品格教育，这是体育课程的天然优势。

2. 校园体育活动：品格教育实践的主要场所

校园体育活动主要指体育课程之外的相关体育活动，包括校园运动会、体育社团、学校运动队和各类体育竞赛活动。我国实施“每日体育活动一小时”的教育政策以来，很多学校的课外体育活动内容都有了极大的丰富，除了每年的校园运动会之外，学校还根据自己的特色组织本校的运动队，培养一批有体育特长的学生。学校体育运动会、各类体育竞赛活动能让更多的同学参与并融入体育氛围，渐渐养成体育运动的习惯和爱好。青少年的年龄和身心特点决定了体育活动对他们有天然的吸引力，对符合他们身心需求和兴趣的体育活动，他们有着极高的参与热情。这些体育活动是青少年体会和实践体育精神的最佳场所：教师在体育课程中通过有目的地传授一些体育精神的价值观念和行为准则，丰富的校园体育活动能激发学生实践体育精神的内在动力，通过体育的实践过程，学生内化了体育精神的价值，让它成为自身的价值观念，从而更有利于学生自觉地以更高的体育道德行为标准要求自己。

3. 校园体育环境：品格教育的渗透途径

校园是青少年共同学习生活的集体环境，校园环境对青少年的品格发展有潜移默化的影响，品格教育应该渗透在校园体育环境的建设中。杜威曾指出，校园本身就是一种特殊的教育环境，它的一切设置都具有教育的功能，包括可见的校园建筑、器材，也包括校园的文化氛围。校园体育环境包括和体育健身有关的一切校园设施，以及能表达校园体育思想的信息载体，如校园体育标语、宣传海报和校园网体育新闻报道。

完备的体育设施当然能营造积极的校园体育活动环境，校园体育环境还包括校园体育精神环境的建设，这是国内校园比较不突出的方面。校园体育精神环境包括学校的管理者和教育者对于体育育人的理念和态度。是否能够认识到体育对于品格培养的独特作用会直接影响到校园体育环境中师生是否会认同体育价值观念并推崇符合体育精神的道德行为。校园体育环境建设的物质层面和精神层面是可以共同推进的，学校可以通过相应的制度把体育精神理念用文字确定下来，可以通过校运会的章程，也可以通过学校的其他制度确立对于体育价值的认可，例如，清华大学规定学生在校期间必须通过游泳课程的学习，才能获得学位。校园内的一些雕塑景观、宣传栏、标语、展板以及校园新闻报道等都是可以宣传体育精神的媒介，正如苏霍姆林斯基所说的："现在标语和壁画中的深刻思想渗入学生的精神生活，激发他们的相应感受。”①学校应该充分利用这些媒介来宣传体育精神，予以青少年的体育价值观积极影响。

（二）家庭体育教育环境

父母是孩子的第一任老师，家庭是一个人成长的最重要的基石。苏联教育学家霍姆林斯基认为：“生活向学校提出的教育任务是如此的复杂，以致如果没有整个社会，首先是家庭的高度的教育素养，那么不管教育付出多大的努力，都收不到完美的效果。”②学校体育中的品格教育也应重视家庭教育环境的影响。父母的体育素养对青少年参与体育活动的影响非常大，尤其是父母自身对于体育精神的理解，对青少年体育品格的发展影响是极其重要的。

从教育的生态环境来看，家庭教育影响体育中的品格教育的因素主要有两个，一是家长的教育意识，二是家长的教育机会。家长的体育精神的教育意识主要是指家长能认识到体育对于孩子品格发展的教育意义，前提是家长必须对于体育精神的内涵有个初步的认识，而且家长要有意识地去运用体育去塑造孩子的品格。家长的体育教育机会是指家长有机会和孩子一起参与体育活动，包括定期运动、观看比赛以及陪伴孩子进行课外的体育技能学习。在和孩子共同参与体育的过程中，家长就有了观察孩子体育精神认识程度的机会，家长可以运用这样的机会有针对性地和孩子讨论体育精神与体育中正当行为的相关问题。

媒体曾经报道过这样一个新闻，一个母亲网名叫蓝水怡，她在自己的新浪博客里发表了一篇文章《儿在高三——体育精神提升了孩子的应考拼搏能力》，文章大意是，母亲发现儿子身上缺少某种品质，就是一种类似于体育精神的品质，她认为体育精神是一种强有力的意志和勇于尝试和冒险的精神。意识到这个问题后，这位母亲通过陪孩了运动，开始有意识地培养孩子的这种体育精神，一段时间后，她惊喜地从孩子应考

① 苏霍姆林斯基.教育的艺术[M].肖勇，译.长沙：湖南教育出版社，1983：53.

② 苏霍姆林斯基.给教师的一百条建议[M].周渠，王义高，等，译.天津：天津人民出版社，1983：28.

的表现中发现他已经具有了这种坚韧、拼搏的品质。她的儿子在接受记者采访时,谈到在参与体育活动的过程中,不断克服困难、挑战自我带来了自己精神的转变,他说:"我发现我已经不是原来的我了,以前我害怕困难,缺乏自信,现在的我相信只要努力一切皆有可能。"①在这个案例中,学生的家长基于对体育精神教育价值的认知,发现了孩子身上的品格缺陷,通过主动参与体育活动来有针对性地促进孩子品格的发展,并取得了令人满意的效果。不过,在目前的中国家庭教育环境中,只有少部分家长具有这种体育教育意识,还需要不断地通过家校联合,包括社区的支持,来帮助更多的家庭进行体育教育环境建设。学校可以通过举办亲子校运会、邀请家长担任校运动队的志愿者等各种方式,来主动促进家长参与孩子的体育精神教育,这不仅能推动家庭体育教育环境的建设,也会强化学校品格教育的效果。

(三) 社会体育教育环境

在青少年的品格教育中,除了学校教育环境和家庭教育环境之外,学生还身处在社会的大环境中,因此,社会体育教育环境的营造也是必需的。教育心理学认为,随着儿童年龄的增长,社会对他们的品格发展的影响力将越来越大,因为随着年龄的增长,人的社会属性发展越来越明显。处于价值观成长阶段的青少年,社会道德风气对于他们的影响可能会是正面的,也可能是负面的。社会体育环境中影响青少年体育品格发展的主要因素有:媒体的体育报道、体育比赛中体育明星的影响。

体育赛事一直是大众传媒报道的热门新闻,青少年对于体育比赛的各种信息也是通过大众传媒获得的。传播媒体报道的体育事件的价值取向,对于青少年受众的价值观会产生潜移默化的影响。如果媒体能以弘扬体育精神的角度来报道分析体育事件,公开赞扬符合体育精神的体育道德行为,鞭挞违背体育精神的行为,就能引导人们正确地认识体育、更直观地了解体育精神。

体育明星是公众人物,一直都是年轻人追捧、崇拜的对象。体育明

---

① 蓝水怡.儿在高三——央视采访中发现体育精神能提升应考拼搏能力[EB/OL]:http://blog.sina.com.cn/lanshuiyi.

星对于青少年的品格教育发挥了远大于其他偶像的榜样作用。青少年更容易效仿榜样的行为，也更容易被榜样的人格魅力所吸引和影响。体育明星的榜样教育作用是通过真实的比赛产生的，他们在比赛中展现出来的体育品格对于青少年是直观的品格教育。无论是媒体的宣传还是体育明星自身，都应该意识到体育明星对于青少年的榜样教育作用，媒体应该多从发现明星身上闪光品质的角度报道明星的体育行为，体育明星也应该意识到自己作为公众人物的社会责任，自觉履行体育精神代言人的职责。

综上，体育中青少年品格教育的外部环境的营造主要包括学校、家庭和社会体育环境的营造，而且这三种环境的营造应该是相互结合、互为补充的。这其中，学校体育教育环境的建设是核心，学校的核心作用不仅体现在对学校教育途径的拓宽和丰富上，还表现在推动家庭体育教育环境建设，以及主动运用社会体育教育的资源来促进学校体育的品格教育。

四、充分发挥体育教育者的重要影响力

体育教育者（主要包括体育教师和教练员）对于青少年体育道德认知的发展有重要影响。相比队员、父母等，体育教育者的体育道德行为及其所展现的体育品格对于运动员的道德认知产生的影响更大。实践中，体育教师对学生进行品格教育时面临着一些困难和限制：品格教育和智育明显不同，因为在知识的教学中，教师可以公开讲明他的意图，并可预期教学的效果。在体育教学中，教师很难明确地说明他的品格教育内容，而且，即使明确了品格教育的内容，如何有效开展也是现实难题，教育的结果更是难以预知。

体育教育者的行为是青少年是否会采取反道德行为的重要影响因素，体育教育者如果认可或宽容体育中的故意伤害行为等，青少年出现这些行为的倾向越高。体育教育者在体育情境中既要教导青少年正确的体育道德行为，又要不断激励青少年努力争取好的成绩。在这两种信

息的传递中,体育教育者应该向青少年传递正确的体育价值信息,促进青少年体育品格的发展。体育教育者应该对于自身担负的道德教育责任有更积极的认识和作为。

对于青少年来讲,体育教育者是他们训练当中的重要影响人物,运动员倾向于模仿和强化体育教育者的行为,而且通常还会将他们视为行为的榜样,因此,体育教育者的体育道德素养对青少年品格发展有重要影响。体育教育者也有很多机会对运动员进行体育精神、体育规则的道德内涵解释,他们应该充分意识到自身的职责:不仅是运动技能指导,更是青少年的道德导师。

体育教育者在执教中应该更多地采用民主的管理方式,更关注运动员的努力和进步,对比赛中的失误行为有更多的包容。能平等地对待队员,重视每一位队员对团队的作用,尊重每一位运动员的合理需求。在民主氛围的团队中,队员运动动机将更多地表现为任务定向,能更自觉地遵守比赛规则和社会规范,表现出较好的体育道德行为。民主的管理方式给予青少年更多参与团队建设的机会,增进体育教育者和青少年之间的信任和沟通,青少年对于体育教育者的认可度越高,他们越有可能接受体育教育者的道德指导。

(一) 教育观念的转变

为了帮助青少年从体育中获得道德成长,体育教育者首先要做的是引导青少年以良好的态度和行为方式来参与体育。如果青少年有不良的行为,应及时去纠正。很明显,体育教育者对青少年的品格教育可以发挥重要作用,他们有职责阻止体育成为误导性的教育,应该采取更积极的措施去促进体育中的品格教育的实现。首先需要改变的是体育教育者的教育观念,主要包括以下几个方面:改变价值取向;形成合理的诉求;树立理想的榜样。下面将说明和讨论这些方式的教育作用。

1. 改变价值取向

体育中友好竞争的本质是公平竞赛的体育精神的体现,在这一点上,体育就意味着竞争。竞争是体育的一部分,没有竞争的体育已不是体育。近几年,有些教育家将竞技体育和休闲体育进行了区分,提出为了降低竞技体育的性质，学校体育应为休闲体育。然而这种改变的动机是具有误导性的，体育就应该是它本身。问题在于体育本身应是休闲的还是应以休闲的方式教授。认为体育构成教育课程的一部分的理由是体育自身的目的，而不是它被认为有休闲价值，即使它在某种意义上确实如此。对于希望改变传统的体育教育观的人来说，这点常常不被理解。如果体育教育者对体育的本质有充分的认识并且致力于实现它，便不应该强调“不惜代价的获胜”的竞争观（因为它损害了体育的伦理价值），体育教育者应该能控制并谴责用不公正的、非道德的方式取胜的意图。培育和增强体育的伦理价值是克服和阻止体育中不可取的行为方式的有效路径。尽管体育内在地与美德品质相连，如果将体育视为服务于道德教育的工具来使用，则会损害体育的完整性和教育意义。把比赛的过程当成纯粹的娱乐和享受，即与他人一起进行运动而不重视锻炼技能的爱好的做法，并没有将体育自身作为目的来对待，仍是把体育作为实现体育之外在利益的手段。

2. 形成合理的诉求

体育实践的观点认为，体育由以道德原则为基础的规则构成和掌管，规则包括公正、尊重和关心他人的利益的伦理内涵。体育教育者在教学中不应该只是告诉青少年他们要以某种方式行动，而应诉诸道德推理，明确谴责不道德的实践，倡导道德的实践行为，通过合理的途径帮助青少年建立正确的道德认知和体现体育道德的行为模式。体育教育者的作用如果发挥得当，有助于防止体育中非道德行为的发生，并鼓励和引导正当的体育行为。但体育教育者的作用仅这些还不够，如果不与运动场上的实践相联系，学生对体育中适当的行为的认识仅有理论上的接受，并不必然会表现出体育道德行为。

正如先前所述，品格是道德意识、情感和行为的共同结果。体育教育者应该引导青少年认识到竞争是体育本质的一部分，存在竞争并不必然导致道德的损害。相反，努力符合体育的内在标准也是一种竞争的形式。在不断尝试中，青少年会找到适合自己的活动，发现和接纳自我是青少年成长的一部分。不管青少年的尝试是成功的还是失败的，体育教育者都应该保持对他们的尊重。

体育中道德的行为产生并不仅仅建立在对规则和原则的理解之上，而是在体育具体情境中的培育和实践，理论上的讨论是必要的，但也是不足够的。体育课比其他的课程更需要青少年感受什么是需要做的，如果在竞争中，青少年能践行诚实、公正、勇敢、尊重和慷慨的美德行为，这肯定比仅从理论上讨论这些行为更令他们印象深刻。

3. 树立理想的榜样

体育教育者自身的道德行为对于运动员的品格发展有重要影响，体育教育者的体育道德态度与运动员体育道德知觉和行为之间有密切关联。如体育教育者明示或暗示了对反道德行为的宽容，青少年在体育情境中则更倾向于出现这类行为。

体育教育者是体育传统的重要守护者，体育教育者的职责包含品格培养。体育教育者应意识到他们的角色，是他们为好的体育行为设置了效仿的榜样。体育教育者应该认识到，指导体育场上适当的行为和教授体育技能一样重要。体育教育者不仅是体育规则的清楚解释者，还需要显示他们自身信奉并践行其要求青少年思考和行为的方式。只有体育教育者自身展现出对这种价值的信奉，体育中的伦理价值才有可能被有效地传授。体育教育者的要求不可能被学生完全履行，因而体育教育者的榜样和献身的力量才更被需要。沃诺克（Warnock）说："教师应该清楚自身的责任，他们是品格的榜样，他们的美德和恶习都是学生逐渐树立的道德行为的一部分。"①

体育教育者应该意识到他们的作用，但是也应该注意有学者所指出的问题："道德区别于技术，好的榜样示范最好不要带有明显教化意义的目的。"这就是说，如果体育教育者过于严格地把自己树立成道德模范，会显得不太真实。体育教育中更适合开展隐性的道德教育，符合体育伦理精神的实践活动比任何口头的激辩都更有利于品格塑造。可见，体育教育者的工作不是要求学生被动地遵守规则、机械地依规行事，而是激

① Warnock, M. Schools of Thought[M]. London: Faber and Faber, 1977:135 - 136.

发学生竞争的激情、恰当的态度和良好的行为。一名体育教育者不仅要关心体育中运动技能等知识的传授，也应教导公正、勇气、诚实和尊重等道德品格。

（二）体育教育者的具体职责

体育教育者是学校体育中品格教育的具体实施者，他们的职业素养直接关系到品格教育的效果。也有观点认为如果体育是有关品格的教育实践活动，这也就意味着每一个体育教育者都成了“道德教育者”。但这是对品格教育偶然性功效的挑战，因为并不是所有的体育教育者都把训练的重点放在道德问题上，而且，即使他们有这个意识，也因为其并不扮演专业的道德教育者的角色而作用有限，甚至可能产生不利影响。相反，本书认为体育教育者可以而且应该，直接或间接地对学生产生道德影响，体育教育者工作的履行过程并不抑制品格教育的实施。为了促进品格教育，体育教师所能做的恰当行为包含以下几个方面：

1. 引导青少年树立正确的体育道德观念

青少年开始一项运动前，都必须先学习该项运动的规则，这些需要体育教育者来进行具体的阐释。体育教育者应该以公平和尊重的态度对待所有的参与者。体育教育者应引导青少年的体育行为，对于危险或不道德的行为应及时制止而不是放任。应该明确告知学生这类行为不仅违反体育活动的规则，更损害了体育精神。相反，符合体育精神的行为，即使不是规则明文规定的，也应该得到体育教育者的公开认可和称赞，因为这种行为符合体育实践的内在目的。体育教育者的工作不仅包括教授运动的规则以及运动的技能、技术、战术和战略，也应该包括教授运动的伦理，包括体育精神和美德的内涵。在以上这些方面，体育教育者都具有教授者和指导者的职责。

2. 做一个开明的观点引导者

布贝尔在《品格教育》中提出要建立相互信任的良好的师生关系，并强调品格教育中师生之间“对话”的重要性。体育教育者的工作无法规避作为道德引导者的职责，因为体育中经常出现体育教育者需要提供评论和展开讨论的道德问题情境，例如，不惜一切获胜、技术性犯规、服用兴奋剂的问题，也包括种族、性别、商业和政治等社会问题。所有这些问题在现代体育运动，特别是在专业运动队中都是与队员息息相关的问题。因此，体育教育者必须至少熟悉体育所要面对的伦理问题，这些问题都可能成为体育中品格教育的素材。体育教育者在每天正式的课程中可以穿插表达对这些问题的观点，这些无形中都会影响学生对待体育的态度和行为。虽然体育教育者不一定是站在权威的理论立场陈述观点，但这并不能成为体育教育者对这些问题保持沉默的理由。恰恰相反，如果体育教育者希望受青少年尊敬，他在这些问题上就应该适时展示自己的观点。正如沃诺克所说，如果作为道德代言人的教育者想影响他人的道德发展，他就必须证明他的“观点、原则、态度——甚至激情”。

3. 体育教育者是塑造青少年关爱情感的工作者

无论多么明确地解释什么行为是适当的体育实践，对于“正确的”行为和“错误的”行为之间总会存在着不一致的认识和理解，青少年仍会做出故意犯规或暴力伤害行为。体育教育者有责任为这些青少年提供个别辅导，应该让青少年知道这种行为既影响他人，也影响自己。体育的实践取决于相互合作、尊重和公正的道德行为，对体育规则的蔑视和破坏，腐蚀和破坏了体育精神的价值追求。如果提供了个别辅导之后，青少年异常的行为还在继续，那么就应果断决定，是否应该允许他们继续参与体育活动。对于这些青少年，教育者要注重引导他们对于他人的责任意识，不仅要关注自身的利益，也应该有对于他人设身处地的情感关怀的能力。

4. 体育教育者是体育美德的示范者

体育中的品格教育包括道德判断、道德情感和道德行为的教育过程。这些教育的内容大部分可以通过体育实践开展，体育教育者个人的体育理想和价值选择对于青少年也会产生深刻的影响。相比教师所直接传授的知识，教师个人的言行所传达的价值理念对于青少年具有潜在的影响。在教学过程中，体育教育者对于某种行为的态度是欣赏还是否定，他的思想、感情和性格是好是坏，都有可能成为学生接受的典范。正如前面所提及的，对于道德规范的认知和理解并不必然带来道德的行为，还需要正确的情感引导。在学生的道德情感的引导上，体育教育者是具有明显影响力的人，他们自身的道德倾向对于学生会产生影响。在这一点上，卡尔评论道："一个好老师不仅是某类课程的有效技术的传授者。他应该拥有让人仰慕的美德，他的个性品格将成为学生生活的楷模。"①

五、体育中品格教育开展的相关争议问题的讨论

（一）有关竞争问题的讨论

对于体育具有品格教育意义的最强烈的批评，针对的是体育中存在的竞争。这种观点不认可体育具有品格教育的意义，因为他们认为体育就是竞争，而竞争从根本上就是错的。竞争在本质上是非道德的，因为它会导致人们自私自利和以自我为中心的品行。在竞赛活动中开展的竞技体育更是将竞争表现至极端，人们指责竞技体育中许多竞争者不受欢迎的行为：坏情绪引发的暴力，不服从裁判、规避规则或故意犯规，以及针对对手的其他不符合运动道德的行为。体育参与者的类似行为引发了社会大量的道德指责，类似的新闻报道在每一次大型比赛举行时都经常见诸报端。这也引发了一种奇特的新闻现象，一方面媒体炒作竞争的白热化，并对获胜者大加赞誉，另一方面，对于比赛中的负面报道似乎也成了夺人眼球的新闻卖点。人们往往倾向于把体育中出现的这些不受欢迎的行为归咎于竞争，人们对于体育中存在的竞争表现出"既爱又恨"的复杂情感。

因此，就有观点对体育的品德教育意义提出质疑，认为体育的竞争性导致体育从根本上就是非道德的，会引发并强化不良的社会价值观和非道德行为，因而体育如果要在学校开展，也只能以强身健体为目标，根本不可能对学生的品格教育产生积极影响。

对于竞争术语的理解和使用，更重要的是从历史的角度分析。"竞

① Carr, D. Educating the Virtues[M]. London: Routledge, 1991:258.

争”(competition)一词可分解为“com-petitio”,即“一起思考和奋斗”。它更强调友谊而非竞争。体育竞争更是如此。体育中的竞争首先必须在规则下进行,如果竞争者故意破坏规则,那么他所做的还是否是体育就应受到严重质疑。竞技体育并不是一种肆无忌惮的冲突形式,而是在规则管理下的有组织的实践活动,规则规定了什么是允许的、什么是不允许的。

另外,强化社会惯例和传统习俗也构成了体育竞争的一部分。竞技体育是一种有规则的友好竞争的最好例证,其中包括合作。竞争也需要合作的能力,这点对体育尤其适用。进一步说,比赛的竞争性并不意味着参赛双方的合作就不存在,至少需要双方都遵守规则,竞争才能正常展开。

使竞技体育发扬光大的奥林匹克主义,强调公平竞争、体育精神,鼓励诚实努力和良好意图地竞争。竞技体育不应是非道德的和反社会的,在共同力争卓越的比赛中友谊第一。将这一理念灌输给年轻人是学校体育教育的重要内容。

(二) 有关自私问题的讨论

另外一个对体育的品格教育意义的严重控诉是体育会导致自私的行为。因为就比赛的结果而言,一个人的胜利意味着另一个人的失败,或是,一个人的获得意味着另一个人的失去。但这就意味着应该自私吗? 当然不是。首先,竞技体育采取的系列规则是对所有参与者都适用的。规则保障所有参赛者的公平利益,尽管不能实现生活中的人人平等,但是在体育规则面前,所有人都是平等的。体育的规则就是体育内部的“法”,事实上,体育开展必须要首先制定“游戏”规则。“游戏”规则一旦被制定,它就需要被严肃对待,这不仅仅是因为它有规则的约束力,还因为规则是否被严肃对待决定了体育的内在目的能否实现。如果希望在竞争中规则被自觉遵守,就要保障规则的公平性:所有的体育参与者都要平等地遵守规则;规则在适用时对所有的参与者都是平等的。其次,好的竞争体现了体育精神,不仅需要参与者遵照规则公平竞赛,而且应表现得像尊重自己一样尊重他人。只有所有的参与者互相尊重,作为有价值的人类实践的体育才会真正存在。

需要进一步指出的是，体育的概念不仅可以驳斥体育内在不道德的观点，只有清楚地认识体育是什么和应该是什么，才能评估真正的体育实践。无法否认体育中的确存在一些动机自私的参赛者，他们关心自己的利益并排斥他人的利益。例如，球队的队长只关心自己的进攻得分，抛弃球队获胜的机会。这类行为无疑是自私的，他的行为不符合体育精神。

从以上的讨论可以得出，体育理念既不鼓励自私也不宽恕自私。自私行为的无论理由还是目的总是被体育伦理所谴责的。

（三）有关获胜问题的讨论

体育受到强烈谴责的另一方面是有关获胜的问题。这种观点质疑体育竞赛的教育意义和对促进品格形成的作用，怀疑体育作为教育的部分正当性。他们的基本论点是："体育视获胜为游戏性活动娱乐的焦点。参与比赛就是为了取胜，排除对体育争议的最终也是唯一的法则就是获胜，获胜让选手证明了自己比其他人或团队更优越。"①

这些反对的观点认为体育的目的与获胜相连，因此，如果体育以获胜为目的，从道德的角度看就存在一种倾向：在学校教授体育就是教授怎么把对方打败的行为和态度。这些反对者担忧，如果获胜成为体育中至关重要的目标，那么违反规则也成了有助于还是不利于取胜的一种算计。这就暗示对于参与者而言，体育比赛规则仅仅是技术的和实用的，而不具有道德上的意义。

表面看来，持此观念者有关体育在教育中的地位的预测是合理的，然而仔细审视后发现，他们对竞技体育，如橄榄球、足球、冰球和板球等存在认识误区。事实上，他们太偏重获胜在整个竞技体育中的地位，这影响和扭曲了他们的其他看法。

比赛的重点是获胜是对人们参与比赛的动机的误解。持此观点者似乎认为只要他能攻击和破坏获胜的观念和动机，他就可以指责体育的

---

① Bailey, C. Games, Winning and Education[J]. Cambridge Journal of Education, 1975:37, 5(1), 40-50.

教育价值。将观点集中于获胜这点上,使他不仅曲解了体育的本质,而且得出了一系列有失偏颇的结论。

虽然不能说比赛的唯一目的是获胜,但是,参与者不努力取胜的竞赛将不再是竞赛了。争取胜利应是体育的必要特征,但是这不应和参与竞赛者的动机相混淆。对于很多人而言,在体育中获胜的前景是渺茫的,但是这似乎不能阻止他们参与体育竞赛和努力获胜。他们参与竞赛更多是为了乐趣、健康、治疗、友谊、社交或者追求更出色,而不是追求胜利以证明自己比他人更优越。汤普森指出:"'竞技体育的唯一目的是获胜'会导致参与者选择参与体育竞赛的唯一标准就是获胜的机会,人们只参与获胜机会高的比赛。为了获胜他会倾向于找比自己能力弱的对手竞赛。很明显这样的体育实践是荒诞的,这将导致'体育的竞争是为了更好的比赛'的理念将不复存在。"①

尽管竞技体育会产生胜利者和失败者,但并不能说获胜是比赛的唯一目的。价值并不是只在胜利者这里。韦斯(Weiss)认为:"即使失败亦有所得。他们的收获来自他们参与了一场比赛,比赛充分展示了自己的运动技能,他们已尽了自己的全力,他们进行的是一场真正的比赛。"②

竞争的价值在于考验而非胜利。德拉特(Delattre)曾说:"竞技体育中考验人的勇气是一个人自我发现的过程。竞技体育的重要性在于他提供了自我发现的机会,集中精力和专注地投入比赛,这是其他时候很少有的体验。"③这也就是为什么在竞技体育中,面临来自对手的真正压力会使人在比赛中表现得更出色,即使输掉,也比打败不如自己的对手更有成就感。从个人的发展来看,有时候从失败中比从获胜中能学到更多。生活中,人们需要学会胜不骄败不馁。过于强调比赛获胜这一点,

① Thompson, K. The Point of an Activity[J]. Cambridge Journal of Education, 1975:5(3).

② Weiss, M. R., Bredemeier, B. J. Moral Development[A]. in V. Seefeldt(Ed.), Physical Activity and Well-being[C]. Reston, Va.: American Association for Health, Physical Education, Recreation and Dance, 1986.

③ Delattre, E. J. Some Reflections on Success and Failure in Competitive Athletics [J]. Journal of the Philosophy of Sport, 2, 1975:131-139.

忽视了体育的其他内在价值。

体育的参与者需要被引导的不是不惜代价地获胜或表现优越，这是体育堕落的一种表现，而是努力开展一场好的比赛，在比赛中双方都会获益而且乐在其中。重要的不是结果的输赢，而是竞赛的过程和参与的态度。技能的智慧运用、良好地执行策略、对工作内容的领悟、遵守团队纪律这些都是构成好的比赛的方面。一个好的体育教师会使学生理解并自愿遵守规则，追随体育精神，发展勇敢、尊重等好的品质，以友好和有运动风范的态度比赛。努力获胜是好的比赛的一部分，但是结果的输赢只服务于发挥好比赛的内在价值。弘扬了体育精神的好的比赛，使参与者既有收益又获得快乐，输赢倒显得不那么重要了。

当体育以一种有品格教育意义的方式进行实践，对于体育竞争性的负面设想将消失。我们将不再把获胜视为体育的唯一目的，而是将体育视为人的活动、生活的缩影。体育促进了人的身体素质发展和体格的锻炼，培养了品格，使参与者对他人更加友善。体育竞赛中，即使失败也会有所得，因为参与体育的价值重在过程而非结果，过程中表现出的体育精神和行为态度都会对参与者的品格形成产生积极的影响。

结　语

回顾体育的发展历程，展望未来的体育发展，我们被体育的魅力所深深吸引，社会愈发展，体育也愈加被人所重视。如果要进一步追问“人为什么需要体育?”“体育对于人的意义何在?”，人们经常性的答案是和体育的外在利益相关，如：体育能带来荣誉、金钱和影响力，体育能强身健体、增强国力等。对于体育功利性的认识，违背了体育的本来目的。

随着现代社会的发展，体育与人的关系越来越密切。体育已逐步演进成人类文化和文明的载体，“它不仅承载着人类文明进步和文化发展的价值祈愿，而且也成为国家和民族之间友好交往的重要桥梁和沟通方式；它不仅代表一个国家的综合实力，也是展现民族精神的重要舞台；它不仅可以促进人的身心的健康，还可以提升的人的价值、促进社会的和谐幸福”。①

体育不仅表现为人类的一种历史文化积淀，而且也逐渐演变为人的一种伦理价值追求，体育被认为可以提升人性和完善人的精神境界。体育构成了社会生活的重要一部分，但不应被简单视为社会的投射和缩影，体育其实是人们追求特定的善和卓越的美好生活的典范。

体育本质上就是人的一种伦理价值的实践活动，正如奥林匹克理想所期望的：当全世界的年轻人以一种值得的方式参与体育并从中获得满足，他们会更致力于实践体育的价值，从而也就更少受不利因素的影响。

---

① 李培超.绿色奥运：历史穿越及价值蕴涵[M].长沙：湖南师范大学出版社，2008：1.

体育表面上由规则构成，而事实上，体育的发展是由价值所推动的，人类对共同的、美好的伦理价值的诉求才是体育产生并不断发展的真正原因。在当今价值多元、冲突不断的社会，体育应该保留它自己的真实，才能表现出自身的卓越价值。当体育因其自身的价值而被发展，体育才具有普遍而不是相对的价值。

如果说体育是生活的一面镜子，那么体育中的不良行为就是社会中的不良行为的一种反映。也许这种讲法有些夸大，事实上，如果体育仍然是我们生活中有价值的元素，那么就必须依照体育最高的理念和最好的传统来进行。只有从体育与美德的内在关联来正确认识体育的本质和体育实践的内涵，体育的参与者才会形成适当的体育态度、判断和行为。

因此，体育的核心问题是体育参与者的伦理道德的问题，这一问题应该建立在人对体育内在利益的追求上，而非将体育视为获得外在利益的工具。体育的健康发展不仅要维护其本身的内在价值和标准，也要抵制来自外部的压力，社会的权力、地位、声望和金钱等都构成破坏和腐败体育的威胁。体育的实践者应以追求体育的内在价值为目标。

体育不只是技术的学习，更需要参与者接受并学习符合体育内在价值的比赛规范。参与实践者的责任是自我控制而不是被动服从裁判，实践是自我品格建构的过程。体育实践中的品格发展意味着参与者的自我控制不仅是要做什么的决定，而且是应该做公正的事的决定。体育作为以伦理为基础的人类实践，强调参与者应该做什么的责任，他们的行为要符合体育精神的价值要求。

体育与品格教育的共同点是内在地与道德相关，而不仅是理性。体育至少在道德行为的提升和特殊种类的实践途径上是有品格教育意义的。体育中的品格形成包含人的品格构成的所有部分：选择、信仰、态度、情感和行为。体育中道德品格的发展不只是在特定情景中培养某种品质，而是帮助个人不管是否在赛场上都能成为有原则的、真实的、有辨别力的自我。

体育教育者的工作不应仅是利用体育作为品格教育的手段，体育教育者更应关注的是引导青少年以符合体育精神的方式参与各种体育运动。因为体育包含一种特殊的人类伦理价值实践，教育者的责任是教授青少年正确理解体育的伦理原则和价值追求，并运用各种方式引导青少年以符合体育规则和传统的方式正确地行动。

教育的启蒙目的之一是激发青少年的潜能，使他们成为他们可以成为的人。教育活动不论是理论的还是实践的，都应该以他们自身的而不是外界赋予的目标为追求。每一个教育科目都应该关注自身的目的而不是外在目的，是内在价值而不是工具价值。体育应该因其内在价值而被认为和品格教育相关，如果将体育作为服务于品格培育或者提升社会能力的手段来使用，那么体育将快速失去它的魅力。如果有关“为什么学校要教授体育?”“体育为什么应受到重视?”等问题的理由不再是体育的外在利益，而是对体育内在利益(包括它的技巧、传统、标准和伦理价值)的肯定，此时，体育对于品格发展的独特价值才会被提升。

在生活中，体育被视为一种特殊的人类伦理价值实践，是展现人类美德的平台。体育不是道德中立的活动或者是与生活隔离的竞赛，它代表了人类对于真、善、美的价值追求。体育中德性品格的发展由参与者依照他所认识和理解的体育规则蕴含的伦理价值所推动，通过公正的实践，品格在自我建构中产生。只有实践勇敢、诚实、公正和尊重的美德，才能避免欺骗、自私、粗野的违反体育精神的恶行。从而，体育成为能促进道德品格的发展和美好生活的形成的价值实践。只有体育以其内在目的为追求，体育才能更好地改善社会，如果这点能被认识，那么体育的品格教育价值就会进一步被正视。

主要参考文献

一、马克思主义经典著作及重要文献

1. 马克思恩格斯选集(第3卷)[M].北京:人民出版社,1972.

2. 马克思恩格斯全集(第7卷)[M].北京:人民出版社,1965.

3. 毛泽东选集(第1卷)[M].北京:人民出版社,1991.

4. 中央文献研究室编.十八大以来重要文献选编(中)[M].北京:中央文献出版社,2016.

5. 马克思.1844年经济学哲学手稿[M].北京:人民出版社,2000.

二、中文翻译文献

1. [古希腊] 亚里士多德.尼各马可伦理学[M].邓安庆,译.北京:人民出版社,2010.

2. [古希腊]亚里士多德.亚里士多德全集(第8卷)[M].苗力田,译.北京:人民大学出版社,1994.

3. [古希腊]柏拉图.柏拉图全集(第1卷)[M].王晓朝,译.北京:人民出版社,2002.

4. [古希腊]柏拉图.理想国[M].郭斌和,张竹明,译.北京:商务印书馆,1997.

5. [德]康德.判断力批判[M].邓晓芒,译.北京:人民出版社,2002.

6. [德]康德.道德形而上学原理[M].苗力田,译.上海:上海人民出版社,1986.

7. [德]康德.康德著作全集(第6卷)[M].李秋零,译.北京:中国人民大学出版社,2007.

8. [德]康德.康德著作全集(第7卷)[M].李秋零,译.北京:中国人民大学出版社,2008.

9. [奥]马丁·布贝尔.品格教育[M].任钟印,译.武汉:湖北教育出版社,1994.

10. [美]柯尔伯格.道德教育的哲学[M].魏贤超,译.杭州:浙江教育出版社,2000.

11. [美]麦金太尔.追寻美德[M].宋继杰,译.南京:译林出版社,2003.

12. [美]麦金太尔.德性之后[M].龚群,等,译.北京:中国社会科学出版社,1995.

13. [法]卢梭.爱弥儿[M].李平沤,译.北京:商务印书馆,2012.

14. [美]马尔库塞.现代文明与人的困境[M].李小兵,等,译.上海:三联书店,1996.

15. [英]洛克.教育漫话[M].傅仁敢,译.北京:人民教育出版社,1979.

16. [苏]苏霍姆林斯基.关于全面发展的教育问题[M].王家驹,译.长沙:湖南教育出版社,1984.

17. [德]卡西尔.人论[M].甘阳,译.北京:西苑出版社,2003.

18. [美]俞纪元.德性之镜[M].林航,译.北京:中国人民大学出版社,2009.

19. [美]阿伦·古特曼.从仪式到记录:现代体育的本质[M]. 花勇民,等,译.北京大学出版社,2012.

20. [法]顾拜旦.奥林匹克理想——顾拜旦文选[M].詹汝宗,等,译.北京:奥林匹克出版社,1993.

21. [美]杰·科克利.体育社会学——议题与争议[M].管兵,等,译.北京:清华大学出版社,2003.

22. [美]罗纳德·B.伍兹.体育运动中的社会学问题[M].田慧，等，译.北京：人民体育出版社，2011.

23. [荷]约翰·赫伊津哈.游戏的人[M].多人，译.杭州：中国美术学院出版社，1998.

24. [美]艾德勒，等.西方思想宝库[M].西方思想宝库编委会译编.长春：吉林人民出版社，1988.

25. [德]奥伊肯.生活的意义和价值.万以，译.上海：上海译文出版社，2005.

26. [德]叔本华.伦理学的两个基本问题[M].任立，等，译.北京：商务印书馆，1996.

27. [法]丹纳.艺术哲学[M].傅雷，译.桂林：广西师范大学出版社，2000.

28. [英]德尼兹·加亚尔，等.欧洲史[M].蔡鸿宾，桂裕芳，译.海口：海南出版社，2000.

29. [英]克里斯托弗·道森.宗教与西方文化的兴起[M].长川某，译.成都：四川人民出版社，1989.

30. [英]哈耶克.自由秩序原理[M].邓正来，译.北京：三联书店，1997.

31. [美]法兰克·库克.赢家通吃的社会[M].席玉苹，译.海口：海南出版社，1998.

三、中 文 文 献

1. 论语.

2. 孟子.

3. 礼记·射义.

4. 吕氏春秋·慎大.

5. 淮南子·主术训.

6. 韩非子·五蠹.

7. 严复.原强修订稿.严复集(第一册)[M].北京:中华书局,1986.

8. 李泽厚.中国近代思想史论[M].上海:三联书店,2008.

9. 朱有瓛.中国近代学制史料(第三辑上册)[M].上海:华东师范大学出版社,1983.

10. 苗力田.希腊哲学[M].北京:中国人民大学出版社,1989.

11. 罗国杰,宋希仁.西方伦理思想史[M].北京:中国人民大学出版社,1988.

12. 高国希.道德哲学[M].上海:复旦大学出版社,2005.

13. 徐复观.中国人性论史・先秦篇[M].上海:三联书店,2001.

14. 丁锦宏.品格教育论[M].北京:人民教育出版社,2005.

15. 徐宗良.道德问题的思与辨[M].上海:复旦大学出版社,2011.

16. 黄向阳.德育原理.上海:华东师范大学出版社,2000.

17. 鲁洁.德育新论.南京:江苏教育出版社,1994.

18. 戚万学.活动道德教育论.天津:南开大学出版社,1994.

19. 汪子嵩,等.希腊哲学史(第二卷)[M].北京:人民出版社,1993.

20. 熊斗寅.熊斗寅体育文选[M].贵阳:贵州人民出版社,1996.

21. 谭华主编.体育史[M].北京:高等教育出版社,2005.

22. 周西宽.体育基本理论教程[M].北京:人民体育出版社,2004.

23. 吴蕴瑞,袁敦礼.体育原理[M].上海:上海勤奋书局,民国22年.

24. 陈咏声.体育概论[M].北京:商务印书馆,民国23年.

25. 方万邦.简易师范学校教科书・体育(第一册)[M].北京:商务印书馆,民国29年.

26. 赵汝功.国民体育常识[M].重庆:国立四川印刷造纸科职业学校,民国31年.

27. 王学政.体育概论[M].北京:商务印书馆,民国33年.

28. 李德炎,孙仲达.体育行政[M]. 成都:四川省立体育专科学校,民国37年.

29. 吴邦伟.体育理论基本知识[M].北京:人民体育出版社,1957.

30. 体育理论编选小组.体育理论[M].北京:人民体育出版社,1961.

31. 体育院系教材编审委员会编.体育理论(试用)[M].北京:北京体育学院发行科,1980.

32. 全国体育院校教材委员会.体育院校通用教材.体育概论[M].北京:人民体育出版社,1989.

33. 周西宽,等.体育学[M].成都:四川教育出版社,1980.

34. 张洪潭.体育基本理论问题研究[M].桂林:广西师范大学出版社,2004.

35. 杨文轩.体育概论[M].北京:高等教育出版社,2005.

36. 姚颂平.体育运动概论[M].北京:高等教育出版社,2011.

37. 国家司法总局政策法规司编.中国体育哲学社会科学研究(1978—2010)[M].北京:人民出版社,2013.

38. 杨文轩,陈绮.体育原理[M].北京:高等教育出版社,2004.

39. 于涛.体育哲学研究[M].北京:北京体育大学出版社,2009.

40. 李华驹.21 世纪大英汉词典[M].北京:中国人民大学出版社,2002.

41. 黄济.教育哲学通论[M].太原:山西教育出版社,1998.

42. 布宁,等.西方哲学英汉对照词典[M].北京:人民出版社,2001.

43. 陈志强.城堡·骑士·贵族[M].昆明:云南人民出版社,2002.

44. 曹孚.外国教育史[M].北京:人民教育出版社,1982.

45. 体育学院教材委员会.奥林匹克运动[M].北京:人民体育出版社,1993.

46. 国家体委体育文史工作委员会,中国体育史学会编.中国古代体育史[M].北京:北京体育学院出版社,1990.

47. 杨向东,张雪梅.中国古代思想史[M].北京:首都师范大学出版社,2008.

48. 苏竞存.中国近代学校体育史[M].北京:人民教育出版社,1994.

49. 于涛.体育哲学[M].北京:北京体育大学出版社,2009.

50. 赵建军.人类文明史:体育卷·野蛮与文明[M].长沙:湖南人民出版社,2001.

51. 奥林匹克宪章[M].章雷,译.北京:奥林匹克出版社,1993.

四、外 文 文 献

1. R. Callois. Man Play and Game III[M]. The Free Press of Glencoe，1961.

2. Thomas Lickona. Educating for Character：How Our Schools Can Teach Respect and Responsibility[M]. New York：Bantam Books，1991.

3. Wright，D. The Psychology of Moral Behaviour[M]. Harmondsworth：Penguin，1971.

4. Brandi，James Fletcher. A theory of Moral Development and Competitive School Sports[M]. Loyola University of Chicago Press，1989.

5. Morgan，William J.，Klaus V. Meier. Philosophic Inquiry in Sport [M]. Champaign，IL：Human Kinetics，1988.

6. Feezell，Randolph. Sport，Play，and Ethical Reflection[M]. Urbana，IL：University of Illinois Press，2004.

7. Roberts，Randy，and James S. Olson. Winning Is the Only Thing：Sports in America since 1945[M]. Baltimore：Johns Hopkins University Press，1989.

8. Schmitz，Kenneth. "Sport and Play：Suspension of the Ordinary." Philosophic Inquiry in Sport[M]. Champaign，IL：Human Kinetics，1988.

9. Walton，Gary M. Beyond Winning：The Timeless Wisdom of Great Philosopher Coaches[M]. Champaign，IL：Leisure Press，1992.

10. Kant，E. Education[M]. Translated by G. A. Churton. Ann Arbor：University of Michigan Press，1991.

11. Gerard Verbake. Moral Education in Aristotle[M]. Washington D. C.：Catllolie University of America Press，1990.

12. J. F. Williams：The Principles of Physical Education[M]. W. B. Saunders company. Third Edition，1938.

13. Coakley，J. J. Sport in Society：Issues and Controversies[M].

St. Louis: Times Mirror, 1986.

14. Morgan, W. J. Leftist. Theories of Sport: A Critique and Reconstruction[M]. Urbana: University of Illinois Press, 1994.

15. Morris, G. S. D. "Social Responsibility through Physical Activity", in A. Laker(Ed.) The Future of Physical Education: Building a New Pedagogy[M]. London and New York: Routledge, 2003.

16. Arnold, P. J. Sport, Moral Education and The Development of Character[J]. Journal of the Philosophy of Education, 18(2).

17. Bredemeier, B. J. Moral Reasoning and the Perceived Legitimacy of Intentionally Injurious Sport Acts[J]. Journal of Sport Psychology, 1985(7).

18. Bredemeier, B. J. Children's Moral Reasoning and their Assertive, Aggressive and Submissive Tendencies in Sport and Daily Life[J]. Journal of Sport and Exercise Psychology, 1994(16).

19. Duda, J. and Nicholls, J. Dimensions of Achievement Motivation in Schoolwork and Sport[J]. Journal of Educational Psychology, 1992(84).

20. Duda, J. L., Olson, L. K., Templin, T. J. The Relationship of Task and Ego Orientation to Sportsmanship Attitudes and the Perceived Legitimacy of Injurious Acts[J]. Research Quarterly for Exercise and Sport, 1991(62).

21. Dunn, J. G., Dunn, J. C. Goal Orientations, Perceptions of Aggression and Sportspersonship in Elite Male Youth Ice Hockey Players [J]. The Sport Psychologist, 1999(13).

22. Gibbons, L. S., Ebbeck, V., Weiss, M. R. Fair Play for Kids: Effects on the Moral Development of Children in Physical Education [J]. Research Quarterly for Exercise and Sport, 1995(3).

23. Gibbons, L. S., Ebbeck, V. The Effect of Different Teaching Strategies on the Moral Development of Physical Education Students [J]. Journal of Teaching in Physical Education, 1997(17).

后　记

本书是在我的博士论文基础上修改完成的。去复旦大学读博之前，我在上海体育学院已工作了近十年。当初大学毕业选择到上体工作，其中一个重要原因是大学的体育课让我学会了打篮球和游泳，并喜欢上了运动。上体浓郁的运动氛围、得天独厚的体育资源，让我如鱼得水，工作之余我热衷参加各种教工体育俱乐部活动。我身边的同事和学生基本都是体育专业人士，在和他们的日常交往中，我发现他们身上普遍具有一些优秀品质：坚韧、合作、自信、乐观……尤其在面对困难、压力、竞争时，这些品质显得更为突出。我非常好奇：他们的品格是如何形成的？长期的运动经历是不是一个关键的影响因素？这些疑问激发了我要研究体育与品格的关系的想法。

我们博士论文研究“体育与人的发展”，这得益于邱柏生教授的启发。他是篮球爱好者，业余时间经常和学生一起打篮球，给我们上专业课时也时常会谈及体育中的一些切身感悟。我在大学期间参加过系篮球队，对邱老师的观点很有共鸣。邱老师发现了我的兴趣，就激励我说：“清华大学的体育名家马约翰和你都姓马，你们又都和体育有关联。你可以研究一下体育对人发展的影响，随着社会的发展，这个问题会越来越重要。”

在选题过程中，导师高国希教授引导我确定了研究主题“体育与品格教育的关系”，并在论文撰写过程中给予了我非常多的支持和指导。我至今还记得高老师曾说过的一句话：“古希腊哲学和中国传统哲学里有很多学者都谈到过体育，你读到他们的思想时一定会感到非常振奋，写作都会变得愉快了。”我当时将信将疑：“真的会有这种感受吗?”事实上，在后期的写作过程中，我的确体会到了这些思想穿越时空的影响力。

在研究过程中，我经常去体育场地观察日常训练，并和教练员、运动员交流。在此要特别感谢上体太极教练谢业雷教授，射艺教练王震教授，原中国乒乓球队教练陈彬教授，他们不仅接受我的深度访谈，还慷慨地邀请我参与训练，实践体验使我对体育和体育工作者有了更深入的认识。美国乔治亚大学的张健辉教授和贝克教授为我搜集外文研究资料提供了帮助，上体路云亭教授、龚正伟教授对我的研究提出宝贵建议。本书的出版受到上海体育学院体育文化丛书项目的大力支持，上海人民出版社的编辑对文稿进行了细致专业的审校，在此一并表示诚挚的感谢。

马　焕

2022 年 7 月 10 日

图书在版编目(CIP)数据

德性视域下的体育与品格教育研究/马焕著.—上海:上海人民出版社,2023
(体育文化丛书)
ISBN 978-7-208-17881-6

Ⅰ.①德…　Ⅱ.①马…　Ⅲ.①体育教育-教育研究②品德教育-教育研究　Ⅳ.①G807②D648

中国版本图书馆CIP数据核字(2022)第154911号

责任编辑　陈佳妮　陶听蝉
封面设计　胡　斌　刘健敏

体育文化丛书
德性视域下的体育与品格教育研究
马　焕　著

出　　版　上海人民出版社
(201101　上海市闵行区号景路159弄C座)
发　　行　上海人民出版社发行中心
印　　刷　上海商务联西印刷有限公司
开　　本　635×965　1/16
印　　张　15
插　　页　2
字　　数　201,000
版　　次　2023年2月第1版
印　　次　2023年2月第1次印刷
ISBN 978-7-208-17881-6/G·2122
定　　价　65.00元